中国社会科学院国情调研丛书
CASS Series of National Conditions Investigation & Research

本书为中国社会科学院国情调研
重大项目的最终成果

人口较少民族严重濒危语言抢救性研究（全二卷）

严重濒危呼玛鄂伦春语语法形态研究

Salvage Study of Endangered Language
of Minorities with Less Population (All 2 Volumes)

Grammatical Morphology Study
of the Endangered Huma Oroqen Language

朝　克　吴雅丽　著

社会科学文献出版社
SOCIAL SCIENCES ACADEMIC PRESS (CHINA)

中国社会科学院国情调研丛书
编选委员会

主　任　李培林

副主任　马　援

成　员（按姓氏笔画排序）

马　援　王　岚　王子豪　王延中　邓纯东　李　平
李培林　陆建德　陈　甦　陈光金　张　平　张车伟
张宇燕　高培勇　黄群慧　潘家华　魏后凯

目 录

前 言 ·· I

第一章 呼玛鄂伦春语名词类词形态变化语法体系·············· 1
    第一节 数形态变化语法结构类型 ····························· 2
    第二节 格形态变化语法结构类型 ····························· 6
    第三节 领属形态变化语法结构类型 ·························· 16
    第四节 级形态变化语法结构类型 ···························· 25

第二章 呼玛鄂伦春语动词类词形态变化语法体系············· 32
    第一节 态形态变化语法结构类型 ···························· 32
    第二节 体形态变化语法结构类型 ···························· 36
    第三节 式形态变化语法结构类型 ···························· 46
    第四节 形动词形态变化语法结构类型 ······················ 82
    第五节 副动词形态变化语法结构类型 ······················ 85
    第六节 助动词形态变化语法结构类型 ······················ 95

结束语 ··· 102

附 录 呼玛鄂伦春语语音系统 ································ 112

参考文献 ··· 132

后 记 ··· 134

前 言

鄂伦春族是一个跨境民族，除了在我国内蒙古自治区和黑龙江省有分布之外，在俄罗斯西伯利亚和远东地区也有鄂伦春人。鄂伦春族使用的母语就叫鄂伦春语，鄂伦春语属阿尔泰语系满通古斯语族通古斯语支语言。鄂伦春语与同语支的鄂温克语和埃文基语之间存在相当多的同源关系，甚至，某些方面很难找到它们之间存在差异。它与同语支语言赫哲语及俄罗斯西伯利亚地区的通古斯诸语以及同语族语言锡伯语和满语之间也存在许多同根同源关系。毫无疑问，该语言作为阿尔泰语系语言，同蒙古语族诸语、突厥语族诸语，以及日本的乌依勒塔语与阿伊努语、北欧的萨米语、北美的爱斯基摩和印第安语、朝鲜语等均存在深层次的共有关系。或许正因为如此，鄂伦春语言文化历史一直受到阿尔泰诸民族、东北亚诸民族、北极圈诸民族学者的高度关注。

鄂伦春族的"鄂伦春"一词，清代史料中也写成"俄尔吞""俄罗春"等。对于"鄂伦春"，主要有"使用驯鹿的人"或"住在山岭上的人"两种解释。似乎这两种说法都有其合理性，因为包括鄂伦春语在内的通古斯诸语里，"鄂伦春"（oroonqin）是在名词 oroon（驯鹿）或方位词 oroon（上面、山）后面接缀构词词缀 qin（人）派生而来，所以表达的不是"驯鹿人""牧养驯鹿的人""使用驯鹿的人"，就是"住在上面的人""住在山岭上""住在山上的人"等词义。其实，这两种解释并不矛盾，如果将这两种说法合并起来就变成"山上牧养驯鹿的人"之意。这种解释似乎更加符合鄂伦春族先民生活的环境，符合他们的生产方式。

众所周知，鄂伦春族世世代代繁衍生息在黑龙江流域兴安岭林山区，

I

人口较少民族严重濒危语言抢救性研究 （全二卷）
严重濒危呼玛鄂伦春语语法形态研究

他们的传统生产方式就是在大小兴安岭林山区自然牧养驯鹿和从事狩猎生产。其中，早期以自然牧养驯鹿为主，狩猎生产活动为辅。后来，由于各种自然灾害和驯鹿各种疾病的不断传播扩大，他们牧养的驯鹿不断减少，从清末民初延续到新中国的成立这段历史时期，他们几乎处于靠狩猎、采集业来维持生活的状态。这也是一些民族学家、社会学家和史学家把大小兴安岭的鄂伦春人说成"狩猎民族"的原因所在。从严格意义上讲，对于鄂伦春人来说，一个有史以来在山林地带牧养驯鹿的民族，大小兴安岭有限的野生动物满足不了该民族全体成员。正因为如此，在该民族早期神话传说和民间故事里有许多狩猎的苦难（如几天几夜打不着猎物而饿死）、狩猎前祈求神灵给他们猎物、不容易达到各家各户平分猎物等内容。当然，所有这些也和他们"万物有灵"的信仰世界有关。

我国古代史籍中与鄂伦春族先民有关的古老民族有南北朝时期黑龙江流域的室韦人。在当时室韦分五部，即南室韦、北室韦、钵室韦、深末怛室韦和大室韦，包含若干在寒温带或温寒带地区从事生产活动的民族，自然也包括从事驯鹿生产的通古斯诸民族的先民。其中，钵室韦与鄂伦春族有渊源关系。钵室韦也生活在山林里，居住在桦树皮撮罗子里，在山林里牧养驯鹿，兼营狩猎业和渔业，冬季善用滑雪板，统一行使家族权力的首领叫"莫何弗"，等等。所有这些，充分证明钵室韦与鄂伦春族先民有历史渊源关系。

据2000年全国第五次人口普查统计数据，我国境内鄂伦春族人口为8196人，其中内蒙古自治区的鄂伦春族人口为3573人，黑龙江省的鄂伦春族人口是3871人。内蒙古自治区呼伦贝尔市鄂伦春自治旗是鄂伦春族人口相对集中的地方，现已达到2200多人，分布在自治旗政府所在地阿里河镇及4个猎民乡镇和7个猎民村。除此之外，在呼伦贝尔市牙克石市南木鄂伦春族乡有84个鄂伦春人。生活在黑龙江省的鄂伦春人主要聚居在黑河市、逊克县、塔河县、呼玛县、嘉荫县境内的6个乡镇及8个鄂伦春猎民村。根据我们掌握的资料，内蒙古自治区和黑龙江省的鄂伦春族基本上居住在内蒙古自治区呼伦贝尔市鄂伦春自治旗的古里乡、乌鲁布铁镇、托河、诺敏、扎兰屯南木乡，以及黑龙江省的嘉荫县胜利村、逊克县新兴乡新兴村、新鄂乡新鄂村、瑷珲区新生村、呼玛县白银纳、塔河县十八站村等地。在他们的居住区内还有人口数量可观的汉族、蒙古族、达斡尔族、鄂温克族、满族等民族，这些民族尤其是汉族在人口上的优势，加上汉语言文字的不断渗透，对于鄂伦春族语言及其传统文化的影响较大。反过来讲，早期移民到鄂伦春族生活区域的其他民族，包括汉族、蒙古族、达斡尔族、鄂温克族、朝鲜族、满族等民族同胞，也都或多或少地掌握了鄂伦春语，有的老人甚至会说一口流利的鄂伦春语。所以，他们能够用鄂伦春语与鄂伦春老人顺利进行交流。尽管如此，鄂伦春语现已成为严重濒危语言。

呼玛地区的鄂伦春语很有代表性，相比之下保存相对好一些。在过去的研究中没有太多涉及该地区的语言。根据调研资料，呼玛鄂伦春语作为鄂伦春人的母语，在早期的语言交流中发挥过重要作用。不过，随着我国改革开放的不断深入和经济社会的快速发展，特别是呼玛地区不断加大对外开放，外来移民人口不断增多，他们的社会用语几乎完全被汉语取代。呼玛鄂伦春人只有在特定语言环境或家庭用语里，不同程度地使用母语。这里我们所说的特定语言环境是指会母语的鄂伦春人在一起的时候，或者他们之间要表达某一特殊概念的时候。与此相关，我们所说的家庭用语，指的是使用母语的鄂伦春族家庭。除此之外，由于鄂伦春族没有本民族文字，他们的孩子从儿童时期就通过汉语文学习文化知识，加上呼玛地区所有广播、电视、电脑、手机都是用汉语文，在职人员工作中也都使用汉语文，鄂伦春人使用和接触汉语文的概率不断提高。毫无疑问，所有这些给鄂伦春人使用母语带来很大负面影响，使呼玛地区的鄂伦春语使用人口逐年减少。不过，在当地鄂伦春人看来，20世纪60年代开始的山林木材采伐不断扩大，从内地迁来数量相当可观的森林伐木工人及其家庭，在很大程度上影响了该地区鄂伦春语的使用环境，使鄂伦春人同根本不懂鄂伦春语的汉族接触的时间变得越来越多。那些伐木工人的家属在这里开荒种田，种植各种蔬菜，经营各种养殖业，包括大量喂猪喂鸡，同时开发各种市场，开展各种买卖活动，甚至走村走户搞买卖，这使待在家里的鄂伦春人也不可避免地开始接触汉族和汉语。除了汉族之外，从20世纪50年代后期至70年代后期的20年当中，还有一部分达斡尔族和蒙古族到呼玛地区安家落户。这些民族同胞或多或少都会汉语，他们跟呼玛地区的汉族努力地用汉语交流，他们的母语对于该地区的汉语交流社会没有产生太大影响。反过来，很有意思的是，较早迁移到该地区的达斡尔族和蒙古族中的一部分人却较快地学习掌握了呼玛鄂伦春语，并对呼玛鄂伦春语的使用注入了一定的积极因素和活力。但这一语言交流现象未能延续太长时间，因为来呼玛的达斡尔族人或蒙古族人在同汉族的交流中较快地熟练掌握了汉语，结果就完全用汉语交流了。这就说明，对鄂伦春人来讲，全面汉化或汉语化的历史已经开始，汉语成为他们交流的主要工具，鄂伦春语言自然而然地成为一种辅助性交流手段，成为一种严重濒危语言。

根据调研资料，该地区鄂伦春族60岁以上的人不同程度地懂母语，70岁以上的人能够流利地使用母语，但40岁以上60岁以下的人中约有半数的人只能或多或少地讲讲母语，几乎没有几个熟练掌握母语的人；20岁以上40岁以下的鄂伦春人，绝大部分已不能使用或完全不懂母语了，只有个别家里有老人的鄂伦春族中青年会一些简单日常用语；20岁以下的鄂伦春青少年或儿童一般都说汉语，不使用或完全失去母语。在这里还需要说明的是，该地区60岁以上老人中还有能听懂或会一些达斡尔语和蒙古语的人，但不能流利地使用这些北方民族语。

对于呼玛鄂伦春语，在20世纪50年代至60年代初，个别学者做过一些调研，但很不系统全面，也没有形成完整的调研资料。从严格意义上讲，从20世纪80年代初才开始对呼玛鄂伦春语进行实地调研，当时中国社会科学院朝克研究员先后多次到该地区开展语音、词汇、语法资料的搜集整理，并掌握了数量可观的第一手口语资料。在此基础上，朝克研究员又在20世纪90年代以及21世纪初，多次带着研究生，对呼玛鄂伦春语语音、词汇、语法（包括语言使用情况、外来语言的影响、语言严重濒危现象等）进行了更加扎实深入的全面调研。

20世纪80年代以后，黑龙江省民族研究所、黑龙江大学满语研究所、黑龙江省社会科学院的一些专家学者分别到呼玛地区对现存鄂伦春语开展过不同层面、不同程度、不同方面的调研，在此基础上先后刊发过相关调研资料、研究报告或出版过相关论著。其中，主要有韩有峰和孟淑贤于1993年出版的《鄂伦春语汉语对照读本》（中央民族学院出版社）一书。该书由序文、语音、词汇、句法、词汇、会话、附录等章节组成，以宽泛记音法转写记录了呼玛地区鄂伦春语语音，简要分析了呼玛鄂伦春语语法现象。胡增益研究员的著作《鄂伦春语研究》（2001年，民族出版社）是以内蒙古呼伦贝尔市鄂伦春自治旗的鄂伦春语口语为基础归纳整理的语音系统以及语法形态变化现象的研究成果。《鄂伦春语汉语对照读本》属于以呼玛地区的鄂伦春语口语为基础完成的研究著作。从这个意义讲，这两部书的语音，也就是这两个地方的鄂伦春语语音系统应该有所差异。《鄂伦春语汉语对照读本》认为，黑龙江省的鄂伦春语有 a、ë、i、e、o、ö、u、y 8 个元音和 aa、ëë、ii、ee、oo、öö、uu 7 个长元音，以及 b、p、m、f、w、d、t、n、l、r、g、k、h、ñ、ŋ、N、j、q、x、zh、ch、sh、y 23 个辅音。另外，还有韩有峰主编的《鄂伦春语》上下两册（2004年，延边教育出版社）。上册除了前言、鄂伦春语元音和辅音、音节结构、语音字母表、国际音标字母之外，还编排了22节课程内容。同时，还附有汉译文、生词表、拼音学词、练习题、鄂伦春民歌等。这两册鄂伦春语教科书是为鄂伦春族小学生学习母语而编写的简易自学教材，也是为了抢救和保护鄂伦春语，以及规范化和标准化使用鄂伦春语而编撰出版的。其语音系统，跟《鄂伦春语汉语对照读本》基本相同。除了上述成果之外，韩有峰和孟淑贤还先后编写出版了《简明鄂伦春语读本》（2013年，黑龙江教育出版社）、《中国鄂伦春语方言研究》（2014年，日本国立民族博物馆，日文版）等。在他们后来出版的这两本书里，给黑龙江省的鄂伦春语元音系统增加了 ɑ 音，结果元音变成了9个；辅音中取消 zh、ch、sh 3个音的同时增加了 s 音，辅音变成了21个音。20世纪80年代以后，《满语研究》等学术刊物刊发了一些与呼玛鄂伦春语相关的论文，例如，朝克的《论呼玛鄂伦春语元音结构》《鄂伦春旗语言文字使用概述》《鄂伦春语使用概述》，孟淑珍的《鄂伦春语

"摩苏昆"探解》，关晓云的《丰富多彩的鄂伦春语地名》，韩有峰的《简论中国鄂伦春语的保护与发展》，等等。朝克研究员在他的论文里认为，呼玛鄂伦春语有 a、ë、i、o、ö、u、e、y 8 个短元音和 aa、ëë、ii、oo、öö、uu、ee、yy 8 个长元音。除此之外，呼玛鄂伦春语还有 ai、ëi、ui、yi、au、ëy、ia、ië、iy、io、ie 11 个二合元音。在他看来，该语言有 b、p、m、f、w、d、t、n、l、r、s、g、k、h、j、q、x、ŋ、ñ、y 20 个辅音。本书中对呼玛鄂伦春语的语音记录基本上采用了朝克研究员在《论呼玛鄂伦春语元音结构》里归纳的语音系统。

"严重濒危呼玛鄂伦春语语法形态研究"是中国社会科学院 2017 年度国情调研重大课题的子项目之一。呼玛鄂伦春语已成为一种严重濒危语言，同 20 世纪 80 年代调研成果相比，已出现很大变化，许多复杂多变、系统完整、细微精准的语法形态变化及其表现形式已丢失。在这种现实面前，我们开展实地调研时，要为调研对象提供提示性、参考性、必要性语法形态变化早期记忆。在这种情况下，对于有的已遗忘的语法形态变化现象，调研对象或发音合作人会马上回忆起来，并运用于实际语言当中，有的根本想不起来。对于他们现已完全丢失的语法形态变化现象，我们采用了 20 世纪 80 年代的调研资料内容。我们认为，对于即将消失的呼玛鄂伦春语错综复杂的语法形态变化现象，不进行全面系统的科学研究，就将永远失去这一弥足珍贵的语音、词汇、语法结构系统，也会失去呼玛鄂伦春人在千百年的文明进程中用劳动和智慧创造的极其宝贵的语言文化遗产。通过对呼玛鄂伦春语语法形态变化现象全面系统的搜集整理、分析研究、理论阐述，人们会更加完整地了解他们的语言表达方式、交流手段、思维逻辑、语言社会等深层次学术问题。呼玛鄂伦春语错综复杂的语法关系，几乎都体现在名词类词、动词类词、虚词类词的语法形态变化现象上。其中，最能够体现其复杂性的是名词类词和动词类词的语法形态变化现象。名词类词和动词类词的语法形态变化，基本上都用名词类词及动词类词词根或词干后面接缀的包含有不同语法内涵、语法功能、语法作用的形态变化语法词缀来表达。而且，其形态变化语法词缀，还有可变性和不变性、固定性和非固定性之分。然而，形态变化语法词缀的讨论涉及的关键问题，就在于可变性和非固定性形态变化语法词缀在语音变化、结构关系、语用原理、语法功能等方面体现出的不同形式和内容。众所周知，阿尔泰语系语言的名词类词均有数、格、人称、级形态变化现象，动词类词也都有态、体、式等语法形态变化现象。呼玛鄂伦春语作为通古斯语支满通古斯语族阿尔泰语系语言之一，也具有复杂多变的名词类词和动词类词语法形态变化现象。正因为如此，本书着重分析了呼玛鄂伦春语的名词类词与动词类词的语法形态变化现象，主要分析讨论该语言的名词类词的数形态变化、格形态变化、人称形态变化、级形态变化语法现象，以及动词类词的态形态变化、体形态变化、式形态变化语法现象及形动词、副动词、助动词的形态变化现象。当然，在式形态变化语法现象的分析中，还涉及动词类词的现在时、现在将来时、将来时、过去时、过去进行时，以及祈求式、命令式、禁令式、假定式形态变化语法等内容。本书附录部分特意收入"呼玛鄂伦春语语音系统"，是为了人们更好地把握该语言的语音系统、记音方式，以及复杂多变的语法形态变化中体现出的语音结构特征。

第一章
呼玛鄂伦春语名词类词形态变化语法体系

调研资料显示，呼玛鄂伦春语词汇结构体系同样有名词类词、动词类词、虚词类词之分，其中名词类词包括名词、代词、数词、形容词等。就如前面交代的，名词类词有种类繁多、结构复杂、自成系统的语法形态变化现象。而且，所有这些语法现象，基本上都是用名词类词词根或词干后面接缀的具有特定语法含义并约定俗成的词缀系统来表现的。其中，呼玛鄂伦春语名词类词的形态变化体系中，数形态变化现象、格形态变化现象、领属形态变化现象和级形态变化现象是具有鲜明代表性的四种语法结构类型。

鄂伦春语名词类词除主要包括名词、代词、数词、形容词之外，还包括一些能够接缀名词类词形态变化语法词缀的副词。另外，我们分析名词类词的形态变化现象时，还发现除了可变性和不变性形态变化语法词缀之外，还有零形式的形态变化语法词缀。经过对第一手资料的深入系统的比较研究，我们认为该语言内可变性形态变化语法词缀要占优势地位，其次是不变性形态变化语法词缀，最后是零形式的形态变化语法词缀。在可变性形态变化语法词缀里，不仅有元音的形态变化现象，还有辅音的形态变化语法现象，同时也有元音和辅音一同产生形态变化现象的实例。名词类词的形态变化语法词缀要表达的语法概念，要依托动词类词词根或词干所包含的词义才能够准确无误地表示出来。在这一章里，主要讨论名词类词的形态变化现象及其语法关系。

第一节　数形态变化语法结构类型

整个阿尔泰语系语言中，几乎每一种语言都有"数"这一形态变化语法结构类型。但是，以往的研究都只是涉及复数形态变化现象，忽略了这些语言中的单数形态变化现象的研究。复数和单数形态应该是互为条件、互相依存、相互作用。我们只谈论复数形态变化语法现象，不谈单数形态变化语法现象，似乎不符合语言实际，也不符合数形态变化语法原理。因此，在本书中，对呼玛鄂伦春语名词类词的数形态变化结构类型的分析，在主要阐述复数形态变化语法现象的同时，也探讨单数形态变化语法现象。

一　单数形态变化语法现象

与复数形态变化语法现象相比，呼玛鄂伦春语名词类词单数形态变化语法现象的表现形式比较简单。也就是说，该语言的单数形态变化语法现象，通常用名词类词的词根或词干形式表示单数形态变化语法概念，属于零形态变化结构类型的形态变化语法现象，不需要任何有形的形态变化语法词缀。在阿尔泰语言学里，把这种无形形态变化语法现象称为零形态变化结构类型的形态变化语法词缀，或直接叫零形态变化语法现象。呼玛鄂伦春语的单数形态变化现象要用名词类词的词根或词干形式来表现。而且，零形态变化结构类型的单数名词类词在具体的语句中只能够表达事物的单数概念，并常常在句子中充当主语或宾语。例如：

bi　bikin　humañi　oroqen　bëy.
我　是　呼玛的　鄂伦春　人
我是一个呼玛鄂伦春人。

tari　morin　bikin　mani　ayi　morin.
那　马　是　非常　好的　马
那匹马是一匹非常好的马。

可以看得出来，以上两个句子里，充当句子主语的单数第一人称代词 bi（我）以及名词 morin（马）均属于单数零形态变化结构类型，均以零形态变化现象表达了"我是一个××人""一匹××马"这类单数语法概念。此外，我们掌握的调研资料显示，呼玛鄂伦春语中还有在名词类词前使用基数词 ëmun（一）来表达单数语法概念的现象。例如：

ëmun daliku 一页　　ëmun moëoli 一卷　　ëmun boki 一套
ëmun ulkan 一朵　　ëmun gagda 一只　　ëmun garga 一支

总的来说，呼玛鄂伦春语名词类词的单数形态变化现象比较简单，基本上都要用名词类词词根或词干形式来表达其语法概念。但是，它也是数形态语法结构类型中不可或缺的一个组成部分。因此，在这里特别做了举例说明。概言之，呼玛鄂伦春语名词类词的单数零形态变化语法概念往往要用名词类词的词根或词干形式表示，不使用任何有形的形态变化语法词缀或相关形态变化手段。

二　复数形态变化语法现象

从数形态变化现象所表现出的结构类型来看，复数形态变化语法现象常常是指大于基数词"一"的复数，以及表示"几个""一些""许多""们"等多数概念下的复数。呼玛鄂伦春语的名词、代词、数词以及名词化的形容词等名词类词基本上都有复数形态变化语法现象。而且，绝大多数情况下，都要通过约定俗成的特定词缀来体现。依据第一手调研资料，该语言的数形态变化词缀 -liw、-naxen/-nëxen、-hal/-hël、-qal/-qël、-nar/-nër 等常常用于表达复数形态变化语法概念。其中，复数形态变化词缀 -liw 属于不变性结构类型，除此之外的 -naxen/-nëxen、-hal/-hël、qal/-qël、-nar/-nër 等均属于可变性结构类型。所以，-naxen、-hal、-qal、-nar 等接缀于由阳性元音为核心构成的名词类词后面，而 -nëxen、-hël、-qël、-nër 等则接缀于由阴性元音为主构成的名词类词后面。请看下面的例句分析。

（1）-liw ⇨ 早期用法，现在很少使用，属于不变性结构类型的数形态变化语法词缀。主要表达"许多"等复数语法概念。例如：

ëri   urëñi   irëëktë-liw   gub   aaqin   ooqa.
这   山的   落叶松许多   都   没   成

这山上的许多落叶松都没有了。

（2）-naxen、-nëxen ⇨ 早期用法，现在也使用，属于可变性结构类型的数形态变化语法词缀。主要用于敬语句，表达"几个""一些""们"等复数语法概念。例如：

ëri   morin-naxen   mani   ayi   morin.
那   马些（几）   非常   好的   马

这些（几匹）是非常好的马。

tari   buga   bikin   ënin-nëxen   tëër   buga.
那   位置   是   母亲们   坐的   地方

那位置是母亲们坐的地方。

（3）-hal、-hël ⇨ 现在使用的复数形态变化语法词缀，同样由可变性结构类型的语音形式构成，主要表示"们"之复数语法概念。例如：

mini   unaaji-hal   ënniyi   ëmërgirën.
我的   女儿们   今天   回来

我的女儿们今天回来。

ëri   ukur-hël   gub   muñi   juuñi.
这   牛们   都   我们   家的

这些牛都是我们家的。

（4）-qal、-qël ⇨ 现在最为常见的复数形态变化语法词缀，使用面最广，使用率也最高，属于可变性结构类型的复数形态变化语法词缀。主要表示"们""些""许多"等复数语法概念。例如：

tari-qal　　ënniyi　　gub　　urëdu　　biqin.
他 们　　　今天　　　都　　　山里　　　在
　　他们今天都在山里。

mini　　nëkun-qël　　taqikudu　　yabuqa.
我的　　弟弟 们　　　学校　　　　去了
　　我的弟弟们都去了学校。

我们的调研资料还显示，呼玛鄂伦春语里也有将复数形态变化语法词缀-qal、-qël 发音成-sal、-sël 的现象。而且，这种发音现象变得越来越多。例如：

ëri-sël　　bikin　　muñi　　juuñi　　ulë.
这 些　　 是　　　我们的　　家的　　肉
　　这些肉是我们家的。

tadu　　aya-sal　　morin　　baraan　　biqin.
那里　　好 们　　　马　　　　多　　　　有
　　在那里有许多好马。

（5）-nar、-nër ⇨ 主要适用于亲属称谓名词后的复数形态变化语法词缀，因此在使用方面有一定局限性，使用率也不是很高。当然，这套可变性复数形态变化语法词缀在使用时同样严格遵循元音和谐基本原理。它们用于名词类词后面时，主要表示"们"之复数语法概念。例如：

timaana　　akin-nar　　gub　　urëdu　　yaburan.
明天　　　 哥哥 们　　　都　　　山里　　　去
　　明天哥哥们都去山里。

5

ënniyi　ëkin-nër　juugduwël　ëmërgirën.
今天　　姐姐　们　　家　　　　回来

今天姐姐们都回家来。

从（1）到（5）的例句里，不变性结构类型的复数形态变化词缀-liw以及可变性结构类型的复数形态变化词缀 -naxen/-nëxen、-hal/-hël、-qal/-qël、-nar/-nër、-sal/-sël，严格按照使用原理、使用规定、使用要求和习惯，分别接缀于名词类词 irëëktë（落叶松）、morin（马）、ënin（母亲）、unaaji（女儿）、ukur（牛）、tari（他）、nëkun（弟弟）、ëri（这）、aya（好）、akin（哥哥）、ëkin（姐姐）等后面，构成 irëëktë-liw > irëëktëliw（许多落叶松）、morin-naxen > morinnaxen（一些马）、ënin-nëxen > ëninnëxen（母亲们）、unaaji-hal > unaajihal（女儿们）、ukur-hël > ukurhël（许多牛）、tari-qal > tariqal（他们）、nëkun-qël > nëkunqël（弟弟们）、ëri-sël > ërisël（这些）、aya-sal > ayasal（许多好）、akin-nar > akinar（哥哥们）、ëkin-nër > ëkinër（姐姐们）等包含有复数形态变化语法概念的名词类词。这些复数形态变化语法词缀里，出现率最高、使用面最广的是 -qal/-qël、-sal/-sël 等，其次是 -hal/-hël，-naxen/-nëxen、-nar/-nër 的使用率都不高，不变性结构类型的复数形态变化词缀-liw 的使用率最低。

在呼玛鄂伦春语名词类词的形态变化语法体系中，数形态变化现象有其特定使用价值和意义，是名词类词形态变化语法现象中一个不可忽略的组成部分。不过，伴随该语言进入严重濒危，数形态的可变性形态变化现象的出现率变得越来越低，许多都变得模糊不清或失去可变性使用功能和作用。

第二节　格形态变化语法结构类型

在这里，我们根据田野调研中搜集整理的呼玛鄂伦春语名词类词格形态变化现象展开学术讨论。格形态变化现象是呼玛鄂伦春语名词类词中发挥极其重要的作用的语法手段,且有极其复杂多变的表现形式、形态变化结构特征,在句中所处的位置不同,产生的关系不同,发挥的作用不同。正因为如此,格形态变化语法现象是名词类词形态变化语法体系中最为复杂的结构之一。由于呼玛鄂伦春语已严重濒危,所以对其错综复杂的格形态变化语法现象展开全面系统的分析研究确实有一定难度。尽管如此,课题组根据早期调研资料,再加上补充调研的口语资料,撰写完成了呼玛鄂伦春语名词类词格形态变化研究任务。

在我们看来,呼玛鄂伦春语名词类词格形态变化语法结构主要包括主格、领格、宾格、造格、位格、从格、方向格、与格、比格、有格、不定位格11种。而且,除了主格用零形式的形态变化语法现象表现之外,其他10种格均有约定俗成的形态变化语法词缀。其中,也有不变性和可变性结构类型的形态变化语法词缀。相比之下,不变性结构类型的形态变化语法词缀占优势地位。格形态变化语法词缀虽然能够接缀于各种名词类词词根或词干后面,但在名词和代词后面的使用率十分高,在数词和形容词后面的使用率不是太高。下面我们结合具体的句子,对于呼玛鄂伦春语名词类词的格形态变化语法现象逐一进行分析讨论,进而论述它们在句中发挥的不同语法功能和作用。

一 主格形态变化语法现象

呼玛鄂伦春语的格形态变化结构系统中,只有主格不接缀任何形态变化语法词缀,是用零形式的形态变化现象表示格语法概念。也就是说,呼玛鄂伦春语中的主格是用名词类词原形来表现,就是我们所说的零形态变化语法现象。主格表达的是与句子动作或行为直接相关的主体,或者表示句中描述状态性质的主体。而且,该语言的主格类型的名词类词在句中一般都充当主语。例如:

bi   ëri   bëyëwë   ëxim   taagda.
我   这   人   不   认识

我不认识这个人。

akin   urëdu   tarigan   gërbë   gërbëjirën.
哥哥   山   农田   生产   劳动

哥哥在山上的农田里从事农业生产劳动。

上述，第一个例句里出现的代词 bi（我）以及第二个例句中使用的名词 akin（哥哥）都属于主格结构类型，它们同时是句子的主语，也是句子主要动词 ëxim taagda（不认识）、gërbëjirën（劳动）的支配者。而且，它们均将零形态变化结构类型用于句内。也就是说，在这两个名词类词后面没有接缀其他任何格形态变化语法词缀，用的是原来的结构形式。

二　领格形态变化语法现象

领格也称为领属格或者属格。它通过在名词类词后面接缀约定俗成的形态变化语法词缀来表示人或事物间存在的领有或归属关系。在该语言里，用形态变化语法词缀 -ñi 来表达领格语法概念。在具体使用时，形态变化语法词缀 -ñi 接缀于名词类词后面，它在句中表现出的语法概念对应于汉语中的"的"字。例如：

tari-ñi   gërbiwë   xinbu   gunën.
他的   名字   信布   叫

他的名字叫信布。

mi-ñi   guqu-ñi   ënin-ñi   bëyë   mandi   katan.
我的   朋友的   母亲的   身体   特别   健康

我朋友母亲的身体特别健康。

这两个句子里出现的 tari（他）、mi（我）、guqu（朋友）、ënin（母亲）

这些名词类词后面都接缀了形态变化语法词缀 -ñi，从而构成 tari-ñi > tariñi（他的）、mi-ñi > miñi（我的）、guqu-ñi > guquñi（朋友的）、ënin-ni > ëniñi（母亲的）等含有领格形态变化语法现象的名词类词。从中我们也可以看出：①领格形态变化语法词缀 -ñi 接缀于由鼻辅音结尾的名词类词后面时，由于 ñ 音脱落而只留下 i 音。由此，也有人认为，呼玛鄂伦春语领格形态变化语法词缀有 -ñi 与 -i 两个，其中，-i 用于由鼻辅音结尾的名词类词后面，其他情况下均用 -ñi。②领格形态变化语法词缀 -ñi 在同一个句子里可以连续性使用，就如上述第二句中的 mi-ñi、guqu-ñi、ënin-ñi 一样连续使用。

三　宾格形态变化语法现象

呼玛鄂伦春语名词类词的宾格形态变化语法词缀接缀于名词类词后面时，主要表达句中动作行为直接支配的人或事物，也就是人们常说的受事对象。该语言名词类词的宾格形态变化语法词缀有 -wa、-wë、-ma、-më，它们属于可变性结构类型形态变化语法词缀。所以，严格按照音变规律和元音和谐原理，接缀于不同名词类词后面。比如说，-wa、-wë 接缀于鼻辅音之外的辅音或由元音结尾的名词类词后面，-ma、-më 接缀于鼻辅音结尾的名词类词后面。另外，宾格形态变化语法词缀 -wa、-ma 接缀于由阳性元音为核心构成的名词类词后面，-wë、-më 接缀于由阴性元音为主构成的名词类词后面。宾格形态变化语法词缀在句子中发挥的语法作用相当于汉语的"把"字。例如：

xi　　ëri　　nana-wa　　ëlbukël.
你　　这　　皮　把　　　拿走
你把这皮拿走吧。

bi　　juligukti　　gugdo　　urë-wë　　tugtugëme.
我　　南面的　　　高　　　山　把　　攀登
我登上南面的高山。

akinbi　　tari　　qaaral　　morin-ba　　ugrën.
哥哥　　　那　　　白　　　　马　把　　　骑
　　我哥哥骑那匹白马。

tari　　bëyë　　ënniyi　　nëkun-bë　　mondaqu.
那　　　人　　　今天　　　弟弟　把　　　打了
　　那个人今天打了我弟弟。

上述例句中，宾格形态变化语法词缀-wa、-wë严格按照使用原理和要求分别接缀于 nana（皮）、urë（山）这些名词类词后面，进而派生出 nana-wa > nanawa（把皮）、urë-wë > urëwë（把山）这些具有宾格形态变化语法概念的名词类词。我们掌握的调研资料显示，在呼玛鄂伦春语中，宾格形态变化语法词缀有相当高的使用率。另外，也有一些人将 -ma、-më 发音成 -ba、-bë。例如，把 morinma、nëkunmë 发音成 morin-ba > morinba（把马）、nëkun-bë > nëkunbë（把弟弟）。

四　造格形态变化语法现象

造格也称为工具格，主要表示句中实施动作行为的具体措施、工具、手段、途径等。在呼玛鄂伦春语里，名词类词后面接缀形态变化语法词缀-ji 表示造格。造格形态变化语法词缀在句子中发挥的语法作用相当于汉语中的"用""让""使用"等词。例如：

bi　　bikin　　paas-ji　　ñënëqu.
我　　是　　　公交　用　　去
　　我是乘坐公共汽车去的。

bi　　morinbi　　nëkun-ji　　jawakaname.
我的　马　　　　弟弟　让　　　抓了
　　我让弟弟抓了马。

造格形态变化语法词缀属于不变性结构类型，所以使用时不受元音和谐原理等方面的影响，自由用于不同名词类词后面。

五　位格形态变化语法现象

该语言里，名词类词有位格形态变化语法现象，而且，主要表示动作发生的位置、地点、场所等。位格形态变化语法现象常常用名词类词后面接缀形态变化语法词缀 -du 的手段表示。该语法词缀同样属于不变性结构类型，因此可以用于任何语音结构类型的名词类词后面。位格形态变化语法词缀-du 在句子中的作用相当于汉语中的"在"。例如：

nëkuni　　morinnin　　urë-du　　biqin.
弟弟　　　马　　　　　山在　　　在
弟弟的马在山上。

bi　　ënniyi　　tarigan-du　　gërbë　　gërbëlëme.
我　　今天　　　田地　在　　生产　　　劳动
我今天在农田里劳动。

位格形态变语法词缀-du 在呼玛鄂伦春语里有很高的使用率。它除了表示位格语法概念之外，还可以用于表达人或事物运动、活动、行进的方向。比如说，urë-du ñënërën（向山走去），juu-du ëmërën（向屋子走来）等。

六　从格形态变化语法现象

呼玛鄂伦春语的从格主要表示动作开始的地点、场所、时间等，还可以表示事物发生的由来。该语言里，从格形态变化语法概念要用名词类词后面接缀形态变化语法词缀 -duki 来表示。从格形态变化语法词缀在句子中的作用相当于汉语中的"从"。例如：

mini　　ënin　　juu-duki　　jabuqa.
我　　　妈妈　　家从　　　　走
我妈妈从家里走的。

11

ënuku   xëërë-duki   baharan.
病   潮湿 从   得

病从潮湿得的。

  课题组进行实地调研时，还发现将从格形态变化的语法词缀 -duki 发音成 -diki 的现象。但是，-diki 的出现率不是很高。另外，从格形态变化语法词缀 -duki 有时还用于表示离格语法概念。比如说，juu-duki goro（离家远），urë-duki daga（离山近）等。

七　方向格形态变化语法现象

  呼玛鄂伦春语名词类词有方向格形态变化现象，主要表示动作行为走动、运行、发展、进行、继续、变化的方向、趋向、趋势等。该语言的方向格形态语法变化现象要用可变性语法词缀 -kaki、-këki 来表示。它们接缀于名词后，表达的意思相当于汉语中的"向……方向……""朝……方向……""往……方向……"等。例如：

tari   morin   ugqa   bëyë   urë-këki   yabuqa.
那个   马   骑的   人   山朝   走了

那个骑马的人朝着山方向走了。

nëkunbi   muñi   taqiku-kaki   ëmërën.
弟弟   我们   学校   往   走来

弟弟往我们学校方向走来。

tugsu   gub   julëxi-këki   ëdimuqë.
云彩   都   南   向   吹走了

云彩都被风向南吹走了。

  上述三个句子里，可变性结构类型的方向格形态变化语法形态词缀 -kaki、-këki 严格遵循元音和谐原理，分别接缀于名词类词 urë（山）、

taqiku（学校）、julëxi（南）后面，进而构成 urë-këki > urëkëki（朝着山方向）、taqiku-kaki > taqikukaki（往学校方向）、julëxi-këki > julëxi këki（向南方向）这些包含有方向格形态变化语法概念的名词类词。

八　与格形态变化语法现象

该语言的与格，也可以称为给与格。很有意思的是，这里所说的与格形态变化语法现象的表现形式同前面讨论的位格形态变化语法词缀完全相同，也用 -du 这一词缀来表示。不同的是，与格形态变化语法现象词缀主要表示动作行为的间接支配对象，其语法概念与汉语中的"给予"基本一致。例如：

xi　　taril-du　　buuqëxi　　ye?
你　　他们 给予　 给　　　　吗
你给他们了吗？

nëkun　　akin-du　　mëëñi　　morinbi　　buuqë.
弟弟　　　哥哥 给予　自己的　　马　　　　给了
弟弟给了哥哥自己的马。

不难看出，上述两个句子里接缀于 taril（他们）和 akin（哥哥）后面的与格形态变化语法词缀 -du 都表现出"给予"这一与格语法概念。

九　比格形态变化语法现象

这里说的比格也叫比较格，主要由不变性结构类型的形态变化语法词缀 -tki 来表示。接缀于名词类词后面的比格形态变化语法词缀 -tki 主要表示人或事物之间产生的比较语法关系或者对比语法关系。它所表达的语法概念相当于汉语的"比"。例如：

ëxi　　iniyi　　iniyi-tki　　ëkugdi　　oojiran.
现在　 天　　　天 比　　　 热　　　　成
现在的天气一天比一天热起来了。

13

ëri　　taqiku　　tari　　taqiku-tki　　aya.
这　　学校　　那　　学校　比　　好
这个学校比那个学校好。

值得一提的是，比格形态变化语法词缀有用从格形态变化语法词缀 -duki 取而代之的情况。也就是说，该语言中用从格形态变化语法词缀 -duki 也可以表示比格语法概念。比如说，上面的句子里的 iniyi-tki > iniyitki（比天）、taqiku-tki > taqikutki（比学校），可以说成 iniyi-duki > iniyiduki（比天）、taqiku-duki > taqikuduki（比学校）。

十　有格形态变化语法现象

呼玛鄂伦春语名词类词的有格主要表示某人或某事物的存在关系。有格形态变化现象的表现形式是 -qi，该词缀接缀于名词类词后面，表达"有"这一形态变化语法概念。例如：

morin-qi　　bëjë　　yabuqa.
马　有　　人　　走了
有马的人走了。

ënin-qi　　koohan　　ëñëni　　aya.
妈妈 有　　孩子　　最　　幸福
有妈的孩子最幸福。

依据课题组掌握的呼玛鄂伦春语口语资料，该地区的语言中有格形态变化语法词缀 -qi 有一定的使用率，也有一定的代表性。也有人将 -qi 发音成 -xi，但是并不多见，绝大多数人还是发音为 -qi。

十一　不定位格形态变化语法现象

我们的调研资料还显示，呼玛鄂伦春语名词类词除了有位格形态变化语法词缀之外，还有不定位格形态变化现象，主要表示某人或某事物所处的位置、处所、地点等不太明确、不太清楚、定位比较模糊。它所指的地点或位置等，往往是"好像在……位置""似乎在……地方"等大概或模糊不清的范围和位置。该语言里主要用形态变化语法词缀 -li 表示不定位格的语法含义。例如：

tari　　urĕ-li　　yabuqa.
他　　　山　　　走

他可能走在山那一带。

morin　　taqiku-li　　biqin.
马　　　　学校　　　　在

马就在学校那一带。

除了以上讨论的-li 这一不定位性质的格形态变化语法词缀之外，该语言里还用形态变化语法词缀-lel 来表示不定位格语法概念。比如说，julĕxi-lel（在前面那一带）、bira-lel（在河那一带）等，同样表示不确定的位置和场所。

总而言之，作为阿尔泰语系满通古斯语族通古斯语支语言，呼玛鄂伦春语名词类词的格形态变化现象十分复杂，就是在已严重濒危的状况下，同样能够表现出相当复杂的格形态变化语法结构类型。我们根据实地调研，搜集整理的名词类词格形态变化语法现象就有主格（零形式）、领格（-ñi）、宾格（-wa/-wĕ/-ma/-mĕ）、造格(-ji)、位格（-du）、从格（-duki）、方向格（-kaki/-kĕki）、与格（-du）、比格（-tki）、有格（-qi）、不定位格（-li/-lel）这 11 种。其中：①主格属于零形态变化语法现象，其他 10 个格均有约定俗成的形态变化语法词缀。②宾格及方向格有可变性形态变化语法词缀，其他 8 个格的形态变化语法词缀都属于不变性结构类型。格范畴的可变性形态变化语法词缀要严格按照元音和谐原理来使用，不变性结构类型的格形态变化语法词缀自由运用于各种名词类词的后面。③领格形态变化语法词缀-ñi 接缀于由鼻辅音结尾的名词类词后面时，出现音变，ñ 脱落只留

15

下-i。④宾格形态变化语法词缀-ma 和-më 接缀于由鼻辅音结尾的名词类词时，可能出现音变，变为-ba 和-bë。⑤有格形态变化语法词缀-qi 也出现-xi 音变现象。⑥比格语法概念也有用从格形态变化语法词缀-duki 来表达的现象。⑦不定位格形态变化现象也可以用形态变化语法词缀-lel 来表示。⑧位格和与格的形态变化语法词缀都是-du，它们在语音结构方面完全相同，区别它们在句子中表现出的不同语法关系主要看整个句子所要表述的内容。虽然呼玛鄂伦春语已经进入严重濒危状态，但以上提到的名词类词11种格还是相当清楚，当然有的经过多次针对性提示或交流才能够得到满意资料或数据，毕竟没有彻底遗忘或丢失。另外，有些格形态变化语法词缀的使用出现不太规范、不太精准的现象，这和该语言进入严重濒危状态有关。

第三节　领属形态变化语法结构类型

　　呼玛鄂伦春语的名词类词有领属形态变化现象。在这里，我们将所有领属关系的形态变化语法现象全部归类到领属形态变化语法结构类型框架内进行分析讨论。顾名思义，该语言的领属形态变化现象主要表示名词类词所指称事物的领属关系。根据课题组掌握的资料，呼玛鄂伦春语名词类词的领属形态变化现象里，具有人称领属语法概念的形态变化语法词缀要复杂一些。与此相对，反身领属语法概念的形态变化语法词缀比较少。随着呼玛鄂伦春语错综复杂的形态变化语法词缀的逐渐消失，反身领属形态变化语法词缀变得更加简单。这里还应该提出的是，首先，人称领属形态变化语法现象内部还要分单数和复数两大类形态变化语法词缀。其次，在单数和复数两大类人称领属形态变化语法词缀内，还分单数第一人称、第二人称、第三人称形态变化语法结构系统以及复数第一人称、第二人称、第三人称形态变化语法结构系统。下面用实际例分析讨论名词类词的领属形态变化语法现象及其使用原理等。

一 领属单数第一人称形态变化语法现象

呼玛鄂伦春语人称领属的单数第一人称形态变化语法现象要以名词类词后面接缀具有单数和第一人称双重概念的形态变化语法词缀-yiw 来表现。由于该词缀属于不变性结构类型，所以使用时不受元音和谐原理等方面的约束，可以自由用于任何名词类词后面。例如：

mini　　kumakañi　　ulë-yiw　　ni　　jëbqë？
我的　　驯鹿　　　　肉　　　　谁　　吃
谁吃了我的驯鹿肉？

mini　　unaaji-yiw　　ëmërgiqë　　ñi？
我的　　女儿　　　　回来　　　　吗
我的女儿回家了吗？

mini　　morin-yiw　　mani　　daajir.
我的　　马　　　　　很　　　快
我的马跑得很快。

上述三个句子里，领属单数第一人称形态变化语法词缀 -yiw 分别接缀于名词 ulë（肉）、unaaji（女儿）、morin（马）后面，从而构成 ulë-yiw > ulëyiw（我的肉）、unaaji-yiw > unaajiyiw（我的女儿）、morin-yiw > morinyiw（我的马）这些包含有单数第一人称形态变化语法概念的名词。单数第一人称形态变化语法词缀 -yiw 在除名词之外的代词、数词、形容词等名词类词后面同样可以使用。例如，在代词 tari（他）、基数词 nadan（七）、形容词 aya（好）等后面接缀单数第一人称形态变化语法词缀-yiw，就会构成 tari-yiw > tariyiw（我的他）、nadan-yiw > nadanyiw（我的七）、aya-yiw > ayayiw（我的好）等具有单数第一人称形态变化语法概念的代词、数词、形容词。

17

二 领属单数第二人称形态变化语法现象

该语言里，人称领属单数第二人称形态变化语法现象是由在名词类词后面接缀 -xi 这一形态变化语法词缀构成，表示领属于单数第二人称的人或事物。也就是说，形态变化语法词缀 -xi 接缀于名词类词后面，要表示的是单数和第二人称两个语法概念。该词缀同样是不变性结构类型，能够用于不同名词类词后面。例如：

xini   morin-xi   iri   urëdu   biqin?
你的   马   哪个   山   在
你的马在哪个山上？

xini   utë-xi   yabuqa   ñi ?
你的   儿子   走了   吗
你的儿子走了吗？

xini   morin   tërgën-xi   mani   buku.
你的   马   车   很   结实
你的马车很结实。

可以看出，这三句中领属单数第二人称形态变化语法词缀 -xi 接缀于名词 morin（马）、utë（儿子）、tërgën（车）后面，从而构成 morin-xi > morinxi（你的马）、utë-xi > utëxi（你的儿子）、tërgën-xi > tërgënxi（你的车）这些包含有单数第二人称形态变化语法概念的名词。不过，单数第二人称形态变化语法词缀 -xi 在代词、数词、形容词等名词类词后面也可以接缀使用。例如，在代词 ëri（这个）、基数词 ilan（三）、形容词 bagdarin（白）等后面接缀单数第二人称形态变化语法词缀 -xi，就会构成 ëri-xi > ërixi（你的这个）、ilan-xi > ilanxi（你的三）、bagdarin-xi > bagdarinxi（你的白）等包含有单数第二人称形态变化语法概念的名词类词。

三 领属单数第三人称形态变化语法现象

依据调研资料，领属单数第三人称形态变化语法现象要用名词类词后面接缀-nin 这一语法词缀表示隶属于单数第三人称的语法概念，表示"他的……""她的……""它的……"等语法意义。呼玛鄂伦春语当中往往在名词类词后面接缀-nin 来表示这种特殊的形态变化现象。

tariñi　　ukurñi　　ulë-nin　　aya.
他　　　　牛　　　　肉　　　　好

他的牛肉好。

tariñi　　niqukun　　unaaji-nin　　ëmërgiqë.
她的　　　小的　　　　女儿　　　　回来了

她的小女儿回来了。

tariñi　　bagdirin　　morin-nin　　mani　　daayir.
他的　　　白　　　　马　　　　　很　　　快

他的白马跑得很快。

以上三句里，领属单数第三人称形态变化语法词缀 -nin 先后接缀于名词 ulë（肉）、unaaji（女儿）、morin（马）后面，从而构成 ulë-nin > ulënin（他的肉）、unaaji-nin > unaajinin（她的女儿）、morin-nin > morinin（他的马）这些包含有单数第三人称形态变化语法概念的名词。不过，单数第三人称形态变化语法词缀 -nin 在代词、数词、形容词等名词类词后面也可以接缀使用。例如，在疑问代词 iri（哪个）、基数词 yëyin（九）、形容词 nandakan（美丽）等后面接缀单数第三人称形态变化语法词缀 -nin，就会构成 iri-nin > irinin（他的哪个）、yëyin-nin > yëyinin（他的九）、nandakan-nin > nandakanin（她的美丽）等包含有单数第三人称形态变化语法概念的名词类词。

19

四 领属复数第一人称形态变化语法现象

复数第一人称形态变化原理从领属关系上来说和单数第一人称形态变化现象一致，但是存在数的差异。顾名思义，复数第一人称形态变化语法现象就是指复数第一人称名词类词所表达的语法现象，它表示的是"我们的……"含义。呼玛鄂伦春语往往是在名词类词后面接缀-mun 来表示。

muni　morin-mun　iri　urëdu　biqin？
我们　马　　　　哪　山　　有
　　我们的马在哪座山上？

muni　ënin-mun　ënniyi　ëmërgiqë.
我们　母亲　　　今天　　回家
　　我们的母亲今天回来。

muni　niqukun　ñanakin-mun　mani　sërtë.
我们　小　　　狗　　　　　　很　　机灵
　　我们的小狗很机灵。

领属复数第一人称形态变化语法词缀 -mun 在上述三个句子里分别接缀于名词 morin（马）、ënin（母亲）、ñanakin（狗）名词后，在此基础上，派生出 morin-mun > morimun（我们的马）、ënin-mun > ëninmun（我们的母亲）、ñanakin-mun > ñanakinmun（我们的女儿）这些包含有复数第一人称形态变化语法概念的名词。当然，复数第一人称形态变化语法词缀 -mun 在代词、数词、形容词等名词类词后面也可以使用。例如，在疑问代词 ilë（哪里）、基数词 ilan（三）、形容词 sërtë（机灵）等后面，接缀复数第一人称形态变化语法词缀 -mun 后，构成 ilë-mun > ilëmun（我们的哪里）、ilan-mun > ilan-mun（我们的三）、sërtë-mun > sërtëmun（我们的机灵）等含复数第一人称形态变化语法概念的名词类词。

五　领属复数第二人称形态变化语法现象

严格意义上讲，呼玛鄂伦春语领属复数第二人称语法概念要用-sun 来表示。但是，现在的发音中，几乎都变成了-qun 这一表现形式。根据我们现已掌握的资料，在口语中使用复数第二人称形态变化语法词缀 -qun 的实例要多于 -sun。例如：

suni　giuqëni　ulë-qun　ni　jëbqë？
你们　狍子　肉　　谁　吃
　　谁吃了你们的狍子肉？

suni　amin-qun　timaana　ëmërgirën.
你们　父亲　　　明天　　　回来
　　你们的父亲明天回来。

suni　kumakan-qun　ësukuli　baraan.
你们　驯鹿　　　　非常　　多
　　你们的驯鹿非常多。

呼玛鄂伦春语领属复数第二人称形态变化语法词缀 -qun 分别接缀于名词 ulë（肉）、amin（父亲）、kumakan（驯鹿）后，构成 ulë-qun > ulëqun（你们的肉）、amin-qun > aminqun（你们的父亲）、kumakan-qun > kumakan-qun（你们的驯鹿）这些表达复数第二人称形态变化语法概念的名词。另外，复数第二人称形态变化语法词缀 -qun 也可以用于代词、数词、形容词等名词类词后面。例如，代词 tari（那个）、基数词 nadan（七）、形容词 kondo（少）等接缀 -qun 之后，变成 tari-qun > tariqun（你们的那个）、nadan-qun > nadanqun（你们的七）、kondo-qun > kondoqun（你们的少）等含复数第二人称形态变化语法概念的名词类词。

六　领属复数第三人称形态变化语法现象

很有意思的是，领属复数第三人称形态变化语法现象的语音结构形式同单数第三人称形态变化语法现象一样，也是用形态变化语法词缀 -nin 来表示。区别它们间存在的单数或复数语法关系，主要看句子中使用的是 tari（他）还是 taril（他们）。如果句子中使用的是单数第三人称代词，那么形态变化语法词缀 -nin 表示单数第三人称语法概念。反过来讲，如果句子中使用的是复数第三人称代词，那么形态变化语法词缀 -nin 自然表示复数第三人称语法概念。例如：

tarilni　utë-nin　ënniyi　urëdu　yaburan.
他们　儿子　今天　山　去
　他们的儿子今天去山上。

tarilni　ñanakin-nin　mani　ëgdëgë.
他们的　狗　　　很　大
　他们的狗很大。

tarilni　juu-nin　iri　bugadu　biqin?
他们的　家　　哪个　地方　　有
　他们的家在哪个地方？

很显然，在上面的三个句子中都出现了复数第三人称代词 taril（他们），所以形态变化语法词缀 -nin 表现的是复数第三人称语法概念。复数第三人称形态变化语法词缀 -nin 同样用于名词之外的名词类词后面。

七　反身领属形态变化语法现象

就如前面交代的，呼玛鄂伦春语名词类词的领属形态变化语法结构体系中还有反身领属形态变化语法现象。不过，反身领属形态变化语法现象没有领属形态变化语法现象那么复杂，它只有单数和复数之分，没有人称概念领域的任何分类。甚至有人认为，呼玛鄂伦春语名词类词的反身领属形态变化语法现象已经完全消失。不过，我们在进行深入细致的调研中，还是发现了该语法现象的实例，用形态变化语法词缀-wi 和 -wil分别表示该语言反身领属单数和复数语法。使用反身领属形态变化语法词缀的句子里经常会使用单数反身代词 mëëñi（自己）以及复数反身代词 mëëñil（自己们）。例如：

bi　ënniyi　mëëñi　morin-wi　ugme.
我　今天　自己　马　自己　骑
我今天自己骑自己的马。

xi　timaana　meeñi　juugdu-wi　ñěnuhe.
你　明天　自己　家　自己　回去
你明天自己回自己的家吧。

taril　gub　mëëñil　kumakan-wil　jawaqa.
他们　都　自己们　驯鹿　自己们　抓
他们都自己们抓了自己们的驯鹿。

bu　mëëñil　baldiqa　buga-wil　jowomun.
我们　自己们　出生　地方　自己们　思念
我们都自己们思念自己们出生的地方。

这四个例句里，反身领属单数形态变化语法词缀 -wi 和反身领属复数形态变化语法词缀 -wil 分别用在使用单数反身代词 mëëñi（自己）与复数反身代词 mëëñil（自己们）的句子中，通过 morin-wi > morinwi（自己的马）、juugdu-wi > juugduwi（自己的家）、kumakan -wil > kumakanwil（自己们的驯鹿）、buga-wil > bugawil（自己们出生的地方）这种接缀使用手段，给前面的名词类词 morin（马）、juugdu（家）、kumakan（驯鹿）、buga（地方）增加了反身领属语法概念。

人口较少民族严重濒危语言抢救性研究 （全二卷）
严重濒危呼玛鄂伦春语语法形态研究

通过以上讨论，我们可以看出，呼玛鄂伦春语的名词类词有领属形态变化语法现象，同时分人称领属和反身领属两个结构类型。与此同时，各自内部还分单数和复数形态变化现象。尤其是人称领属语法范畴，除了分单数和复数之外，在单数和复数内部还分第一人称、第二人称、第三人称形态变化语法现象。然而，反身领属形态变化语法词缀却不具有鉴别不同人称的功能和作用。不论是人称领属的不同数和人称的语法概念，还是反身领属的不同数的语法含义，均用约定俗成的语法词缀来表示。比如说，领属单数第一人称形态变化语法词缀-yiw、领属单数第二人称形态变化语法词缀 -xi、领属单数第三人称形态变化语法词缀-nin，领属复数第一人称形态变化语法词缀-mun、领属复数第二人称形态变化语法词缀-qun、领属复数第三人称形态变化语法词缀-nin，以及反身领属单数形态变化语法词缀-wi、复数形态变化语法词缀-wil 等。其中，领属单数和复数第三人称形态变化语法词缀在语音结构方面保持一致，其他人称领属和反身领属形态变化现象均用不同语音结构形式的语法词缀来表示。对领属第三人称形态变化语法现象所要表达的单数和复数概念进行区分，主要看句子主语是单数还是复数。如果主语是单数，领属第三人称形态变化语法词缀-nin 表达单数概念；如果主语是复数，领属第三人称形态变化语法词缀-nin 表达复数概念。另外，领属单数第二人称形态变化语法词缀 -xi 以及领属复数第二人称形态变化语法词缀-qun也有被发音成-qi 与-sun 的现象。在这里还需要进一步说明的是：①呼玛鄂伦春语在名词类词后面，均可以接缀人称领属形态变化词缀。领属形态变化语法词缀在名词类词后面有较高的使用率，尤其是在名词后面的使用率最高。②人称领属形态变化语法词缀在指示代词和疑问代词后面也有较高的使用率。但是，在人称代词等后面的使用率不是太高。③在形容词、数词等名词类词后面接缀人称领属形态变化语法词缀时，这些词要出现名词化现象。④除了名词之外的其他名词类词后面也有使用人称领属形态变化语法词缀的情况。比如说，形动词后面就可以接缀人称领属形态变化语法词缀。不过，接缀人称领属形态变化语法词缀的形动词出现名词化现象。

总而言之，在呼玛鄂伦春语里名词类词领属形态变化语法手段仍然被使用，但就像前面所说的那样，其生命力已经变得十分脆弱，甚至一些使用变得不是十分规范，特别是反身领属形态变化语法词缀的使用率变得很低。而且，根据调查，单数和复数人称领属形态变化语法词缀的使用率也在逐渐降低，取而代之的是名词类词前使用各种代词。也就是说，伴随名词类词的领属形态变化现象的不断弱化，名词类词后面使用人称领属形态变化语法词缀的现象越来越少。特别是现代的年轻人，在他们掌握和使用的十分有限的母语里几乎不使用任何人称领属形态变化语法词缀。此外，从不同人称领属形态变化语法词缀的具体使用情况分析，单数或复数第三人称领属形态变化语法词缀的使用率比其他人称领属形态变化语法词缀的使用率要高一些。不论怎么说，领属形态变化现象在呼玛鄂伦春语名词类词的形态变化现象中几乎到了消失的边缘。

第四节 级形态变化语法结构类型

名词类词形态变化结构类型中有自成体系且结构十分严谨的级形态变化语法现象，对同一个事物、同一类型事物、同一性质事物、同一颜色事物、同一结构特征事物的精确分辨、精确认知、精确表述发挥着极其重要的作用。从这一角度来讲，呼玛鄂伦春语名词类词的级形态变化系统是一个相当复杂、细微、层级鲜明的语法范畴。当地人经常用不同级形态变化语法词缀表示同一类型事物间存在的性质差异、功能差别或程度差别等。该语法现象在形容词后面的使用率相当高。根据我们掌握的第一手资料，该语言分一般级、低级、次低级、最低级、高级、次高级、最高级七种级形态变化现象。其中：①一般级以形容词本身的结构形式来表示，不需要接缀任何级形态变化语法词缀，也不需要相互配套的辅助性表现形式等。一般级表示事物的基本性质、颜色、形状、功能、特征和状态等。②低级、次低级、最低级、高级四个级形态变化现象是用在名词类词后面接缀约定俗成的形态变化语法词缀的手段，表示事物间存在的低级、次低级、最低级、高级四个层级的性质、颜色、形状、功能、特征和状态等。这种用形态变化语法词缀表示事物间层级鲜明的区别关系的手段，是呼玛鄂伦春语级形态变化现象的最具代表性的方式。③次高级形态变化现象要用重叠使用名词类词词首音节的特殊形式表现出来。④最高级形态变化现象是在名词类词前使用副词表现出来。其他六种级形态变化现象均由呼玛鄂伦春语特定的级形态变化词缀来表示。

一　一般级形态变化语法现象

一般级形态变化常常表示事物的性质、状态等一般性特征。也就是说，它表示的是一种最原始、最基本的形态，描述的是一种"不偏不倚"的特质。通常来说，名词类词的一般级形态变化原理往往是通过零形式来表示，即常常是用名词类词，尤其是形容词的词根来表示，不需要任何语法词缀来表示这一语法意义。例如：

katan 硬的	ibgën 软的	yada 瘦的
diram 厚的	sërbi 锋利的	kimda 简单的

从某种意义上讲，在呼玛鄂伦春语里，一般级形态变化结构类型的形容词有着相当高的使用率。特别是伴随该语言濒危现象的日趋严重，一般级的使用率也变得越来越高。

二　低级形态变化语法现象

低级形态变化指比一般级形态概念的名词类词尤其是形容词低一级或低一等的事物性质、状态的语法关系和语法概念。在呼玛鄂伦春语中，常常通过在名词类词尤其是形容词词干后面接缀 -kan、-kën 这两个表示低级的级形态变化的语法词缀来表示。也就是说，低级形态变化现象是通过在名词类词尤其是形容词的原形后面接缀有特殊含义的语法词缀来表示。低级形态变化的名词类词表现出来的语法意义与汉语中的"略""稍"字所表示的含义相当。

yada 瘦的 + -kan = yadakan 略瘦的
katan 硬的 + -kan = katankan 稍硬的
sërbi 锋利的 + -kën = sërbikën 略锋利的
ibgën 软的 + -kën = ibgënkën 稍软的

在使用低级形态变化语法词缀来表示低级形态变化时，需要特别注意时刻遵循元音和谐原理。也就是说，-kan 常常接缀于由阳性元音为核心构成的名词类词尤其是形容词词干后面；与之相对，-kën 接缀于由阴性元音为主构成的名词类词尤其是形容词词干后面。

三　次低级形态变化语法现象

呼玛鄂伦春语里使用级形态变化语法词缀-qala、-qëlë 表示形容词次低级的语法概念。顾名思义，次低级形态变化现象表示的是介于低级和最低级之间的语法意义，它比最低级表示的语法意义高一些，但是比低级形态变化现象所表示的语法意义又低一些，是介乎两者之间的一种语法意义。次低级形态变化的名词类词尤其是形容词，在汉语中很难用对等的某一个词来表示它在句中体现的具体语法意义，但是可以参考汉语中的"略微"一词。例如：

yada 瘦的 + -qala = yadaqala 略微瘦的
katan 硬的 + -qala = katanqala 略微硬的
sërbi 锋利的 + -qëlë = sërbiqëlë 略微锋利的
ibgën 软的 + -qëlë = ibgënqëlë 略微软的

次低级形态变化语法词缀-qala、-qëlë 接缀于名词类词词干后面，同时也要遵循元音和谐原理。因此，在实际使用时，-qala 接缀于由阳性元音为核心构成的形容词词干后面，-qëlë 则接缀于由阴性元音为主构成的形容词词干后面。

四 最低级形态变化语法现象

正如前面所表述的那样，呼玛鄂伦春语的最低级形态变化语法词缀有-qalakan、-qëlëkën 两个。通过分析最低级形态变化语法词缀的结构，我们可以看出，最低级形态变化语法词缀是由次低级形态变化语法词缀-qala、-qëlë 的变化形式和低级形态变化语法词缀-kan、-kën 组合而成的。这些语法词缀的组合规律是在次低级形态变化语法词缀-qala、-qëlë 经过元音和谐原理的变形之后，再接缀低级形态变化语法词缀-kan、-kën，从而派生出了表示最低级形态变化规律的语法词缀-qalakan、-qëlëkën。根据元音和谐的基本原理，最低级形态变化语法词缀接缀于一般级名词类词尤其是形容词词干后面，表示"最低一级""最低一等"的语法意义。它通常表示事物的性质、状态最低形式这种语法意义。在具体的语言环境中，接缀有最低级形态变化语法词缀的名词类词尤其是形容词，常常可以用汉语的"略微……一点""仅仅……一些"等来解释和翻译。例如：

yada 瘦的 + -qalakan = yadaqalakan 略微瘦一点的
katan 硬的 + -qalakan = katanqalakan 仅仅硬一点的
sërbi 锋利的 + -qëlëkën = sërbiqëlëkën 略微锋利一点的
ibgën 软的 + -qëlëkën = ibgënqëlëkën 仅仅软一点的

整体上来说，呼玛鄂伦春语的名词类词级形态变化现象随着该语言的逐渐消亡变得越来越不规范，同时还存在元音和谐原理使用不规范以及辅音音变的情况。因此，在该语言的日常使用中还出现了 -qilakan、-qilëkën、-qalahan、-qëlëhën 等一系列表示最低级形态变化现象的语法词缀。这些词缀的使用比较少，但是，笔者通过在民族地区长时间地蹲点调查和严格按照语言调查的要求和理论方法进行科学的分析，从而掌握了这一至今不常使用的级形态变化现象的语法特征和规律。

五　高级形态变化语法现象

高级形态变化是表示比次高级更高一级别的语法含义。它表示的语法含义可以用汉语中的"十分""非常"等程度副词来表示。呼玛鄂伦春语用程度副词 mañgu 表示该语法概念。例如：

yada 瘦的　→　mañgu yada 非常瘦的
katan 硬的　→　mañgu katan 非常硬的
sërbi 锋利的　→　mañgu sërbi 十分锋利的
ibgën 软的　→　mañgu ibgën 十分软的

不过，该语言里也用名词类词词干或词根后面接缀形态变化语法词缀 -man、-mën 的手段表示高级语法概念。

六　次高级形态变化语法现象

次高级形态变化现象是名词类词级形态变化中比较特殊的一个。呼玛鄂伦春语中，级形态变化现象常常是通过在名词类词尤其是形容词词干后面接缀表示特殊意义的词缀来表现。但是次高级形态变化是一个特例，它是通过重叠词首音节来表示这一特殊的级形态变化。在表示次高级形态变化语法概念时，正确把握语音变化规律十分重要。在重叠使用词首音节时，需要特别关注以下三个方面。

其一，如果名词类词词干词首音节是以 -n、-ñ、-m 等鼻辅音结尾时，词末音节都要变成 -m。例如：

moñgi 笨拙的　→　mom moñgi 很笨拙的
kondo 少的　→　kom kondo 很少的
dimka 不稳重的　→　dim dimka 很不稳重的

其二，当名词类词词干是以除 -n、-ñ、-m 以外的辅音结尾时，名词类词词词首音节的重叠往往会发生音变，通常是把词尾辅音转变为 -b。例如：

gugda 高的 → gub gugda 很高的

nëktë 低的 → nëb nëktë 很低的

其三，当名词类词词干是以元音结尾时，名词类词词首音节的重叠往往会发生音变，通常是在词尾元音后面加上-w。例如：

yada 瘦的 → yaw yada 很瘦的

katan 硬的 → kaw katan 很硬的

综上所述，名词类词的次高级形态变化比较特殊，在使用过程中需要特别注意，要根据语音的音变规律来使用。次高级形态变化现象所表示的语法意义可以用汉语当中的程度副词"很"来表示。

七　最高级形态变化语法现象

呼玛鄂伦春语的最高级形态变化语法现象用在名词类词前面使用 mandi 这一程度副词来表示，有时也用程度副词 jiñkini 表示。例如：

yada 瘦的 → mandi yada 最瘦的

katan 硬的 → mandi katan 最硬的

sërbi 锋利的 → jiñkini sërbi 最锋利的

ibgën 软的 → jiñkini ibgën 最软的

最高级形态变化语法现象表示的是比高级更高级别的语法含义，它常常表示"最……"的语法意义，与汉语中的"最"含义一致。

正如前文论述的那样，不同级形态的语法概念的表现形式，除了一般级级形态变化语法特征使用原形，其他级形态变化特征用约定俗成的特定语法词缀表示，或者以重复使用形容词词首音节之手段来表示。

另外，表示级形态变化的各种语法词缀及表现手段应用于所有名词类词的词干后面。但比较而言，形容词词干后面接缀语法词缀的情况最多。除了形容词之外，在其他名词类词的词干后面使用级形态语法词缀之现象不太多见。不过，伴随呼玛鄂伦春语使用者的日益减少，呼玛鄂伦春语中那些系统的形态变化原理也不再规整，只有进行针对性或提示性调查时，才会找到一些即将被遗忘或已被淡化了的级形态变化系统中的某些语法词缀及表现手段。尤其是，呼玛鄂伦春族青少年已基本失去用本民族语区别事物在性质、状态和性能等方面出现的各种微妙差异之能力。他们认为，这种表现形式和手段十分复杂或麻烦，还不如用汉语在词干前面加程度副词来表示。尽管如此，笔者在进行田野调查时，还是有幸获得了十分珍贵而使用者很少的级形态变化实例。

第二章
呼玛鄂伦春语动词类词形态变化语法体系

呼玛鄂伦春语动词类词有极其复杂、严谨、细密、系统的形态变化语法结构体系。其中，包括态、体、式、形动词、副动词、助动词等形态变化语法系统。而且，式形态变化语法系统内部还涉及陈述式、命令式、禁令式、假定式四大范畴。另外，在陈述式内部还分现在时、现在将来时、将来时、过去时、过去进行时五种。动词类词的所有这些形态变化语法现象，基本上都有约定俗成的形态变化语法词缀。

第一节　态形态变化语法结构类型

呼玛鄂伦春语动词类词有态形态变化语法结构类型，并在复杂多变的动词类词形态变化体系中发挥着十分重要的作用。研究表明，动词类词态形态变化现象在句子里主要表示主体和客体之间产生的各种关系。根据该语言的态形态变化现象，在句子中发生的各种关系，以及这些关系发挥的具体作用，其内部分为主动态、被动态、使动态、互动态四种类型。这四种类型的态形态变化现象里，除了主动态用动词词根或词干形式表示之外，其他三种结构类型的态形态变化现象均用约定俗成的语法词缀来表示。另外，态形态变化语法词缀不能充当动词类词的终止型，而是在其后面接缀式等其他形态变化语法词缀。

一 主动态形态变化语法现象

动词类词的主动态形态变化语法现象，表示主体和客体间产生的支配关系。不过，该语言里，主动态用零形式的形态变化现象来表示。也就是说，主动态形态变化语法现象是用动词类词的词根或词干来表示，没有特定形态变化语法词缀。例如：

bi　urĕñi　oktowu　yabujimi.
我　山　　路　　走

我走山路。

nĕkun　ĕnniyi　taqikudu　ĕmĕrĕn.
弟弟　　今天　　学校　　来

弟弟今天来学校。

上述例子中，句首出现的单数第一人称代词 bi（我）和名词 nĕkun（弟弟）都属于主动态，它们所表达的就是主动态形态变化现象的语法概念。很显然，它们都没有接缀任何语法词缀，是以词的原形来出现和使用的。

二 被动态形态变化语法现象

该语言里，被动态形态变化语法现象是在动词类词词根或者词干后面接缀形态变化语法词缀-wu。被动态形态变化语法现象表示的是主语所指的人或者事物密切相关的被动性质的动作行为。所以，被动态表示的语法概念可以用汉语翻译为"被"字。例如：

bi　tari　bĕyĕdu　ĕĕri-wu-qu.
我　那个　人　　　邀请

我被那个人邀请了。

kakara   sulakidu   jawa-wu-qa.
鸡   狐狸   抓

　　鸡被狐狸抓了。

通过上述例子我们可以看出，一个句子在表达被动态形态变化特征的时候，通常是在动词类词后面接缀语法词缀-wu。有时，也使用由-wu演化而来的-w这一词缀形式。在这里还需要说明的是，在接缀有被动态形态变化语法词缀的动词之前，经常使用接缀有位与格形态变化语法词缀-du的名词类词。

三　使动态形态变化语法现象

动词类词的使动态形态变化现象主要表示"让……做……""使……做……"等与主语所指的人或者事物密切相关的使动性质的动作行为。呼玛鄂伦春语主要用-kan、-kën等可变性结构类型的形态变化语法词缀来表示使动态语法概念。另外，使用时要严格遵循元音和谐原理。例如：

bi   nëkunbë   taqikudu   ëmë-kën-nëmi.
我   弟弟   学校   来

　　我使弟弟来学校。

akin   morinbi   urëdu   yabu-kan-nan.
哥哥   马   山   走

　　哥哥让马往山里走。

根据笔者所调查的相关语料，在呼玛鄂伦春语中，动词类词使用使动态的时候，它前面的名词常常会接缀造格、与格、宾格等格形态变化语法词缀。此外，由于在口语中发生音变的情况，-kan、-kën也有发音为-ka、-kë的情况。由于使动态形态变化语法词缀-kan、-kën以鼻辅音n结尾，所以在这两个形态变化现象后面基本上都接缀鼻辅音n开头的词语。

四 互动态形态变化语法现象

顾名思义，动词类词的互动态是指与句子主语表示的两个或两个以上的人或事物间发生的互动关系的动作行为，其语法概念可用汉语的"相互"或"互"来表述。根据课题组掌握的第一手调研资料，呼玛鄂伦春语动词类词的互动态语法概念基本上用形态变化语法词缀-ldi 来表示。例如：

tari　juur　bëy　bitiwël　kaala-ldi-qa.
那　　两　　人　　书　　　换
　　那两个人相互交换了书。

此外，根据分析，该语言里使用互动态形态变化语法现象的情况已不多见了。尤其是，青少年的口语里很难找出使用互动态形态变化现象的情况。就是在老年人的口语当中，使用互动态形态变化语法词缀-ldi 的现象也变得很少见。总之，呼玛鄂伦春语动词类词的互动态的使用率要比使动态和被动态的使用率低。

综上，呼玛鄂伦春语动词类词有主动态、被动态、使动态、互动态四种态形态变化现象。而且，除主动态形态变化现象用动词类词的词根或词干语音结构形式表示外，其他三种结构类型的态形态变化现象均有约定俗成的形态变化语法词缀。就如上面所分析讨论的，被动态的形态变化语法词缀是-wu，使动态的形态变化语法词缀是-kan 或-kën，互动态的形态变化语法词缀是-ldi。可以看出，被动态和互动态的形态变化语法词缀属于不变性结构类型，使用时不受元音和谐原理的制约和影响。与此相反，使动态形态变化语法词缀属于可变性结构类型，所以使用时要受到元音和谐原理的影响，-kan 接缀于由阳性元音为核心构成的动词类词词根或词干后，-kën 接缀于由阴性元音或中性元音为主构成的动词类词词根或词干后。动词类词态形态变化范畴里使用率最高的是主动态的零形态变化语法现象，其次是使动态的形态变化语法现象，再次是被动态的形态变化语法现象，最后是互动态形态变化语法现象。另外，就如前面交代的，呼玛鄂伦春语的态形态变化语法词缀不能充当动词类词的终止型，在它们后面接缀式等形态变化语法词缀后，才能发挥态形态变化语法功能和作用。

第二节 体形态变化语法结构类型

呼玛鄂伦春语的动词类词形态变化语法结构体系中有体形态变化系统，并且用约定俗成的语法词缀来表示。根据体形态变化语法词缀所表示的语法关系和表现出的不同语法意义，可分为执行体、完成体、未完成体、进行体、多次体、反复体、连续体、中断体、愿望体、假充体、快速体、趋向体、固定体、未进行体、尝试体 15 种结构类型。

一 执行体形态变化语法现象

执行体形态变化语法现象表示动词类词所指的动作或者状态开始执行。在呼玛鄂伦春语中，常常是在动词类词词干或者词根后面接缀表示执行体语法意义的语法词缀-na、-nĕ。例如：

bi　　nĕkunbë　　taqikudu　　ñĕnĕ-nĕ-kĕm.
我　　弟弟　　　学校　　　　去
我让弟弟去学校。

nĕkunbi　　taqikudu　　bitig　　iraa-na-qa.
弟弟　　　学校　　　　书　　　送
弟弟去学校送书了。

从上述例子可以看出，该语言常常会在动词类词后面接缀表示执行含义的语法形态变化词缀，组合成执行体形态变化结构。

二 完成体形态变化语法现象

完成体形态变化语法现象在呼玛鄂伦春语中比较常见。顾名思义，它表达的是动词类词所指的动作行为或者状态已经完结。根据时间的不同，完成体可以表示过去完成、现在完成和将来完成几种含义。在呼玛鄂伦春语中，常常用-kqa、-kqë 来表示动词类词的完成体形态变化语法结构。例如：

bi　urëñi　oktowu　yabu-kqa-wi.
我　山　路　走
我走完了山里的路。

ama　tari　morinba　jawa-kqë-tën.
父亲　那　马　抓
父亲抓完了那匹马。

如上述例子，在动词 yabu-、jawa-后面接缀了表示完成体形态变化的语法词缀-kqa、-kqë，表示动作行为已经完成，类似汉语中的"已完成"含义。

三　未完成体形态变化语法现象

未完成体形态变化语法现象表示动词类词所指的动作行为或状态处于正在进行、没有完成而且会继续完成的状态。在呼玛鄂伦春语中，常常用词缀-yi 来表示未完成体形态变化。例如：

bi　urëñi　oktowa　yabu-yi-me.
我　山　路　走
我还在走山路。

ama　taqikudu　ëmë-yi-rën.
父亲　学校　来
父亲还在来学校的路上。

37

未完成体形态变化语法词缀-yi 接缀于动词词根或者词干后面，指出还未完成的某一动作行为或状态。

四　进行体形态变化语法现象

进行体形态变化语法现象表示的是动词类词所指的动作行为处于正在进行的状态。它常常是由在动词类词词干或者词根后面接缀表示进行含义的语法词缀-ktayi、-ktĕyi 来表示。

bi　urĕñi　oktowa　yabu-ktayi-mi.
我　山　路　走
　　我正在走山路。

ama　taqikudu　ĕmĕ-ktĕyi-rĕn.
父亲　学校　来
　　父亲正在来学校。

正如上述例子所示，动词类词的进行体所表示的是正在进行的动作行为，类似汉语当中的"正在……"。

五　多次体形态变化语法现象

多次体形态变化语法现象表示多次发生的动作行为或者不止一次出现的某一种状态。其语法概念可以用动词类词词干或者词根后面接缀形态变化语法词缀-ldibti 来表示。不过，有时也可用形态变化语法词缀-lti 来表示。例如：

bi　urĕñi　oktowĕ　yabu-ldibti-qu.
我　山　路　走
　　我多次走过山路。

ama　　taqikudu baraan　ërin　ëmë-lti-rën.
父亲　　学校　　多　　次　　来
　　父亲多次来学校。

由上述例子可以看出，多次体形态变化语法现象体现的是多次发生的动作行为或者多次出现的状态，其含义与汉语中的"多次""好几次"类似。

六　反复体形态变化语法现象

反复体形态变化语法现象表示反复多次发生的动作行为或者经常性地出现的某一种状态。动词反复体形态变化的语法概念要用词缀-makqi、-mëkqi来表示。有时也用形态变化语法词缀-wuqi来表示反复进行或发生的动作行为。例如：

bi　urëñi　oktowa　yabu-makqi-mi.
我　山　　路　　　走
　　我反复走山路。

ëkinbi　taqikudu　ëmë-mëkqi-rën.
姐姐　　学校　　　来
　　姐姐反复来学校。

由上述例子可以看出，多次体形态变化语法现象体现的是反复多次发生的动作行为或者经常性地出现的动作行为，其含义与汉语中的"反复"一词相当。

七　连续体形态变化语法现象

连续体形态变化语法现象表示某一动作行为或者状态在一段时间之内连续地发生，但是中间可能发生过短暂的停止。在呼玛鄂伦春语中，连续体形态变化语法现象是由动词类词词干或者词根后面接缀表示连续体形态变化特征的词缀-ktika、-ktikë来表示。例如：

39

bi　urëñi　oktowu　yabu-ktika-mi.

我　山　路　走

　　我连续走山路。

ama　taqikudu　ëmë-ktikë-rën.

父亲　学校　来

　　父亲连续来学校。

在呼玛鄂伦春语中，也有用形态变化语法词缀-meel表示连续体语法概念的情况。

连续性质的某一动作行为也可以用语法词缀-ktaka、-ktëkë来表示。可以看得出来，这两个形态变化语法词缀有元音和谐现象，所以使用时严格按照元音和谐原理，分别接缀于由阳性元音和阴性元音为主构成的动词类词词根或词干后面。例如：

ënniyi　ëdin　ëdi-ktëkë-rën.

今天　风　刮

　　今天整个一天连续刮风。

在呼玛鄂伦春语中，也有用形态变化语法词缀-giiqi表示连续体形态变化语法现象的实例。

八　中断体形态变化语法现象

中断体形态变化语法现象表示动词类词所指的动作行为或者状态进行过程中发生短暂停止的语法含义。中断体形态变化语法现象用形态变化语法词缀-bqi来表示。例如：

bi　urëñi　oktowa　yaburwa　ili-bqi-me.

我　山　路　走　停

　　我中断走山路。

akin　　taqikudu　　ëmërbë　　udi-bqi-tën.
　　哥哥　　学校　　　　来　　　　禁止
　　　　哥哥中断来学校。

此外，中断体形态变化语法现象所表示的含义与完成体形态变化系统有一定的区别。前者表示暂时中断，同时会在一定时间之后再次进行该动作行为；后者则表示动作行为结束以后，不再继续该动作行为。在呼玛鄂伦春语中，也可以用-lqa、-lqë 表示中断体形态变化语法现象。

九　愿望体形态变化语法现象

愿望体形态变化语法现象表示的是一种对动词类词动作行为或者状态寄予希望和愿望的情况。因此，有的语言学家和语法书也把它称为希望体形态变化语法现象。愿望体形态变化语法现象的结构是在动词类词后面接缀愿望体形态变化语法词缀-ja、-jë 或-yiibki。例如：

　　bi　　urëdu　　yabu-ja-mi.
　　我　　山　　　走
　　　　我希望在山里走路。

　　ëkin　　taqikudu　　ëmë-jë-yin.
　　姐姐　　学校　　　　来
　　　　姐姐希望来学校。

根据上述实例，我们可以发现，在接缀愿望体形态变化词缀的动词类词后面常常会加上表示肯定或者赞同语气的助动词。

十　假充体形态变化语法现象

语法词缀-kaaqi、-këëqi 是假充体形态变化语法现象的标志性词缀。该语法词缀接缀在动词类词词根或者词干后面，表示一种假装实施的动作行为或者状态。例如：

bi　　urëdu　　yabu-kaaqi-mi.
我　　山　　　走

我假装走山路。

nëkun　　taqikudula　　ñënë-këëqi-rën.
弟弟　　　学校　　　　去

弟弟假装去学校。

在满通古斯语族的其他语言例如鄂温克语中还存在好几对根据元音和谐原理产生的语法词缀。然而，呼玛鄂伦春语只剩下了一对语法词缀，这说明呼玛鄂伦春语濒危的情况比较严重。此外，呼玛鄂伦春语还常常在此语法词缀后面接缀表示时间概念的词缀形式，进一步表示该动词类词所表示的时态语态特征。

十一　快速体形态变化语法现象

快速体形态变化语法现象主要表示快速进行的动作行为，常常在动词类词词根或词干后面接缀形态变化语法词缀-bti 来表示，有时也使用-mkil 这一形态变化语法词缀。例如：

bi　　urëkëki　　yabu-bti-me.
我　　山　　　　走

我快速向山走去。

nëkunbi　　morindu　　ug-bti-qa.
弟弟　　　　马　　　　骑

弟弟快速骑上马。

快速体形态变化现象除了表达"快速"之意外，也可以表示汉语中的"马上""立刻""立即"等意。呼玛鄂伦春语中，也有用形态变化语法词缀-bku 或 -lkil 等表达快速体语法含义的实例。例如：

akinbi   morinba   mani   daajir   jawa-bku-qa.
哥哥   马   非常   快   抓住了

　　哥哥迅速地抓住了马。

nĕkunbi   urĕdukiĕ   wĕ-lkil-lĕn
弟弟   山从   下来

　　弟弟从山上快速下来。

有人将呼玛鄂伦春语中的快速体叫作迅速体或瞬时体等，因为这些体形态变化语法词缀在不同语言环境或语句里除了表达快速体语法概念之外，也能够表示迅速、瞬时间发生的动作行为。

十二　趋向体形态变化语法现象

趋向体形态变化语法现象的表现形式是在动词类词词根或者词干后面接缀形态变化语法词缀-naqi、-nĕqi。毫无疑问，它们主要表现出动作行为的趋向，类似于汉语中的"朝着……方向……"。例如：

bi   urĕkĕki   yabu-naqi-mi.
我   山   走

　　我朝着山的方向走去。

nĕkun   taqikudu   tuktulim   ĕmĕ-nĕqi-rĕn.
弟弟   学校   跑   来

　　弟弟朝着学校的方向跑过来。

上述例子中，呼玛鄂伦春语通过在动词类词后面添加语法词缀-naqi、-nĕqi表示一种趋向含义的语法意义，使得语言更加简练、生动。

十三　固定体形态变化语法现象

固定体形态变化语法现象表示在特定时间之内动词类词所指的动作行

43

为或者状态一成不变地进行，可以翻译成汉语的"固定不变地……""一动不动地……""不可动摇地……"等。呼玛鄂伦春语常常使用固定体形态变化语法词缀-muqi 来表示这一特殊的语法关系。

  irëëktë moo urëñi ujilë ili-muqi-ren.
  松   树 山   顶 挺立
    松树固定不变地挺立在山顶。

  bi bikin ëimukun bodo-muqi-mi.
  我 是   这样   想
    我毫不动摇地就这么认为。

通过以上实例可以看出，呼玛鄂伦春语中的固定体形态变化语法词缀没有元音和谐现象，所以使用时不受元音和谐规则的影响，可以自由使用于动词词根或词干后面。

十四 未进行体形态变化语法现象

未进行体形态变化语法现象表示某种动作行为或状态还处于没发生或者没有进行的状态。呼玛鄂伦春语表示未进行体形态变化的语法词缀是-tiga、-tigë。例如：

  bi tari gugdë urëwë tugtugë-tigë-mi.
  我 那 高的 山   攀登
    我正准备攀登那座高山。

  nëkun taqikudula ñënë-tigë-rën.
  弟弟   学校   去
    弟弟正准备去学校。

通过分析上述例子，我们可以看出，呼玛鄂伦春语动词类词的未进行体形态变化语法现象是通过在动词类词词根或者词干后面接缀可变性形态变化语法词缀-tiga、-tigë来实现，表示一种还未进行的动作行为。

十五　尝试体形态变化语法现象

尝试体形态变化语法现象是通过在动词类词词根或者词干后面接缀可变性形态变化语法词缀-mkaqi、-mkëqi来表示具有尝试意义的动作行为。例如：

bi　tari　morin　tërgëndu　tëë-mkëqi-mi.
我　那　马　车　坐
　　我试着坐那辆马车。

nëkun　tari　bitëgëwë　dëndukë-mkëqi-rën.
弟弟　那　书　读
　　弟弟试着读那本书。

xi　tari　morinba　jawa-mkaqi-ka.
你　那　马　抓
　　你试着抓那匹马看看。

通过上述例子可以看出，尝试体形态变化语法现象所表示的含义相当于汉语中的"试着……看看"或"试着……"。

体语法形态变化语法现象是呼玛鄂伦春语动词类词比较复杂的语法范畴。根据田野调查资料以及以上的分析，我们认为，呼玛鄂伦春语有15种体形态变化语法现象，且均有约定俗成的语法词缀。比如说，执行体形态变化语法词缀是-na和-në，完成体形态变化语法词缀是-kqa和-kqë，未完成体形态变化语法词缀是-yi，进行体形态变化语法词缀是-ktayi和-ktëyi，多次体形态变化语法词缀是-ldibti，反复体形态变化语法词缀是-makqi和-mëkqi，连续体形态变化语法词缀是-ktika和-ktikë，中断体形态变化语法词缀是-bqi，愿望体形态变化语法词缀是-ja和-jë，假充体形态变化语法词缀是-kaaqi和

45

-këëqi，快速体形态变化语法词缀是-bti，趋向体形态变化语法词缀是-naqi 和-nëqi，固定体形态变化语法词缀是-muqi，未进行体形态变化语法词缀是 -tiga和-tigë，尝试体形态变化语法词缀是-mkaqi 和-mkëqi 等。未完成体、多次体、中断体、快速体、固定体形态变化语法词缀属于不变性结构类型。与此相反，执行体、完成体、进行体、反复体、连续体、愿望体、假充体、趋向体、未进行体、尝试体形态变化语法词缀属于可变性结构类型，它们要严格遵循元音和谐原理，分别接缀于由阳性元音或阴性元音构成的动词类词后面。在这里还有必要提出的是，呼玛鄂伦春语体形态变化系统有以下特征：①接缀于有体形态变化语法词缀的动词后面，一般都需要接缀式形态变化语法词缀。也就是说，这些接缀有体形态变化语法词缀的动词常常不会出现在词尾，而是要在其后面接缀式形态变化语法词缀来表示特殊的时间语法意义。②以鼻辅音 n 结尾的体形态变化语法词缀后面接缀式形态变化语法词缀时，常常需要省略体形态变化语法词缀后面的 n 音。③根据相关实例，这些接缀有体形态变化语法词缀的动词一般都用于句末助动词的前面。不过，随着呼玛鄂伦春语濒危现象的日益严重，该语言里的体形态变化语法词缀的使用率越来越低，甚至一些老人也已经很少使用这些体形态变化语法词缀了。

第三节 式形态变化语法结构类型

呼玛鄂伦春语动词的式形态变化属于最为复杂、使用率最高的语法结构类型。根据其在句中阐述的不同时间概念以及发挥的不同语法功能，首先，将其分为陈述式现在时形态变化语法系统、陈述式现在将来时形态变化语法系统、陈述式将来时形态变化语法系统、陈述式过去时形态变化语法系统、陈述式过去进行时形态变化语法系统、祈求式形态变化语法系统、命令式形态变化语法系统、禁令式形态变化语法系统、假定式形态变化语法系统等结构类型。其次，还要严格按照动作行为者的不同以及不同形态变化的结构特征、语法关系，在每一个式形态变化语法体系内部区分不同人称的语法关系。另外，我们的研究表明，动词类词复杂多变的式形态变化现象，都是用约定俗成的形态变化语法词缀或用特定语法手段来表现，阐明属于不同人称、不同时间概念的动作行为。

下面紧密结合调研资料以及具有说服力的语句实例，对于以上提到的呼玛鄂伦春语动词类词 9 种式形态变化现象表现出的不同结构类型展开全面的分析讨论。

一 陈述式现在时形态变化语法系统

首先，根据数形态变化语法现象表现出的不同内涵，将陈述式现在时形态变化系统分为单数和复数两大类形态变化范畴；其次，还要根据动作行为者的不同，分出单数第一人称、第二人称、第三人称以及复数第一人称、第二人称、第三人称。陈述式现在时形态变化现象有特定语法词缀及其语用原理和语法意义。陈述式现在时形态变化语法现象表示现在正在进行的某一动作行为。为了更加突出陈述式现在时形态变化现象的语法概念，经常使用 ëxi（现在）这一时间名词来强调所陈述的是现在正在进行的动作行为。另外，在陈述式现在时形态变化语法词缀里，有可变性结构类型和不变性结构类型的形态变化语法词缀，可变性结构类型的语法词缀要根据元音和谐原理接缀于由不同元音为主构成的动词词根或词干后面。

1. 陈述式现在时单数第一人称形态变化语法现象

陈述式现在时单数第一人称形态变化语法现象是由动词类词接缀表达陈述式现在时形态变化语法词缀-jimi 来表示。例如：

bi juligukti gugdo urëwë tugtugë-jimi.
我 南面的   高   山   攀登
　　我现在正在攀登南面的高山。

bi ëxi mëëñi juuduwi ñënu-jimi.
我 现在自己   家   回去
　　我现在正在回自己家。

正如上述实例，陈述式现在时形态变化语法词缀 -jimi 没有元音和谐现象，所以使用时不受其限制。另外，也可以用 -jime 或-jim 等形态变化语法词缀表示陈述式现在时单数第一人称语法概念。

2. 陈述式现在时单数第二人称形态变化语法现象

陈述式现在时单数第二人称形态变化语法现象由动词类词词根或者词干接缀语法词缀-jinde 来表示。例如：

xi　tari　urëñi　oktowa　yabu-jinde.
你　那　山　路　走
　你现在正在走那山路。

xi　ëxi　mëëñi　taqikuduwi　ñënë-jinde.
你 现在　自己　学校　　去
　你现在正在去自己的学校。

3. 陈述式现在时单数第三人称形态变化语法现象

陈述式现在时单数第三人称形态变化语法现象要用动词类词词根或词干后面接缀形态变化语法词缀-jiran、-jirën 的手段来表示。例如：

tari　bëy　ëri　ëñgë　birawa　ëdël-jirën.
那　人　这　宽　河　渡
　那个人现在正在横渡这条宽大的河。

akin　ëxi　tari　morinbë　jawa-jiran.
哥哥 现在 那　马　　抓
　哥哥现在正在抓那匹马。

4. 陈述式现在时复数第一人称形态变化语法现象

根据调研资料，陈述式现在时复数第一人称形态变化语法现象由动词类词词根或者词干后面接缀形态变化语法词缀-jimun 来表现。例如：

bu　　tari　morin　tërgëndu　tëë-jimun.
我们　那　　马　　车　　　坐

　　我们现在正在坐那辆马车。

bu　　tari　aya　bitëgëwë　dëndukë-jimun.
我们　那　好　书　　　读

　　我们现在正在读那本好书。

5. 陈述式现在时复数第二人称形态变化语法现象

呼玛鄂伦春语中，常用语法词缀-jiqun 表示陈述式现在时复数第二人称形态变化现象。例如：

su　ëxi　ëri　bugadu　këëmu　jëb-jiqun.
你们 现在 这　地方　　饭　　吃

　　你们现在在这个地方吃饭。

su　taqikudu　tuktulim　ëmë-jiqun.
你们　学校　　　跑　　　来

　　你们现在正在跑着来学校。

6. 陈述式现在时复数第三人称形态变化语法现象

形态变化语法词缀-jiran、-jirën 不仅能够表达陈述式现在时单数第三人称语法概念，还可以表示陈述式现在时复数第三人称的语法意义。也就是说，陈述式现在时复数第三人称语法词缀与陈述式现在时单数第三人称语法词缀完全相同。单数和复数的区别主要表现在动作行为的施事者不同。包含有陈述式现在时复数第三人称形态变化现象的句子中，动作行为的施事者应该是复数第三人称的人或事物。例如：

taril　mëëñi　morin　tërgënji　ëdu　ëmë-jirën.
他们　自己　马　车　这里　来

他们现在正在乘坐自己的马车往这边过来。

taril　bëyu　oonam　urëdu　yabu-jiran.
他们　狩猎　进行　山里　走

他们为了狩猎现在正在山里走。

如上所述，陈述式现在时表示现在发生的动作行为或者状态。通过以上分析，我们清楚地认识到，呼玛鄂伦春语动词类词陈述式现在时分单数和复数，在单数和复数内部还分第一人称、第二人称、第三人称，且均有特定语法词缀。就如上面讨论的，单数第一人称形态变化语法词缀为-jimi，单数第二人称形态变化语法词缀为-jinde，单数第三人称形态变化语法词缀为-jiran 与-jirën，复数第一人称形态变化语法词缀为-jimun，复数第二人称形态变化语法词缀是-jiqun，复数第三人称形态变化语法词缀和单数第三人称形态变化语法词缀一样，也是-jiran 和-jirën。由于陈述式现在时单数和复数第三人称形态变化语法词缀完全相同，所以区分单数第三人称和复数第三人称形态变化的语法概念时，主要看该动作行为的施事者是单数第三人称还是复数第三人称。还有，陈述式现在时形态变化语法词缀里，单数第三人称和复数第三人称语法词缀属于可变性结构类型，所以使用时根据元音和谐原理，-jiran 接缀于由阳性元音为主构成的动词词根或词干后面，-jirën接缀于由阴性元音或由中性元音为主构成的动词词根或词干后面。

二　陈述式现在将来时形态变化语法系统

陈述式现在将来时形态变化系统同样首先要区分出单数和复数形态变化，其次要分第一人称、第二人称、第三人称。陈述式现在将来时形态变化语法词缀基本上都有特定语音结构形式及其语法意义。例如，陈述式现在将来时单数第一人称形态变化语法词缀为-mi，单数第二人称形态变化语法词缀是-nde，单数第三人称形态变化语法词缀用-ran和-rën 表示，复数第一人称形态变化语法词缀为-mun，复数第二人称形态变化语法词缀是-kaldu和-këldu，复数第三人称形态变化语法词缀和单数第三人称形态变化语法词缀一样，用语法词缀-ran 和-rën 来表示。陈述式现在将来时形态变化语法词缀接缀于动词词根或词干后面，主要表示不同人或事物现在或将来的动作行为。另外，区分单数第三人称和复数第三人称形态变化时，主要看该动作行为的施事者是单数第三人称还是复数第三人称。同时，在陈述式现在将来时形态变化语法词缀里，单数第三人称和复数第三人称语法词缀有元音和谐现象。根据元音和谐原理，-ran 接缀于由阳性元音为主构成的动词词根或词干后面，-rën 接缀于由阴性元音为主构成的动词词根或词干后面。

陈述式现在时形态变化语法词缀特指现在正在进行的某一动作行为时，一般都在句子里使用 ëxi（现在）这一时间名词。与此相关，陈述式现在将来时形态变化语法词缀特指将来要进行的某一动作行为时，常在句中使用 timaana（明天）、amirgidu（将来）等时间名词。

1. 陈述式现在将来时单数第一人称形态变化语法现象

陈述式现在将来时单数第一人称形态变化语法现象由动词类词接缀表达陈述式现在将来时形态变化的语法词缀-mi 来表示。例如：

bi　ëxi　juligukti　gugdo　urëwë　tugtugë-mi.
我　现在　南面的　高　山　攀登
　　我现在攀登南面的高山。

bi　amirgidu　mëëñi　juuduwi　ñënu-mi.
我　将来　自己　家　回去
　　我将来回自己的家。

bi　tari　qaaral　morinba　ug-mi.
我　那　白　马　骑
　　我现在或将来骑那匹白马。

51

正如上述实例，陈述式现在将来时形态变化语法词缀 -mi 没有元音和谐现象，所以使用时不受限制。另外，也可以用 -me 或-m 等形态变化语法词缀表示陈述式现在将来时单数第一人称语法概念。

2. 陈述式现在将来时单数第二人称形态变化语法现象

陈述式现在将来时单数第二人称形态变化语法现象由动词类词词根或者词干接缀语法词缀-nde 来表示。例如：

xi　ëxi　tari　urĕñi　oktowa　yabu-nde.
你　现在　那　山　路　走
　　你现在走那山路。

xi　amirgidu　tari　taqikudu　ñeněm　bitěgë　děnduků-nde.
你　将来　那　学校　去　书　读
　　你将来去那所学校读书。

xi　tari　morin　těrgěndu　těě-nde.
你　那　马　车　坐
　　你现在或将来坐那辆马车。

3. 陈述式现在将来时单数第三人称形态变化语法现象

陈述式现在将来时单数第三人称形态变化语法现象用动词类词词根或词干后面接缀形态变化语法词缀-ran、-rěn 来表示。例如：

tari　běy　ëxi　ëri　ëñgë　birawa　ëděl-rěn.
那　人　现在　这　宽　河　渡
　　那个人现在渡这条宽河。

akin　amirgidu　tari　morinba　jawa-ran.
哥哥　将来　那　马　抓
　　哥哥将来抓那匹马。

nëkun urëñi oktowa yabu-ran.
弟弟　山　路　走
　　弟弟现在或将来走山路。

4. 陈述式现在将来时复数第一人称形态变化语法现象

根据课题组掌握的第一手资料，呼玛鄂伦春语动词类词的陈述式现在将来时复数第一人称形态变化语法现象几乎都用动词类词词根或者词干后面接缀形态变化语法词缀-mun 的形式来表现。例如：

bu　ëxi　tari　morin　tërgëndu　tëë-mun.
我们 现在 那　 马　 车　　　 坐
　　我们现在乘坐那辆马车。

bu　amirgidu　tari　bitëgëwë　dëndukë-mun.
我们 将来　　那　 书　　　 读
　　我们将来读那本书。

bu　ëxi　ookin　amirgidu　gub　ayiñë　bitig　tati-mun.
我们 现在 和　　将来　　 都　 好好　 书　　学
　　我们现在和将来都好好读书学习。

5. 陈述式现在将来时复数第二人称形态变化语法现象

呼玛鄂伦春语中用语法词缀-qun 表示陈述式现在将来时复数第二人称形态变化语法现象。例如：

su　ëxi　ëri　bugadu　këëmu　jëb-qun.
你们 现在 这　地方　　饭　　 吃
　　你们现在将在这个地方吃饭。

su amirgidu ëri ëgdëñë taqikudu ëmë-qun.
你们 将来 这 大 学校 来
　　你们将来到这所大学。

su gub ëri bugadu tëë-qun.
你们 都 这 地方 居住
　　你们现在或将来都居住在这个地方。

6. 陈述式现在将来时复数第三人称形态变化语法现象

形态变化语法词缀-ran、-rën不仅能够表达陈述式现在将来时单数第三人称语法概念，还可以表示陈述式现在将来时复数第三人称的语法意义。也就是说，陈述式现在将来时复数第三人称形态变化语法词缀同样是-ran、-rën，而且在使用原理和条件等方面与陈述式现在将来时单数第三人称语法词缀完全相同。单数和复数的区别主要表现在动作行为的施事者不同。包含有陈述式现在将来时复数第三人称形态变化现象的句子中，动作行为的施事者应该是复数第三人称的人或事物。鼻辅音结尾的动词词根或词干后面也是依据元音和谐原理接缀形态变化语法词缀-ran、-rën。例如：

taril ëxi mëëñi morin tërgënji ëdu ëmë-rën.
他们 现在 自己 马 车 这里 来
　　他们现在乘坐自己的马车往这里来。

taril amirgidu urëdu bëyu oom yabu-ran.
他们 将来 山里 狩猎 进行 走
　　他们将来为狩猎走山里。

ëri bugadu ëgdëñë tigdë tigdë-rën.
这 地方 大 雨 下雨
　　这个地方现在或将来要下大雨。

三 陈述式将来时形态变化语法系统

根据调研资料，陈述式将来时形态变化语法现象同样有单数和复数，以及第一人称、第二人称、第三人称形态变化。也就是说，陈述式将来时形态变化现象内部分单数第一人称、第二人称、第三人称形态变化语法结构类型，以及复数第一人称、第二人称、第三人称形态变化语法结构类型。陈述式将来时形态变化语法词缀接缀于动词词根或词干后面，主要表示将来要施事的某一动作行为。更为重要的是，陈述式将来时形态变化语法词缀全部属于可变性结构类型，所以使用时一律遵循元音和谐原理。很有意思的是，包含陈述式将来时形态变化语法现象的句子里，常常使用 amirgidu（将来）、timaana（明天）等表示将来时间的名词。

1. 陈述式将来时单数第一人称形态变化语法现象

陈述式将来时单数第一人称形态变化语法现象由动词类词词根或词干后面接缀表达陈述式将来时形态变化单数第一人称语法意义的词缀 -jaw、-jëw 来表示，也有用 -diw 或 -jiw 等形态变化语法词缀表示该语法概念的实例。例如：

bi　juligukti　gugdo　urëwë　tugtugë-jëw.
我　南面的　　高　　山　　攀登
我将来攀登南面的高山。

bi　amirgidu　mëëñi　juuduwi　ñenu-jëw.
我　将来　　　自己　　家　　　回去
我将来回自己的家。

bi　tari　qaaral　morinba　ug-jëw.
我　那　　白　　　马　　　骑
我将来骑那匹白马。

2. 陈述式将来时单数第二人称形态变化语法现象

根据调研资料，陈述式将来时单数第二人称形态变化语法现象主要用动词类词词根或者词干后面接缀语法词缀-jaxi、-jëxi 的手段来表现。例如：

xi　tari　urëñi　oktowa　yabu-jaxi.
你　那　山　路　走
你将来走那条山路。

xi　amirgidu　tari　taqikudu　ñenëm　bitëgë　dëndukë-jëxi.
你　将来　那　学校　去　书　读
你将来去那所学校读书。

xi　tari　morin　tërgëndu　tëë-jëxi.
你　那　马　车　坐
你将来乘坐那辆马车。

陈述式将来时单数第二人称形态变化语法现象也有用动词类词词根或者词干后面接缀-diyixi、-jiyixi 来表示的情况。

3. 陈述式将来时单数第三人称形态变化语法现象

动词类词词根或词干后面接缀形态变化语法词缀-ja 或-jë 可表示陈述式将来时单数第三人称形态变化语法现象。例如：

tari　bëy　ëri　ëñgë　birawa　ëdël-jë.
那　人　这　宽　河　渡
那个人将来要渡这条宽河。

akin　tari　morinba　ug-ja.
哥哥　那　马　骑
哥哥将来骑那匹马。

nëkun　amirgidu　urëñi　oktowa　yabu-ja.
弟弟　将来　山　路　走
弟弟将来走山路。

4. 陈述式将来时复数第一人称形态变化语法现象

我们的第一手资料表明，呼玛鄂伦春语动词类词的陈述式将来时复数第一人称形态变化语法现象用动词类词词根或者词干后面接缀形态变化语法词缀-jawun、-jěwun 来表现。例如：

bu　 tari　morin　tërgëndu　tëë-jěwun.
我们 那 　马　　 车　　　 坐

　　我们将来坐那辆马车。

bu　　tari　bitëgëwë　dënduke-jěwun.
我们　那　　书　　　　读

　　我们将来读那本书。

bu　amirgidu　gub　ayañë　bitig　tati-jawun.
我们　将来　　都　好好　　书　　学

　　我们将来都好好读书学习。

陈述式将来时复数第一人称形态变化语法现象，有时也用动词类词词根或者词干接缀形态变化语法词缀-jiyin 来表示。

5. 陈述式将来时复数第二人称形态变化语法现象

呼玛鄂伦春语中，用语法词缀-jaqun、-jěqun 表示陈述式将来时复数第二人称形态变化语法现象。例如：

su　　ëri　bugadu　këëmu　jëb-jëqun.
你们　这　 地方　　 饭　　 吃

　　你们将来在这个地方吃饭。

su　amirgidu　ëri　ëgdëñë　taqikudu　tati-jaqun.
你们　将来　　这　 大　　 学校　　 来

　　你们将来到这所大学。

57

su gub ëri bugadu tëë-jëqun.
你们 都 这 地方 居住

你们将来都住在这个地方。

6. 陈述式将来时复数第三人称形态变化语法现象

形态变化语法词缀-ja、-jë不仅能够表达陈述式将来时单数第三人称语法概念，还可以表示陈述式将来时复数第三人称语法意义。也就是说，表示陈述式将来时复数第三人称形态变化语法现象的语法词缀同样是-ja、-jë，在使用原理和条件等方面与陈述式将来时单数第三人称语法词缀完全相同。单数和复数的区别主要通过动作行为施事者的不同来鉴别。包含陈述式将来时复数第三人称形态变化语法现象的句子内，动作行为的施事者是复数第三人称的人或事物。例如：

taril mëëñi morin tërgënji ëdu ëmë-jë.
他们 自己 马 车 这里 来

他们将来乘坐自己的马车来这里。

taril amirgidu urëdu bëyu oom yabu-ja.
他们 将来 山里 狩猎 进行 走

他们将来到山里进行狩猎。

上面的分析告诉我们，陈述式将来时有人称之分，且有特定语法词缀。单数第一人称形态变化语法词缀为-jaw与-jëw，单数第二人称形态变化语法词缀是-jaxi和-jëxi，单数第三人称形态变化语法词缀用-ja和-jë来表示，复数第一人称形态变化语法词缀为-jawun和-jëwun，复数第二人称形态变化语法词缀是-jaqun与-jëqun，复数第三人称形态变化语法词缀和单数第三人称形态变化一样用语法词缀-ja和-jë来表示。这就是说，陈述式将来时形态变化语法词缀都属于可变性结构类型。

四　陈述式过去时形态变化语法系统

根据陈述式过去时形态变化语法现象在句中具体表现出的语法意义和功能，首先，区分出单数和复数形态变化结构类型。其次，依据动作行为者人称关系的不同，在单数和复数形态变化结构内部分出第一人称、第二人称、第三人称形态变化语法结构类型。陈述式过去时形态变化语法现象有约定俗成的语法词缀。陈述式过去时形态变化语法词缀接缀于动词类词词根或词干后面，主要表示在过去时间里施事的动作行为。另外，在陈述式过去时形态变化语法词缀里，除了单数第一人称形态变化语法词缀外，其他单数和复数形态变化语法词缀都属于可变性结构类型，使用时要按照元音和谐原理接缀于由不同元音为主构成的动词词根或词干后面。

1. 陈述式过去时单数第一人称形态变化语法现象

陈述式过去时单数第一人称形态变化语法现象由动词类词词根或词干后面接缀表达陈述式过去时形态变化的语法词缀-qu 来表示。例如：

bi　juligukti　gugdo　urëwë　tugtugë-qu.
我　南面的　　高　　山　　攀登
　　我攀登了南面的高山。

bi　mëëñi　juuduwi　ñënu-qu.
我　自己　　家　　回去
　　我回自己家了。

正如上述实例，陈述式过去时形态变化语法词缀-qu 没有元音和谐现象，所以使用时不受限制。

2. 陈述式过去时单数第二人称形态变化语法现象

陈述式过去时单数第二人称形态变化语法现象由动词类词词根或者词干接缀语法词缀-qaxi 和-qëxi 来表示。由于它们有元音和谐现象，所以使用时一定要严格遵循元音和谐原理。例如：

xi　tari　urëñi　oktowa　yabu-qaxi.
你　那　山　路　走
　　　你走过那山路。

xi　mëëñi　taqikuduwi　ñënë-qëxi.
你　自己　学校　去
　　　你去了自己的学校。

3. 陈述式过去时单数第三人称形态变化语法现象

陈述式过去时单数第三人称形态变化语法现象要用动词类词词根或词干后面接缀形态变化语法词缀-qa、-që 的手段来表示。例如：

tari　bëy　ëri　ëñgë　birawa　ëdël-që.
那　人　这　宽　河　渡
　　　那个人横渡了这条宽大的河。

akin　tari　morinbë　jawa-qa.
哥哥　那　马　抓
　　　哥哥抓了那匹马。

4. 陈述式过去时复数第一人称形态变化语法现象

根据调研资料，陈述式过去时复数第一人称形态变化语法现象由动词类词词根或者词干后面接缀形态变化语法词缀-qamun、-qëmun 来表示，使用时一定要遵循元音和谐原理。例如：

bu　tari　morin　tërgëndu　tëë-qëmun.
我们　那　马　车　坐
　　　我们坐过那辆马车。

bu　tari　aya　bitëgëwë　ga-qamun.

我们　那　好　书　买

　　我们买了那本好书。

5. 陈述式过去时复数第二人称形态变化语法现象

呼玛鄂伦春语中，用具有元音和谐现象的语法词缀-qaqun、-qëqun 表示陈述式过去时复数第二人称形态变化现象。例如：

su　ëri　bugadu　këëmu　jëb-qaqun.

你们　这　地方　饭　吃

　　你们在这个地方吃过饭。

su　ëri　aya　morinba　ug-qaqun.

你们　这　好　马　骑

　　你们骑过这匹好马。

6. 陈述式过去时复数第三人称形态变化语法现象

形态变化语法词缀-qa、-që 不仅能够表达陈述式过去时单数第三人称语法概念，还可以表示陈述式过去时复数第三人称的语法意义。也就是说，表示陈述式过去时复数第三人称形态变化语法现象的语法词缀同样是-qa、-që，在使用原理和条件等方面与陈述式过去时单数第三人称语法词缀完全相同。单数和复数的区别主要通过动作行为的施事者来鉴别。包含有陈述式过去时复数第三人称形态变化语法现象的句子中，动作行为的施事者应该是复数第三人称的人或事物。例如：

taril　mëëñi　morin　tërgënji　ëdu　ëmë-që.

他们　自己　马　车　这里　来

　　他们乘坐自己的马车来过这里。

taril　bëyu　oonam　urëdu　yabu-qa.
他们　狩猎　进行　山里　走

他们为狩猎去了山里。

总之，陈述式过去时形态变化语法词缀有单数和复数以及不同人称，而且都有特定语法词缀。其中，单数第一人称形态变化语法词缀是-qu，单数第二人称形态变化语法词缀为-qaxi 与-qëxi，单数第三人称形态变化语法词缀是-qa 和-që，复数第一人称形态变化语法词缀是-qamun 和-qëmun，复数第二人称形态变化语法词缀是-qaqun 和-qëqun，复数第三人称形态变化语法词缀是-qa 与-që。可以看出，陈述式过去时形态变化语法词缀里，除单数第一人称形态变化语法词缀属于不变性结构类型之外，其他形态变化语法词缀均属于可变性结构类型。

五　陈述式过去进行时形态变化语法系统

我们掌握的第一手资料表明，呼玛鄂伦春语动词类词有陈述式过去进行时形态变化现象。而且，同样有单数和复数形态变化结构类型，以及第一人称、第二人称、第三人称形态变化语法词缀。很有意思的是，陈述式过去进行时形态变化语法词缀都属于可变性结构类型。这些语法词缀接缀于动词词根或词干后面，主要表示在过去时间里进行的动作行为。接缀有陈述式过去进行时形态变化语法词缀的动词类词往往表达汉语中的"那时正在……来着"等意义。

1. 陈述式过去进行时单数第一人称形态变化语法现象

形态变化语法词缀-gdiqaw 及-gdiqëw 属于陈述式过去进行时单数第一人称的表现形式。它们依据元音和谐原理，分别接缀于阳性元音或阴性元音为主构成的动词词根或词干后面。例如：

bi　juligukti　gugdo　urëwë　tugtugë-gdiqëw.
我　南面的　高　山　攀登

我那时正在攀登南面的高山来着。

bi　tiinĕwĕ　qaawudu　mĕĕñi　juuduwi　amra-gdiqaw.
我　昨天　　前　　　自己　　家　　休息

我前天那时正在自己家休息来着。

陈述式过去进行时形态变化现象语法现象也可以用语法词缀-yiqaw及-yiqĕw来表达，不过使用率很低。

2. 陈述式过去进行时单数第二人称形态变化语法现象

动词类词词根或者词干后面接缀形态变化语法词缀-gdiqaxi 与-gdiqĕxi，主要表达陈述式过去进行时单数第二人称的语法意义。由于它们有元音和谐现象，所以使用时要遵循元音和谐原理。例如：

tari　ĕrindu　xi　tari　urĕñi　oktowa　yabu-gdiqaxi.
那　　时　　你　那　　山　　路　　　走

你那时正在走山路来着。

xi　mĕĕñi　taqikuduwi　ñĕnĕ-gdiqĕxi.
你　自己　　学校　　　去

你那时正在去自己的学校来着。

3. 陈述式过去进行时单数第三人称形态变化语法现象

呼玛鄂伦春语动词陈述式过去进行时单数第三人称形态变化语法现象基本上用动词类词词根或词干后面接缀形态变化语法词缀-gdiqan 和-gdiqĕn来表示。例如：

tari　bĕy　ĕri　ĕgdĕgĕ　birawa　ĕdĕl-gdiqĕn.
那　　人　　这　　大　　　河　　　渡

那个人那时正在渡这条大河来着。

63

akin   tiinëwë   tari   morinbë   jawa-gdiqan.
哥哥   昨天   那   马   抓

哥哥昨天那时正在抓那匹马来着。

4. 陈述式过去进行时复数第一人称形态变化语法现象

根据调研资料，陈述式过去进行时复数第一人称形态变化语法现象由动词类词词根或者词干后面接缀形态变化语法词缀-gdiqawun 及 -gdiqëwun来表达，使用时要遵循元音和谐原理。例如：

bu   tari   morin   tërgëndu   tëë-gdiqëwun.
我们   那   马   车   坐

我们那时正在坐那辆马车来着。

bu   tari   aya   bitëgëwë   ga-gdiqawun.
我们   那   好   书   买

我们那时正在买那本好书来着。

5. 陈述式过去进行时复数第二人称形态变化语法现象

在陈述式形态变化系统内，要用具有元音和谐现象的语法词缀-gdiqaqun 与-gdiqëqun 表示陈述式过去进行时复数第二人称形态变化现象。例如：

su   daaqi   ëri   bugadu   këëmu   jëb-gdiqëqun.
你们   从前   这   地方   饭   吃

你们从前就在这个地方吃饭来着。

su   ëri   aya   morinba   ug-gdiqaqun.
你们   这   好   马   骑

你们那时正在骑这匹好马来着。

6. 陈述式过去进行时复数第三人称形态变化语法现象

形态变化语法词缀-gdiqan 和-gdiqën 不仅能够表达陈述式过去进行时单

数第三人称语法概念，还能够表示陈述式过去进行时复数第三人称的语法意义。换言之，表示陈述式过去进行时复数第三人称形态变化语法现象的语法词缀也是-gdiqan 和-gdiqën，而且在用法上与陈述式过去进行时单数第三人称语法词缀完全相同。单数和复数的区别主要表现在过去进行的动作行为的施事者不同。陈述式过去进行时复数第三人称形态变化语法现象的句子中，动作行为的施事者应该是复数第三人称范畴的人或事物。例如：

taril mëëñi morin tërgënji ëdu ëmë-gdiqën.
他们 自己 马 车 这里 来
 他们那时正在乘坐自己的马车来这里。

taril bëyu oonam urëdu yabu-gdiqan.
他们 狩猎 进行 山里 走
 他们那时正在为狩猎走向山里来着。

以上分析告诉我们，陈述式过去进行时单数第一人称形态变化语法词缀是-gdiqaw 及-gdiqëw，单数第二人称形态变化语法词缀是-gdiqaxi 与-gdiqëxi，单数第三人称形态变化语法词缀是-gdiqan 和-gdiqën，复数第一人称形态变化语法词缀是-gdiqawun及-gdiqëwun，复数第二人称形态变化语法词缀是-gdiqaqun 与-gdiqëqun，第三人称形态变化语法词缀是-gdiqan 和-gdiqën 等。陈述式过去进行时形态变化语法词缀接缀于动词词根或词干后面，主要表示在过去时间进行的动作行为。另外，陈述式过去进行时形态变化语法词缀，无一例外地属于可变性结构类型，因此使用时要严格按照元音和谐原理接缀于由阳性元音或阴性元音为主构成的动词词根或词干后面。

综上所述，呼玛鄂伦春语动词陈述式形态变化系统有一套十分复杂而自成体系的极其严谨的语法词缀，在使用方面也有严格要求和标准，弄错其中的任何一个语法词缀及其用法均会给语言交流带来麻烦。通过前面的实例和分析，我们清楚地认识到呼玛鄂伦春语动词类词的陈述式形态变化语法词缀系统中，几乎所有第三人称单数和复数形态变化语法词缀在语音结构方面都完全相同。它们的区别功能和作用,主要体现在句中动作行为的施事者,如果施事者是单数第三人称代词,那么第三人称形态变化语法词缀表示的是单数第三人称语法意义,如果施事者是复数第三人称代词,那么第三人称形态变化语法词缀表示的是复数第三人称语法意义。另外,呼玛鄂伦春语动词类词的陈述式形态变化语法词缀基本上都是动词类词不可或缺的形态变化语法现象,在实际的语句中有相当高的使用率和出现率,陈述式动词类词要表达的是极其细微、复杂、多变的动作行为以及与此密切相关的词义关系。在这里,还有必要提出的是,该语言的动词类词词根或词干后面接缀陈述式形态变化语法词缀之后,在其后面几乎不能够再接缀任何形式和内容的形态变化语法词缀。从这个意义上讲,陈述式形态变化语法词缀应该是属于动词类词形态变化现象的终止型。

六　祈求式形态变化语法结构系统

呼玛鄂伦春语动词类词式形态变化语法体系有表示祈求概念的形态变化语法词缀类型,以表达人们的恳切希望与请求。根据第一手资料,动词类词的祈求式形态变化语法词缀同样包含单数和复数两种结构类型,以及不同人称的形态变化。根据该语言动词的祈求式形态变化语法词缀在句中表现出的语法含义,首先分为单数和复数,紧接着在单数和复数形态变化语法词缀内部根据其不同人称关系,进一步分出第一人称、第二人称和第三人称三种结构类型。祈求式单数第一人称形态变化语法词缀是-ktee,单数第二人称形态变化语法词缀为-kaa 与-këë,单数第三人称形态变化语法词缀为-yinee,祈求式复数第一人称形态变化语法词缀是-ktiwunee,复数第二人称形态变化语法词缀为-kaldunee 和-këldunee,复数第三人称形态变化语法词缀为-yinee。很有意思的是,呼玛鄂伦春语动词类词的祈求式形态变化语法词缀均以长元音收尾,且以 ee 音为多。这说明在呼玛鄂伦春人的情感世界里,该长元音具有特殊的韵味。另外,动词类词祈求式单数和复数第三人称使用相同的形态变化语法词缀。动词类词祈求式形态变化现象所表现出的语法意义,相当于汉语的"祈求"之意,也可以表达"希望""渴望"

等美好愿望。

1. 祈求式单数第一人称形态变化语法现象

我们的调研资料表明，祈求式单数第一人称形态变化语法现象几乎都用动词类词词根或者词干后面接缀语法词缀-ktee来表现。例如：

bi　mëëñi　juuduwi　ñenu-ktee.
我　自己　家　回
　　我祈求回自己的家。

bi　ëri　aya　morinba　ug-ktee.
我　这　好　马　骑
　　我祈求骑这匹好马。

2. 祈求式单数第二人称形态变化语法现象

呼玛鄂伦春语动词类词的祈求式单数第二人称形态变化语法现象主要由语法词缀-kaa和-këë来表示。而且，根据元音和谐原理，分别接缀于阳性元音和阴性元音为主构成的动词类词词根或者词干后面。例如：

xi　giuqěni　ulëwë　jëb-këë.
你　狍子　肉　吃
　　祈求你吃狍子肉。

xi　juligukti　gugdo　urëwë　tugtugë-këë.
你　南面的　高　山　攀登
　　祈求你攀登南面的高山。

xi　tari　qaaral　morinbë　jawa-kaa.
你　那　白　马　抓
　　祈求你抓那匹白马。

我们掌握的资料还表明，祈求式单数第二人称形态变化语法现象还可

67

以用语法词缀-kaal、-këël 来表示。

3. 祈求式单数第三人称形态变化语法现象

祈求式单数第三人称形态变化语法现象基本上是由动词类词词根或者词干后面接缀语法词缀-yinee 来表现。例如：

tari ënniyi muni juudu ëmë-yinee.
他   今天   我们   家   来

祈求他今天来我们家。

ëwëwi morin tërgëndu tëë-yinee.
奶奶   马   车   坐

祈求奶奶坐马车。

4. 祈求式复数第一人称形态变化语法现象

呼玛鄂伦春语中，祈求式复数第一人称形态变化语法现象由动词类词词根或者词干后面接缀形态变化语法词缀-ktiwunee 来表示。例如：

bu   tari morin tërgëndu tëë-ktiwunee.
我们 那   马   车   坐

我们祈求坐那辆马车。

bu   tari aya bitëgëwë dëndukë-ktiwunee.
我们 那   好   书   读

我们祈求读那本好书。

不过，该语言里也有用形态变化语法词缀-ktiwun 表示祈求式复数第一人称形态变化语法现象的实例，但并不多见。

5. 祈求式复数第二人称形态变化语法现象

根据分析结果，动词祈求式复数第二人称形态变化语法现象主要用语法词缀-kaldunee 和-këldunee 来体现。这两个语法词缀按照元音和谐原理接缀于不同动词词根或词干后面。例如：

第二章　呼玛鄂伦春语动词类词形态变化语法体系

　　su　amirgidu　gub　ayañe　taqikudu　ii-këldunee.
　　你们　将来　　都　好　　学校　　考入
　　　　祈求你们将来都考入好的学校。

　　su　tari　beyëñi　morin　tërgëndu　ëjiqun　tëë-yinee.
　　你们那　　马　　车　　坐　　不要　乘坐
　　　　祈求你们不要乘坐那辆马车。

另外，动词祈求式复数第二人称形态变化现象也可以用-kaldun 与-këldun两个语法词缀来表示。

6. 祈求式复数第三人称形态变化语法现象

祈求式复数第三人称形态变化语法现象的语法词缀与祈求式单数第三人称形态变化语法词缀完全相同，也用没有元音和谐现象的-yinee 这一特定形式来表达。例如：

　　taril　gugdë　urëduki　ëwëm　ëmë-yinee.
　　他们　高的　　山　　　下　　来
　　　　祈求他们从那高山上下来。

　　tarilni　iniyi　baldiyin　inniyi　iniyiduki　aya　oo-yinee.
　　他们　　日　　生　　　天　　　天　　　　好　变成
　　　　祈求他们的生活一天比一天好起来。

不过，呼玛鄂伦春人的口语里也有用形态变化语法词缀 -yin 或-yine 表示祈求式复数第三人称语法现象的实例。

在这里还需要说明的是，呼玛鄂伦春语动词类词的祈求式形态变化语法词缀的末尾长元音也会出现被发作短元音的情况。例如，-ktee、-kaa、-këë、-yinee、-ktiwunee、-kaldunee、-këldunee 等可发音成 -kte、-ka、-kë、-yine、-ktiwune、-kaldune、-këldune 等。不过，相比之下，长元音的使用率高于短元音。另外，这里所说的祈求式形态变化现象在实际语句中还有

69

"祈愿""希望""渴望"等含义。还有，祈求式形态变化语法词缀中，除了单数和复数第二人称有元音和谐现象之外，其他数和人称形态变化语法词缀均没有元音和谐现象。

七 命令式形态变化语法系统

命令式是呼玛鄂伦春语动词式形态变化语法范畴里不可缺少的内容。命令式形态变化语法现象分单数第一人称形态变化现象、第二人称形态变化现象、第三人称形态变化现象，以及复数第一人称形态变化现象、第二人称形态变化现象、第三人称形态变化现象六种结构类型。我们掌握的第一手资料表明，动词类词命令式形态变化语法词缀除了单数和复数第二人称形态变化语法词缀之外，其他四种形态变化语法词缀没有元音和谐现象。很有意思的是，还出现单一辅音构成的形态变化语法词缀。例如，命令式单数第一人称形态变化语法词缀是-m，单数第二人称形态变化语法词缀为-k，单数第三人称形态变化语法词缀为-yin，命令式复数第一人称形态变化语法词缀是-wun，复数第二人称形态变化语法词缀为-kaldun 和 -këldun，复数第三人称形态变化语法词缀为-yin。这些形态变化语法词缀接缀于动词词根或词干后面时，分别根据不同功能作用表示不同数和人称内涵的命令式形态变化现象的语法概念。

1. 命令式单数第一人称形态变化语法现象

我们分析动词类词命令式单数第一人称形态变化现象时发现，该语法词缀的语音结构形式十分简单，由单一的辅音音素 m 构成，所以没有元音和谐现象，可以接缀于任何语音形式结尾的动词类词词根或词干后，表达单数第一人称施事者命令自己从事某一动作行为的语句内涵。也就是说，形态变化语法词缀-m 接缀于动词类词词根或词干后面，表达命令式单数第一人称形态变化现象。不过，辅音结尾动词类词词根或词干接缀-m 时，根据词根或词干的语音结构特征，结合元音和谐原理，增加过渡性质的短元音。例如，如果词根或词干是由阳性元音 a 为核心构成，那么增加的过渡性质的短元音应该是 a；如果词根或词干是由阴性元音 ë 为核心构成，那么增加的过渡性质的短元音应该是 ĕ。例如：

bi　ĕnniyi　taqikudu　ñĕnĕ-m！
我　今天　　学校　　去
　　我今天无论如何去学校！

bi　juligukti　gugdo　urĕwĕ　tugtugĕm　yuu-m！
我　南面的　　高　　山　　攀登　　　上去
　　我一定要登上南面的高山！

bi　tari　qaaral　morinbĕ　ug（u）-m！
我　那　　白　　马　　　骑
　　我必须骑那匹白马！

2. 命令式单数第二人称形态变化语法现象

命令式单数第二人称形态变化语法现象由动词类词词根或者词干后面接缀语法词缀-k 来表现。在具体的语句里，由于-k 没有元音和谐这一语音结构特征，所以使用时不受影响，分别接缀于由阳性元音或阳性元音为核心构成的动词类词词根或词干后，表示命令式单数第二人称形态变化语法现象。不过，由单一辅音构成的命令式单数第二人称形态变化语法词缀接缀于由辅音结尾的动词类词词根或词干后时，要结合元音和谐原理，在动词类词词根或词干的后面以及命令式单数第二人称形态变化语法词缀之间增加过渡性质的短元音。例如：

xi　mĕĕñi　morin　tĕrgĕnji　ĕdu　ĕmĕ-k！
你　自己　　马　　车　　　这里　来
　　你必须乘坐自己的马车来这里！

xi　bëyu　oonam　urëdu　yabu-k!
你　狩猎　进行　山里　走

你一定要到山上去狩猎！

xi　ëri　ëgdëgë　birawa　ëdël(ë) -k!
你　这　大　河　渡

你要渡这条大河！

在呼玛鄂伦春语口语里，也有用形态变化语法词缀-kal 与-kël 等表示命令式单数第二人称形态变化语法现象的实例。

3. 命令式单数第三人称形态变化语法现象

形态变化语法词缀-yin 接缀于动词类词词根或词干后面时，可以表示动词类词命令式单数第三人称形态变化现象。例如：

tari　ëri　urëñi　oktowa　yabu-yin!
他　这　山　路　走

命令他走这条山路！

tari　amirgidu　tari　taqikudu　ñënëm　bitëgë　dëndukë-yin!
他　将来　那　学校　去　书　读

命令他将来到那所学校读书！

4. 命令式复数第一人称形态变化语法现象

呼玛鄂伦春语动词类词命令式复数第一人称形态变化语法现象主要由动词类词词根或者词干后面接缀语法词缀-wun 来表现。例如：

bu　tari　morin　tërgëndu　tëë-wun!
我们　那　马　车　坐

我们必须坐那辆马车！

su　　tari　morindu　tërgënqqi　yabu-kaldun.
你们　那　　车　　　坐　　　乘坐

命令你们乘坐那辆马车。

5. 命令式复数第二人称形态变化语法现象

依据调研资料，动词类词命令式复数第二人称形态变化语法现象几乎都是在动词类词词根或者词干后面接缀形态变化语法词缀-kaldun 和-këldun 来表示。显然，这套语法词缀有元音和谐现象，使用时按照元音和谐原理用在不同动词词根或词干后面，表达命令式复数第二人称形态变化语法现象。例如：

su　　ëxi　turgun　juuduwël　ñenu-këldun！
你们　现在　赶快　　家　　　回

你们现在赶快回家！

su　tari　qaaral　morinba　jawa-kaldun！
你们　那　白　　马　　　抓

你们一定要抓住那匹白马！

6. 命令式复数第三人称形态变化语法现象

命令式复数第三人称形态变化语法词缀-yin 在语音结构方面与命令式单数第三人称形态变化语法词缀完全一致。不同的是，表示命令式复数第三人称形态变化的语法词缀用于动作行为的施事者是复数第三人称代词的语句中，表达命令式复数第三人称形态变化语法现象。例如：

taril　gub　ayiñë　taqikudu　ii-yin！
他们　都　好　　学校　　　考入

让他们都考入好的学校！

73

taril　tari　beyëñi　morin　tërgëndu　tëë-yin！
他们　那　人　　马　　车　　　乘坐

让他们乘坐那个人的马车！

以上列举的句子里，充当谓语的核心动词均接缀有命令式形态变化语法词缀，表现包含有不同数和人称含义的命令式语法现象，所表达的语法意义相当于汉语中的"必须""一定""命令"等具有命令口气的词语。动词类词命令式形态变化语法词缀里，只有命令式单数第三人称和复数第三人称形态变化语法现象有元音和谐现象。另外，如同前面分析的，由单一辅音构成的命令式形态变化语法词缀出现于以辅音结尾的动词词根或词干后面时，需要增加过渡形式的短元音。这些现象的出现，也许跟该语言已严重濒危有关。

八　禁令式形态变化语法系统

根据课题组掌握的第一手调研资料，呼玛鄂伦春语动词式形态变化语法现象中还有说话者用命令口气禁止对方进行某一动作行为的情况。该现象被称为禁止性语法命令的形态变化语法现象，或叫禁令式形态变化语法结构类型。禁令式形态变化语法现象在结构类型上与其他式形态变化现象不同。禁令式形态变化语法现象由接缀特定语法词缀的否定助动词同句子主要动词相互配合的形式体现出来。禁令式形态变化语法现象同样分单数和复数第一人称、第二人称、第三人称形态变化结构类型，所表达的语法含义相当于汉语中的"别""不许""不要""禁止"等。

另外，我们调研时还发现，呼玛鄂伦春语动词类词禁令式形态变化现象主要以-r、-t、-d、-n、-l等单辅音构成的语法词缀来表现。其中，-r用于由辅音 r 或元音结尾的动词词根或词干后面，-t 接缀于由辅音 t 或双唇辅音结尾的动词词根或词干后面，-d 接缀于由辅音 d 结尾的动词词根或词干后面，-n 接缀于由鼻辅音 n 结尾的动词词根或词干后面，-l 接缀于由辅音 l 结尾的动词词根或词干后面。不过，除了前面提及的辅音结尾的动词类词词根或词干，其他动词类词词根或词干后面几乎都可以使用-r 这一形态变化语法词缀。接缀动词类词禁令式形态变化语法词缀的动词跟接缀有不同形态变化语法词缀的禁止助动词相互配合，才能够完整地表达它们要阐述的禁令式形态变化语法概念。从这个意义上讲，禁止助动词后面接缀的不同数和人称内涵的形态变化语法词缀，同样具有不可或缺的功能和作用。一般情况下，接缀禁令式形态变化语法词缀的动词，都无一例外地出现在否定助动词的后面，否定助动词使用于句末主要动词的前面。而且，否定助动词严格按照动作行为者的不同，及时有效地调整或更换形态变化语法词缀。对此问题，我们将在讨论助动词形态变化结构类型时进行全面阐述。

1. 禁令式单数第一人称形态变化语法现象

禁令式单数第一人称形态变化语法现象由接缀禁令式形态变化语法词缀的动词类词同接缀单数第一人称形态变化语法词缀-m 的否定助词 ëxim（不、禁止）相互配合而成。例如：

bi　tari　beyëñi　morin　tërgëndu　ëxim　tëë-r！
我　那　　马　　车　　坐　　　禁止　乘坐
我禁止自己乘坐那辆马车！

bi　giuqëni　ulëwë　ëxim　jëb-t！
我　狍子　　肉　　禁止　吃
我禁止自己吃狍子肉！

2. 禁令式单数第二人称形态变化语法现象

禁令式单数第二人称形态变化语法现象由接缀禁令式形态变化语法词缀的动词类词同接缀单数第二人称形态变化语法词缀-ji 的否定助动词 ëji（别、不许、禁止）相互搭配而成。例如：

xi　muni　ëri　bugadu　ëji　ëmë-r！
你　我们　这　地方　　不许　来
不许你来我们这地方！

xi urëdu yuum bëyu ëji oo-r!
你　山里　上　狩猎　禁止 做

禁止你上山狩猎！

3. 禁令式单数第三人称形态变化语法现象

呼玛鄂伦春语动词类词禁令式单数第三人称形态变化现象由接缀禁令式形态变化语法词缀的动词类词同接缀单数第三人称形态变化语法词缀-yin 的否定助动词 ëyin（别、禁止）相互搭配而成。例如：

tari beyë ëri ëgdëgë birawa ëyin ëdël-l (ëdël)!
那　人　这　大　河　禁止 渡

禁止那个人横渡这条大河！

tari ëri giuqënbë waam ëyin oo-d!
他　这　狍子　杀　禁止 可以

禁止他杀死这头狍子！

4. 禁令式复数第一人称形态变化语法现象

动词类词禁令式复数第一人称形态变化语法现象由接缀禁令式形态变化语法词缀的动词类词同接缀复数第一人称形态变化语法词缀-wun 的否定助动词 ëyiwun（不、禁止）相互搭配而成。例如：

bu ëri morin tërgëndu ëyiwun tëë-r!
我们 这 马 车 禁止 乘坐

我们禁止乘坐这辆马车！

bu gub damga ëyiwun taa-n!
我们 都 烟 禁止 吸

我们都禁止吸烟！

5. 禁令式复数第二人称形态变化语法现象

禁令式复数第二人称形态变化语法现象由接缀禁令式形态变化语法词缀的动词类词同接缀禁令式复数第二人称形态变化语法词缀-yiqun 的否定助动词 ëyiqun 相互搭配而成。例如：

su　juligukti　gugdo　urëwë　ëyiqun　tugtugë-r！
你们　南面的　高　山　禁止　攀登
　　禁止你们攀登南面的高山！

su　tari　qaaral　morinbë　ëyiqun　ga-d！
你们　那　白　马　禁止　买
　　禁止你们买那匹白马！

6. 禁令式复数第三人称形态变化语法现象

禁令式复数第三人称形态变化语法现象同禁令式单数第三人称形态变化语法现象的表现形式完全相同，都用形态变化语法词缀-yin 来表示，由接缀禁令式形态变化语法词缀的动词类词同接缀单数第三人称形态变化语法词缀-yin 的否定助动词 ëyin（别、禁止）相互搭配而成。不同点就在于，动作行为的施事者是复数第三人称代词。例如：

taril　mëëñi　morin　tërgënji　ëdu　ëmëm　ëyin　oo-d！
他们　自己　马　车　这里　来　禁止　可以
　　禁止他们乘坐自己的马车来这里！

taril　bëyu　oor　morinba　ëyin　jawaka-n！
他们　狩猎　进行　马　禁止　抓
　　他们禁止抓狩猎的马！

呼玛鄂伦春语动词禁令式形态变化语法现象比其他式形态变化语法现象的结构要复杂得多。其他式形态变化语法现象都是由句子末尾的动词词

77

根或词干后面接缀的形态变化语法词缀来确定它们的语法功能和作用，同样也是由此来分辨其中包含的不同数和人称语法内涵。某种意义上说，它们属于单一性结构类型。然而，禁令式形态变化语法现象属于搭配式结构类型，是由接缀禁令式形态变化语法词缀的动词类词同接缀禁令式不同人称形态变化语法词缀的否定助动词相互搭配而成。另外，还需要进一步说明的是，禁令式形态变语法词缀-r、-t、-d、-n、-l 等根据原初的词干或词根末尾的辅音或元音结构特征来使用，原有的词尾语音产生不同程度的音变。这些音变现在虽然变得十分模糊，但通过后缀的禁令式形态变化语法词缀可以看出早期语音结构的一些痕迹。禁令式形态变化语法现象均使用于动词类词形态变化语法词缀的最末端，在它们后面再不会接缀其他任何形态变化语法词缀，成为该语言动词类词的一种终止形式。

九　假定式形态变化语法系统

我们掌握的第一手资料表明，呼玛鄂伦春语动词式形态变化语法体系里还有表示假定式语法概念的形态变化现象。顾名思义，假定式形态变化语法词缀主要表示含有假定意义的动作行为。假定式形态变化语法词缀同样有单数和复数第一人称、第二人称、第三人称。假定式形态变化语法词缀以中性元音-i、-u 为主构成，使用时不受元音和谐原理的制约，自由接缀于不同动词类词词根或词干后面。只有单数第三人称和复数第三人称形态变化语法词缀有元音和谐现象。假定式单数第一人称形态变化语法词缀为-rkimi，单数第二人称形态变化语法词缀为-rkinni，单数第三人称形态变化语法词缀为-rkiran 与-rkirën，复数第一人称形态变化语法词缀为-rkiwun，复数第二人称形态变化语法词缀为-rkiqun，复数第三人称形态变化语法词缀为-rkiran 和-rkirën 等。动词假定式形态变化语法词缀在呼玛鄂伦春语中有较高的使用率。

1. 假定式单数第一人称形态变化语法现象

动词类词假定式单数第一人称形态变化语法现象用动词类词词根或词干后面接缀语法词缀-rkimi 来表示。例如：

bi ëri iniyi taqikudu ñënë-rkimi.
我 这 天 学校 去
我假定这天去学校。

bi juligukti gugdo urëwë tugtugë-rkimi.
我 南面的 高 山 攀登
我假定攀登南面的高山。

2. 假定式单数第二人称形态变化语法现象

形态变化语法词缀-rkinni 接缀于动词类词词根或者词干后面时，表达假定式单数第二人称形态变化语法现象。例如：

xi tari qaaral morinbë ug（u）-rkinni.
你 那 白 马 骑
你假定骑那匹白马。

xi urëdu yuum bëyu oo-rkinni.
你 山里 上 狩猎 做
你假定上山狩猎。

3. 假定式单数第三人称形态变化语法现象

呼玛鄂伦春语动词类词的假定式单数第三人称形态变化语法现象由动词类词词根或词干后面接缀形态变化语法词缀-rkiran 与-rkirën 来表示。显然，它们有元音和谐现象，所以使用时要严格遵守元音和谐原理，将 -rkiran 与 -rkirën 分别接缀于由阳性元音和阴性元音为主构成的动词类词词根或词干后面。例如：

tari gugdo urëwë tugtugë-rkirën.
他 高 山 攀登
他假定攀登高山。

tari qaaral morinba jawa-rkiran.
他　白　马　抓

　　他假定抓白马。

4. 假定式复数第一人称形态变化语法现象

该语言的动词类词假定式复数第一人称形态变化用动词类词词根或词干接缀形态变化语法词缀-rkiwun 来表示。例如：

bu kumakani ulëwë jëbtë-rkiwun.
我们　驯鹿　肉　吃

　　我们假定吃驯鹿肉。

bu gub ëri morin tërgëndu tikala-rkiwun.
我们　都　这　马　车　喜欢

　　我们假定都喜欢这辆马车。

5. 假定式复数第二人称形态变化语法现象

形态变化语法词缀-rkiqun 接缀于动词类词词根或者词干后表达假定式复数第二人称形态变化语法现象。例如：

su mëëñi morin tërgënji ëdu ëmë-rkiqun.
你们　自己　马　车　这里　来

　　你们假定乘坐自己的马车来这里。

su urëdu bëyu oom yabu-rkiqun.
你们　山里　狩猎　进行　走

　　你们假定到山里狩猎。

6. 假定式复数第三人称形态变化语法现象

假定式复数第三人称形态变化语法现象同假定式单数第三人称形态变化语法现象相同，用具有元音和谐现象的语法词缀-rkiran 与-rkirën来表示，不同的是，动作行为的施事者是复数第三人称。例如：

taril　irëëktë　moowa　urëñi　ujilë　ili-rkirën.
他们　松　　树　　山　　顶　　挺立
　　　他们假定松树挺立在山顶。

tatil　bikin　ëimukun　bodo-rkiran.
他们　是　　这样　　　思考
　　　他们假定这样思考。

通过以上分析，我们可以清楚地掌握呼玛鄂伦春语动词类词假定式形态变化语法现象以及约定俗成的一整套形态变化语法词缀及其使用原理和规则。就如前面讨论的，假定式形态变化语法现象几乎都是在具有假定意义的语法词缀-rki后面接缀陈述式现在将来时形态变化语法词缀而成。假定式单数第一人称形态变化语法词缀为-rkimi，单数第二人称形态变化语法词缀为-rkinni，复数第一人称形态变化语法词缀为-rkiwun，复数第二人称形态变化语法词缀为-rkiqun，均没有元音和谐现象。只有假定式单数第三人称和复数第三人称形态变化语法词缀-rkiran与-rkirën有元音和谐现象。另外，假定式单数第二人称形态变化语法词缀-rkinni在具体使用中也有发音为-rkinxi或-rkixi的现象。

概而言之，呼玛鄂伦春语动词式形态变化系统是一个相当完整而系统的语法体系。在这里，我们根据式的不同语法词缀，以及表现出的不同语法意义，在其错综复杂的形态变化体系内部，首先分出了陈述式、愿望式、命令式、假定式四种结构类型的形态变化语法范畴。其中，陈述式形态变化语法现象的表现形式和语法内涵最为复杂，同时有相当高的使用率。其次是愿望式和假定式的形态变化类型及其使用率。与前三种式形态变化类型相比，命令式形态变化现象虽然也较复杂，但它的使用率比陈述式、愿望式、假定式低。再次，我们把陈述式形态变化结构类型分为现在时、现在将来时、过去时、将来时形态变化语法结构类型。最后，还根据式形态变化语法词缀所含的不同数和人称内涵，分出单数和复数第一人称、第二人称、第三人称形态变化系统及其结构类型。在这里还应该强调指出的是，式形态变化语法词缀里，有57%的实例由中性元音 i、e、u 为中心构成，只有38%的实例由阳性元音和阴性元音为主构成，还有5%由单一辅音音素构成。依据元音和谐原理构成的式形态变化语法词缀中，一半由阳性元音 a 为主构成，另一半以阴性元音 ĕ 为核心构成。如前所述，由中性元音或单一辅音音素构成的式形态变化语法词缀主要根据使用需要接缀于不同动词词根或词干后面；由阳性元音为主构成的式形态变化语法词缀接缀于由阳性元音为主构成的动词词根或词干后面；由阴性元音为主构成的式形态变化语法词缀接缀于由阴性元音为主构成的动词词根或词干后面。

呼玛鄂伦春语动词式形态变化语法词缀主要接缀于句末动词词根或词干后面，接缀有式形态变化语法词缀的动词后面一般不再接缀其他形态变化语法词缀或使用其他任何句子成分。不过，根据笔者的调查资料，位于句末而接缀有式形态变化语法词缀的动词后面也有使用语气词、助词等现象。与此同时，动词式形态变化语法词缀往往被认为是动词的终止型结构形式。然而，遗憾的是，呼玛鄂伦春语濒危现象日趋严重，说本民族语者日益减少。陈述式形态变化系统中的好多语法词缀在一些人的口语里已经不复存在，取而代之的是诸多副词、助词、代词等。

第四节　形动词形态变化语法结构类型

呼玛鄂伦春语动词类词的形态变化体系里有形动词形态变化语法系统。形动词指是不仅有动词功能和作用，同时兼具形容词性质和特征的特殊动词。形动词有约定俗成且自成规律的形态变化语法词缀。根据形动词形态变化语法词缀表现出的不同时间关系，可以划分为现在时形态变化现象、现在将来时形态变化现象、过去时形态变化现象三种结构类型。值得一提的是，接缀形动词形态变化语法词缀的动词类词常常出现于句子里的名词类词前面，对于名词类词起修饰作用。形动词的形态变化语法词缀没有区别数形态变化、人称形态变化等方面的语法功能。另外，跟其他动词类词不同的是，形动词后面要像形容词一样使用"的"字，这也是形动词和其他动词类词的区别性特征之一。在这里，我们根据调研资料以及在句子中发挥的作用，将形动词分为现在时形动词、现在将来时形动词、过去时形动词三种。

一 形动词现在时形态变化语法现象

呼玛鄂伦春语中，形动词由动词类词词根或词干后面接缀形态变化语法词缀-yir 的形式来表现。显然，该形态变化语法词缀没有元音和谐现象，使用时不受其影响，可以自由接缀于不同动词类词词根或词干后，表示形动词现在时形态变化语法现象。而且，接缀有现在时形态变化语法词缀的形动词基本上都用于句子中间。例如：

ëdu   ëmë-yir   bëy   mëëñi   morin   tërgënji   ëmërën.
这里   来的   人   自己   马   车   来
　　　到这里来的人要乘坐自己的马车。

mitiñi   bëyu   oo-yir   morin   urëdu   bixin.
咱们   狩猎   用的   马   山   在
　　　咱们狩猎用的马在山上。

二 形动词现在将来时形态变化语法现象

呼玛鄂伦春语形动词有现在将来时形态变化语法现象，而且要用形态变化语法词缀-r 来表示。顾名思义，形动词现在将来时形态变化语法现象在表示现在时语法概念的同时，也可以表达将来时语法意义。同时，也能够一同表示现在时和将来时的时间概念。所有这些主要靠句子具体表达的时间名词来定。该形态变化语法词缀由单一辅音音素构成，所以跟元音和谐现象没有关系，可以自由使用于任何元音或辅音结尾的动词类词词根或词干后。不过，辅音结尾的动词类词词根或词干接缀-r 时，在动词类词词根或词干与现在将来时形动词语法词缀之间需要增加过渡性质的短元音。例如：

ëxi　taqikudu　ñënë-r　bëy　gub　ëmëqë.
现在　学校　　　去的　　人　都　来了
　　现在到学校去的人都来了。

amirgidu　tari　gugdo　urëwë　tugtugë-r　mërgën　biqin　ñi?
将来　　　那　高的　　山　　攀登　　　英雄　　有　　吗
　　将来还有能够攀登那座高山的英雄吗？

ëri　ëgdëñë　birawa　ëdël（ë）-r　bëy　aaqin.
这　大　　　河　　　渡　　　　　人　　没有
　　现在或将来都没有渡这条大河的人。

上面三个句子中，第一句里形态变化语法词缀-r 跟句首的 ëxi（现在）相呼应，表达现在时形动词语法意义；第二句中形态变化语法词缀-r 跟句首的 amirgidu（将来）相互搭配，表示将来时形动词语法意义；第三句没有交代具体时间，形态变化语法词缀-r 表现的是现在将来时形动词语法意义。

三　形动词过去时形态变化语法现象

形动词过去时形态变化语法现象由动词类词词根或词干接缀形态变化语法词缀-qa、-që 来表示。该形态变化语法词缀有元音和谐现象，使用时严格按照元音和谐原理分别接缀于有阳性元音和阴性元音为主构成的动词类词词根或词干后。由中性元音构成的动词类词词根或词干一般都接缀形态变化语法词缀-që。形动词过去时形态变化语法现象主要表示某一过去时的动作行为。例如：

ëri　ëgdëñë　taqikudu　bitëgë　tati-qa　bëy　baraan　biqin.
这　大　　　学校　　　书　　　读过的　人　　多　　　有
　　在这所大学读过书的人有很多。

84

bu　gub　ĕri　bugadu　tëë-qĕ　orqen　bëy.
我们　都　这　地方　住过的　鄂伦春　人

我们都是在此地住过的鄂伦春人。

综上，呼玛鄂伦春语形动词形态变化语法系统包括现在时、现在将来时、过去时三种不同时态语法词缀。现在时形动词和现在将来时形动词形态变化现象没有元音和谐现象，只有过去时形动词形态变化语法词缀有元音和谐现象。现在将来时形动词形态变化语法词缀同时可以表达现在时、将来时、现在将来时三种时间概念。形动词与一般动词不同，要使用于句中名词类词前面，对于后面的人或事物起修饰作用。根据调研资料，呼玛鄂伦春语的形动词有相当高的使用率。另外，还要指出的是，接缀不同时形态变化语法词缀的形动词后面还可以接缀名词类词的格形态变化等语法词缀。这是形动词区别于其他动词类词的重要功能性特征。

第五节　副动词形态变化语法结构类型

呼玛鄂伦春语动词类词形态变化语法体系还包括副动词形态变化语法系统。根据我们掌握的第一手资料，该语言的动词类词副动词同样有相当丰富的形态变化现象，筑成一个十分完整而自成系统的副动词形态变化语法系统。呼玛鄂伦春语口语里，副动词常常位于句末主要动词前面，表示与句子主要动词密切相关的辅助性动作行为。根据副动词形态变化特征以及在句中发挥的不同语法功能，可以将其分为联合副动词、完成副动词、延续副动词、让步副动词、条件副动词、紧接副动词、并进副动词、界定副动词、立刻副动词、趁机副动词、目的副动词、渐进副动词、因果副动词13种结构类型。而且，这些副动词均有约定俗成的形态变化语法词缀。下面分析由不同形态变化语法词缀构成的副动词在句中的使用情况及其所表示的不同语法意义，同时，对于副动词形态变化系统中出现的一些特殊现象做进一步探讨。

一 联合副动词形态变化语法现象

动词类词词根或词干后面接缀形态变化语法词缀-m 表示联合副动词形态变化语法现象。也就是说，形态变化语法词缀-m 接缀于动词词根或词干后，主要表达副动词和句末主要动词表述的动作行为之间产生的联合性质的关系。而且，在句子中，联合副动词要用于句子主要动词的前面。例如：

xi   tari   gugdo   urëwë   tugtugë-m   yuuke.
你   那   高的   山   登   上去
你登上那座高山。

tari   mëëñi   morin   tërgëndu   tëë-m   ëmërën.
他   自己   马   车   乘坐   来
他乘坐自己的马车来。

显然，这两个句子末尾出现的 yuuke（上去）和 ëmërën（来）是主要动词，在它们前面使用的接缀有形态变化语法词缀-m 的动词 tugtugë-（登）与 tëë-（坐）属于辅助性动词，也就是我们所说的联合副动词。毫无疑问，yuuke（上去）和 ëmërën（来）是在联合副动词的帮助下，完成了句子要表达的动作行为。

二 完成副动词形态变化语法现象

呼玛鄂伦春语中，完成副动词的形态变化语法概念用形态变化语法词缀-man、-mën 以及-kalin、-këlin 来表示。可以看出，它们均有元音和谐现象，所以使用时严格按照元音和谐原理接缀于不同动词词根或词干后面。它们接缀于主要动词前面的充当副动词的动词词根或词干后，协助主要动词完成某一动作行为。例如：

xi　tari　qaaral　morinba　jawa-man　ug(u)ka.

你　那　白　马　抓完　骑

你把那匹白马抓完了骑。

akin　urĕdu　yuu-mĕn　ĕmĕqĕ.

哥哥　山　上完　来的

哥哥上完山来的。

bi　ĕnniyi　urĕñi　oktowa　yabu-kalin　iqinami.

我　今天　山　路　走完　到达

我今天走完山路到达。

nĕkun　taqikudu　ĕmĕ-kĕlin　ñĕnuqĕ.

弟弟　学校　来完　回去了

弟弟来完学校回去了。

以上四句里，完成副动词形态变化语法词缀-man、-mĕn 以及-kalin、-kĕlin分别接缀于动词词根或词干 jawa-（抓）、yuu-（上）、yabu-（走）、ĕmĕ-（来）后面，从而构成 jawaman（抓完）、yuumĕn（上完）、yabukalin（走完）、ĕmĕkĕlin（来完）等含有完成某一动作行为的完成副动词。与此同时，补充并辅助主要动词 ug(u)ka（骑）、ĕmĕqĕ（来）、iqinami（到达）、ñĕnuqĕ（回去）表达动作行为。根据调研资料，完成副动词形态变化语法词缀-man 与-mĕn的使用率要高于-kalin 和-kĕlin的使用率。

三　延续副动词形态变化语法现象

一般情况下，延续副动词形态变化语法现象是由动词类词词根或者词干接缀形态变化语法词缀-meen 来表现，不过也有用-meel 这一形态变化语法词缀构成副动词的实例。延续副动词表达的是与句子主要动作行为密切相关的延续性附属动作行为。例如：

bi mëëñi juuduwi tugtuli-meen ñënu-mi.
我 自己 家 跑 回去

我不间断地跑着回自己的家。

tari ëri morinba ug-meen yaburan.
他 这 马 骑 走

他一直骑着这匹马走。

四 让步副动词形态变化语法现象

呼玛鄂伦春语中，让步副动词形态变化语法现象用包含有元音和谐现象的形态变化语法词缀-rikilan、-rikilën 来表示。让步副动词用于主要动词之前，给句子增加让步意义的辅助性动作行为。例如：

tari morinba xi ga-rikilan buumi.
那 马 你 要 给

如果你想要那匹马就让给你。

nëkun ëri kumakawa tikala-rikilan iraaqu.
弟弟 这 驯鹿 喜欢 送

弟弟喜欢这头驯鹿就送给了他。

akin bi ñënë-rikilën tëëkënën.
哥哥 我 去 坐

我去了哥哥就把座位让给我。

除此之外，还用形态变化语法词缀-rikiw 构成让步副动词，但没有普遍性和代表性，只有一部分人在使用。

五 条件副动词形态变化语法现象

我们掌握的口语资料表明，在呼玛鄂伦春语中条件副动词有很高的使用率，而且，要用形态变化语法词缀-xëlën、-xalan 构成条件副动词。可以看出，条件副动词有元音和谐现象，所以使用时严格遵循元音和谐原理。条件副动词表示与句子主要动词表现出的动作行为密切相关并含有一定条件的辅助性动作行为。例如：

tari　ëgdëñë　taqikudu　ñënë-xëlën　ñënëqu.
他　　大　　　学校　　　去　　　　去
　　因为他去了大学我才去的。

akinbi　bu　gub　yabu-xalan　yabuqa.
哥哥　　我们　都　走　　　　走
　　因为我们都走了哥哥才走的。

在呼玛鄂伦春语中，也有用形态变化语法词缀-qayin 与-qëyin 表达条件副动词语法意义的现象。但与 -xëlën 和-xalan 相比较，其使用率很低。

六　紧接副动词形态变化语法现象

紧接副动词形态变化语法现象的表现形式比较复杂，除常见的形态变化语法词缀-lkin 之外，还用-btikin 以及-likten 等形态变化语法词缀表示。这些形态变化语法词缀接缀于动词类词词根或词干后面，派生出具有紧接意义的副动词，给句子主要动词增加紧接、紧随内涵的辅助性动作行为。例如：

ëgdëgë　ëdun　ëdu-lkin　tigdënqë.
大　　　风　　刮　　　　下雨
　　大风一刮紧接着就下起了雨。

tari　bëy　ëri　juuduki　yuu-btikin　yuuqu.
那　　人　　这　屋子　　出去　　　出去了
　　那个人从屋子一走出去紧接着我也出去了。

  akin　tërgën　ana-likten　anaqa.
  哥哥　车　　推　　　推

  哥哥一推车我也紧接着推了车。

  比较而言，紧接副动词形态变化语法词缀-btikin 的使用率要高于-lkin 与-likten 的使用率。其中，-likten 的使用率最低。此外，还有-yilin 能够表示紧接副动词形态变化语法现象，但是用的人很少。紧接副动词形态变化语法词缀均由中性元音构成，所以能够接缀于不同元音构成的动词类词词根或词干后。

七　并进副动词形态变化语法现象

  形态变化语法词缀-meed 接缀于动词类词词根或者词干后面，可以表达并进副动词形态变化语法现象。并进副动词同样使用于句末主要动词的前面，表示与主要动词所指的动作行为并进的某一辅助性动作行为。例如：

  bi　urëñi　oktowa　jaanda-meed　yabumi.
  我　山　　路　　唱歌　　　　走

  我在山路上边唱歌边走路。

  akinbi　taqikudu　tugtuli-meed　ëmërën.
  哥哥　　学校　　　跑　　　　来

  哥哥跑着来学校。

  这两个句子里，副动词跟主要动词"唱"与"走"、"跑"和"来"表现并进的两个动作行为。其中，副动词 jaanda-（唱）和 tugtuli-（跑）是属于句末主要动词 yabumi（走）跟 ëmërën（来）的辅助性动作行为。

八　界定副动词形态变化语法现象

  界定副动词形态变化语法现象给句子主要动词所要表达的动作行为达到的界限、界定提供补充性或辅助性说明。依据我们的调研，呼玛鄂伦春语中，用动词类词词根或者词干接缀形态变化语法词缀-nayin、-nëyin 来表示界定副动词。例如：

xi mëëñi morin tërgënji urdu iqi-nëyin ëlgëkë.
你 自己 马 车 这里 到 驾车
　　你必须乘坐自己的马车来这里。

tari bëy ëri ëgdëgë biradu tulga-nayin yabuqa.
那 人 这 大 河 顶 走
　　那个人走到这条大河为止。

九　立刻副动词形态变化语法现象

呼玛鄂伦春语里，立刻副动词形态变化语法现象比较复杂。一般情况下，要用动词类词词根或词干接缀具有元音和谐结构特征的形态变化语法词缀-bkal、-bkël 和-kannila、-kënnilë 来表示立刻副动词形态变化语法现象。立刻副动词表现出的动作行为要对句子主要动作行为的立刻产生作某种补充，或增加某一辅助性内容。例如：

xi tari qaaral morinba jawa-bkal tiinëkë.
你 那 白 马 抓 放走
　　你把那匹白马抓完立刻放走。

akin urëdu yuu-bkël ëmëqë.
哥哥 山 上完 来的
　　哥哥上完山立刻下来了。

ëwëwi urëñi oktowa yabu-kannila usunanan.
奶奶 山 路 走 累
　　奶奶一走山路立刻就累。

91

nëkun　taqikudu　ëmë-kënnilë　agdaran.
弟弟　　学校　　　来　完　　　 高兴

弟弟一来学校立刻高兴。

除了上述-bkal、-bkël 和-kannila、-kënnilë 四个立刻副动词形态变化语法词缀之外，还有-mkil 以及-yilin 等表示立刻副动词语法概念的形态变化语法词缀等。

十　趁机副动词形态变化语法现象

呼玛鄂伦春语中，趁机副动词对句子主要动词表示的动作行为作补充，并阐明它们之间产生的趁机性质的语法关系。趁机副动词语法现象要用动词类词词根或词干接缀形态变化语法词缀-yirdun 以及-layin、-lëyin 来表示。例如：

akinbi　mini　taqikudu　ñënë-yirdun　yabuqa.
哥哥　　我　　学校　　　去　　　　　走了

哥哥趁我去学校的工夫走开了。

tari　gugdo　urëwë　tugtugë-lëyin　ëmërgiqu.
他　　高的　　山　　　攀登　　　　　回来

他是趁我攀登高山时回来的。

tari　qaaral　morinba　jawa-layin　piskulëqë.
那　　白　　　马　　　抓　　　　　踢了

那匹白马趁抓它当儿踢了一脚。

从上述例句可见，趁机副动词形态变化语法词缀-yirdun 没有元音和谐现象，而-layin 和-lëyin 分别以阳性元音 a 及阴性元音 ë 为主构成，所以使用时要严格遵循元音和谐原理，接缀于由阳性元音或阴性元音为主构成的动词类词词根或词干后面。

十一 目的副动词形态变化语法现象

目的副动词形态变化语法现象由动词类词词根或词干接缀形态变化语法词缀-nam、-nëm 来表示。根据调研资料，目的副动词表示与句子主要动词所指的动作行为密切相关并含有趋向或目的意义的辅助性动作行为。例如：

tari　ëgdëñë　taqikudu　bitigë　tati-nam　yabuqa.
他　　大　　学校　　　书　　读　　　走了
　　他为了读书去了大学。

akinbi　urëdu　morinbi　gëlëë-nëm　ñënërën.
哥哥　　山里　　马　　　找　　　　去
　　哥哥为了找他的马去了山里。

另外，该语言里也有用形态变化语法词缀-daj 表示目的副动词语法现象的实例，但使用率比较低。

十二 渐进副动词形态变化语法现象

形态变化语法词缀-meekti 接缀于动词类词词根或词干后面，构成渐进副动词，出现于句子末尾的主要动词前面，表示与主要动词所指的动作行为密切相关并含有渐进意义的辅助性动作行为。例如：

tari　bëy　ëri　ëñgë　birawa　ëlbëqi-meekti　ëdëlqë.
那　　人　　这　　宽　　河　　游泳　　　　渡
　　那个人渐渐地游过了这条宽河。

nëkunbi　ëri　bugadu　urëñi　oktowa　yabu-meekti　ëmërën.
弟弟　　　这　　地方　　山　　　路　　　走　　　　　来
　　我弟弟顺着山路渐渐地走到了这地方。

我们掌握的资料显示，该语言的渐进副动词形态变化语法现象还有其他一些表现形式，例如用语法词缀-kai、-këi 等来表示，但使用率比较低，没有代表性和广泛性。

十三　因果副动词形态变化语法现象

呼玛鄂伦春语里还有因果副动词形态变化语法现象，用形态变化语法词缀-laan、-lëën 来表示。显然，因果副动词形态变化语法现象阐述的是与句子主要动作行为之间的某种因果关系。例如：

bu　baraan　geenbë　ëgdëñë　taqikudu　bitëgë　tati-laan　saasamun.
我们　许多　　道理　　大　　　学校　　　书　　　读　　　　知道
　　因为我们读了大学才知道了许多道理。

nëkun　akin　urë　bugadu　ñënëqë-lëën　ñënëqë.
弟弟　　哥哥　山　　地　　　去　　　　　去
　　因为哥哥去了山地所以弟弟也去了山地。

综上所述，根据呼玛鄂伦春语副动词在句中发挥的语法功能及其作用，我们将其分为13种结构类型。这些副动词形态变化语法词缀中，联合副动词、延续副动词、紧接副动词、并进副动词、渐进副动词形态变化语法词缀均由中性元音或单一辅音音素构成，没有元音和谐现象，使用时不受影响，可以自由接缀于不同动词类词词根或词干后。然而，完成副动词、让步副动词、条件副动词、界定副动词、立刻副动词、趁机副动词、目的副动词、因果副动词形态变化语法词缀根据元音和谐原理组合而成，所以必须严格按照元音和谐要求分别接缀于由阳性元音和阴性元音为主构成的动词类词根或词干后面。不过，趁机副动词同时使用元音和谐及非元音和谐性质两种形态变化语法词缀。另外，也有一些特殊的、不具有代表性的副动词形态变化语法词缀，我们只作为参考或例外放入分析讨论的内容之中，没有进行更深的讨论和分析。也就是说，我们在这里讨论的并不包括呼玛鄂伦春语副动词所有语音结构形式及语法现象。实际上，呼玛鄂伦春语副动词的语法系统远比我们所知道的内容和形式复杂得多，有的副动词形态变化语法词缀甚至表示两种或两种以上的语法概念。对此学术问题，将来还可以进行专题研究。

第六节　助动词形态变化语法结构类型

呼玛鄂伦春语动词类词的形态变化系统里也有助动词形态变化语法系统。助动词形态变化语法结构属于比较复杂的语法表现形式。助动词形态变化现象的复杂性体现在语音结构形式和所表现出的语法意义的多样性方面。具体来说，某些助动词的形态变化现象可以用单一固定的语法词缀来表示，而某些助动词的形态变化现象却含有不同人称区别功能，也就是说，在某些句子里，由于动作行为的施事关系的不同，助动词的形态变化语法词缀反映出不同人称的语法关系。还有，呼玛鄂伦春语中，往往会出现完全相同的语音形式构成的某一助动词在不同句子中表达不同语法意义的现象。另外，还需要交代的是，绝大多数助动词使用于句子末尾的主要动词后面，但也有使用于句尾主要动词前面的助动词，或以独立形式使用于句首的助动词。依据助动词形态变化结构特征以及在句中表现出的实际语法意义，我们将其分为否定助动词、肯定助动词、能愿助动词、禁止助动词、判断助动词、应许助动词 6 种结构类型。

一　否定助动词形态变化语法现象

该语言的否定助动词形态变化语法现象要用动词类词词根 aa- 或 ĕ- 后面接缀形态变化语法词缀 -qin 而构成。呼玛鄂伦春语否定助动词形态变化系统属于固定性或不变性的结构类型，表现手段主要有 aaqin 或 ĕqin 两种。根据我们掌握的第一手资料，否定助动词 aaqin 基本上用于句子末尾。作为特殊使用形式，否定助动词在句中出现时，往往要给主要动词表示的某一动作行为附加否定之语法内涵。其表现出的实际意义，相当于汉语中的"不"

人口较少民族严重濒危语言抢救性研究 （全二卷）
严重濒危呼玛鄂伦春语语法形态研究

"没""无""不是""没有"等。

tari bëy jëërdë morinba tiinër aaqin.
他 马 红 马 放 不
他始终不放红马。

bu tari ëru bitëgëwë dëndukëjën aaqin.
我们 那 坏 书 读 没
我们没读那本坏书。

另外，否定助动词词根 ëqin 在句中出现时，常常使用于句子主要动词的前面，在其词干 ë-后面接缀式形态变化的各种语法词缀。在呼玛鄂伦春语里，否定助动词词干后面接缀式形态变化语法词缀现象出现得较多。例如：

ënniyi taril gub urëdu ëqin yuurë.
今天 他们 都 山 不 上
今天他们都不上山。

这里提到的否定助动词 ëqin 是在动词词根 ë-后面接缀现在将来时形态变化语法词缀-qin 构成。除此之外，在 ë-后面还可以接缀其他式形态变化语法词缀，从而构成含有不同人称和时间概念的否定助动词。例如，ëxim（ë-xim）（我不）、ëxindi（ë-xindi）（你不）、ëjigu（ë-jigu）（我将来不）、ëjiqun（ë-jiqun）（你们不）等。

二 肯定助动词形态变化语法现象

根据我们掌握的第一手资料，肯定助动词形态变化语法现象的表现形式比较复杂，通常要用 oodan、bihin、gunën 等表示肯定的助动词。从它们的构成原理来看，是在动词词根 oo-（做）、bi-（在）、gu-（说）后面接缀 -dan、-hin、-nën 等形态变化语法词缀构成。很有意思的是，肯定助动词要位于句子主要动词的后面，对其阐述的动作行为附加肯定的内涵。

肯定助动词在句中表示的语法意义，相当于汉语中的"行""是"。而且，位于肯定助动词前的主要动词词根或词干后面均接缀式形态变化现象的语法词缀。

xi mëëñi morin tërgënji ëmëm oodan.
你 自己 马 车 来 是
你乘坐自己的马车来这里。

akinbi bëyu oonam urëdu yabum bihin.
哥哥 狩猎 进行 山里 走 是
哥哥为了狩猎在山里走。

taril ëri ëgdëgë birawa ëdëldën gunën.
他们 这 大 河 渡 是
他们要渡这条大河。

以上三句里，句末出现的 oodan、bihin、gunën 都属于肯定助动词，对句子主要动词 ëmëm（来）、yabum（走）、ëdëldën（渡）附加了肯定内涵。

三　能愿助动词形态变化语法现象

呼玛鄂伦春语中，能愿助动词有不变性和可变性两种结构特征，其中不变性结构特征的能愿助动词要用 tikalan 来表示，可变性结构特征的能愿助动词以动词类词词根 ëtë- 后面接缀式形态变化语法词缀的手段来表示。不论是不变性能愿助动词，还是可变性能愿助动词，几乎都用于句子末尾，对主要动词阐述的动作行为附加能愿内涵。它所表现出的语法含义相当于汉语中的"能""会""愿意""希望"等。根据我们掌握的资料，能愿助动词往往用于接缀有愿望式形态变化语法词缀、假定式形态变化语法词缀或形动词形态变化语法词缀的主要动词的后面。

97

tari　bëy　biradu　ëlbëqir　ëtërën.
那　　人　　河　　游泳　　能

那个人会在河里游泳。

nëkunbi　urëñi　oktowa　yaburkinni　tikalan.
弟弟　　山　　路　　走　　　　愿意

弟弟愿意走山路。

另外，我们的调研资料还表明，在呼玛鄂伦春语中能愿助动词的使用率不像其他助动词那么高。

四　禁止助动词形态变化语法现象

呼玛鄂伦春语中，禁止助动词主要由动词词根 ë- 后面接缀式形态变化语法词缀来构成。而且，禁止助动词基本上都用于句子主要动词的前面，为其阐述的动作行为增加禁止概念。也就是说，使用于句末主要动词前的禁止助动词，要表达的是禁止句子主要动作行为的实施。例如：

tari　jëërdë　morinba　ë-ji　tiinër.
那　　红　　马　　　不　　放

不要放走那匹红马。

taril　ëri　ëgdëgë　birawa　ë-xin　ëdëldën.
他们　这　　大　　河　　　不　　渡

他们不渡这条大河。

以上两个句子里，由动词词根 ë- 后面接缀式形态变化语法词缀-ji、-xin 构成的禁止助动词 ë-ji、ë-xin 用于句末主要动词 tiinër（放）、ëdëldën（渡）的前面，表达"不要放""不渡"等具有禁止意义的动作行为。

五　判断助动词形态变化语法现象

判断助动词形态变化语法现象是在动词词根 bi-后面接缀动词式形态变

化语法词缀而构成。而且，该语言的判断助动词几乎都使用于句末，在它前面使用句子主要动词。位于句末的判断助动词，对于主要动词表示的动作行为附加判断内涵。在句子里，判断助动词表现出的语法意义相当于汉语中的"是"。判断助动词前面出现的主要动词词根或词干一般都接缀动词式形态变化语法词缀。例如：

bi ëxi ëkinñi morin tërgënji ëmëm bi-jimi.
我 现在 姐姐   马   车   来   是
　　我现在是乘坐姐姐的马车来。

akinbi bëyu oonam urëdu ñënëqë bi-që.
哥哥   狩猎   进行   山里   去过   是
　　哥哥为了狩猎去过山里。

taril ëri ëgdëgë birawa ëdëldën bi-jën.
他们   这   大   河   渡   是
　　他们要渡这条大河。

显而易见，以上三个句末出现的判断助动词 bi-jimi、bi-që、bi-jën 都是在动词词根 bi-后面接缀动词式形态变化语法词缀-jimi、-që、-jën 而构成。它们用于句子主要动词 ëmëm（来）、ñënëqë（去过）、ëdëldën（渡）后面，对句子陈述的动作行为附加了"是"这一判断内涵。

六　应许助动词形态变化语法现象

依据课题组掌握的第一手资料，呼玛鄂伦春语助动词还有应许内涵的表现形式。而且，主要用动词词根 oo-后面接缀-dan 这一语法词缀构成。应许助动词 oodan 使用于句子末尾的主要动词的后面，对于主要动词表达的动作行为增加应许内涵，常常译成"可以""行""应该""应当"等。另外，位于应许助动词前面的动词以接缀有假定式形态变化语法词缀的动词居多。例如：

人口较少民族严重濒危语言抢救性研究（全二卷）
严重濒危呼玛鄂伦春语语法形态研究

xi ëri këëmuñi bugadu këëmu jëbtëm oodan.
你 这 饭 地方 饭 吃 可以

你可以在这个地方吃饭。

bu taqikudu tuktulim ñënëm oodan.
我们 学校 跑 去 应该

我们应该跑着去学校。

taril bëyu oonardu urëñi oktowa yabum oodan.
他们 狩猎 进行 山 路 走 行

他们狩猎时应当走山路。

以上三句里，应许助动词 oodan 用于句子末尾的主要动词 jëbtëm（吃）、ñënëm（去）、yabum（走）后面，对主要动词表达的动作行为增加"可以""应该""行"等应许内涵。

总而言之，在呼玛鄂伦春语里主要有 6 种助动词，具体包括：否定助动词 aaqin 和 ë-，肯定助动词 oodan、bi- 和 gu-，能愿助动词 tikalan 和 ëtë-，禁止助动词 ë-，判断助动词 bi-，应许助动词 oodan。其中，不变性助动词有 aaqin（否定助动词）、oodan（肯定助动词和应许助动词）、tikalan（能愿助动词），可变性助动词有 ë-（否定助动词）、bi-/gu-（肯定助动词）、ëtë-（能愿助动词）、ë-（禁止助动词）、bi-（判断助动词）。比较而言，可变性助动词的数量要多于不变性助动词，但可变性助动词里的否定助动词 ë- 与禁止助动词的 ë-，肯定助动词 bi- 和判断助动词 bi- 均属同一个词根，由于语用环境、语用条件不同，表现出不同的语法概念。很有意思的是，否定助动词、肯定助动词、能愿助动词均有两种结构类型。也就是说，它们有不变性或者说固定性结构类型的助动词，还有可变性结构类型的助动词。另外，助动词都是在动词词根或词干后面接缀表示不同时间、不同人称、不同语法内涵的式形态变化词缀构成。我们的调研资料还表明，助动词有相当高的使用率。肯定助动词和否定助动词的使用率很高，其次是判断助

100

动词、否定助动词、禁止助动词。相比之下，能愿助动词的使用率要低一些。还有，这些助动词中，肯定助动词、判断助动词、应许助动词、能愿助动词一般都使用在句子末尾的主要动词后面，而禁止助动词一般都使用于句子末尾主要动词的前面。此外，呼玛鄂伦春语里，助动词 oodan 可以充当肯定助动词、应许助动词等，能够表现出肯定助动词和应许助动词的语法含义。区别 oodan 在不同句子里所要表达的实际语法意义和功能时，主要看句子表示的语义结构以及助动词在其中发挥的语法作用。在这里，还有必要解释的是，呼玛鄂伦春语里，除了判断助动词之外的助动词均可以单独形式用于句子。

其实，呼玛鄂伦春语的助动词形态变化系统比我们所讨论的内容要复杂得多。在这里，我们只是根据田野调查中获得的第一手资料，对此学术问题进行了必要的分析和论述。但是，我们已经清楚地认识到，对呼玛鄂伦春语的助动词形态变化语法现象进行全面而系统的科学研究难度很大。因为该语言已进入严重濒危状态，很多极其细微的形态变化语法现象已经模糊不清，或者说很不系统或完整。现阶段，我们只能够研究到这种程度。

结束语

呼玛鄂伦春语属于阿尔泰语系满通古斯语族通古斯语支语言，该语言无论在语音系统方面还是语法结构方面都有着十分复杂的系统。本书基于呼玛鄂伦春语原始语料，着重对名词类词和动词类词语法系统展开研究，比较全面地归纳了呼玛鄂伦春语名词类词的数、格、领属和级形态变化语法系统。此外，还较深入地分析了动词类词的态、体、式、形动词、副动词和助动词等语法形态变化系统。

一 名词类词形态变化语法体系

通过对原始语料比较全面的分析和归纳研究，笔者把呼玛鄂伦春语名词类词分为数、格、领属和级形态变化语法结构类型。

（一）数形态变化语法结构类型

呼玛鄂伦春语名词类词的数语法形态变化系统分为单数和复数两类。单数语法形态变化系统比较简单，主要是用名词类词词干或者词根形式表示。此外，单数语法形态变化结构还会在名词类词前面增加"一"这一数词表示和强调单数的概念。复数语法形态变化系统主要是在名词类词词干或者词根后面接缀表示复数语法形态变化语法含义的词缀-liw、-naxen/-nëxen、-hal/-hël、-qal/-qël、-nar/-nër 等。

（二）格形态变化语法结构类型

呼玛鄂伦春语的格有主格、领格、宾格、与格、从格、位格等 11 种。格的形态变化结构最为复杂，而且最能体现词缀在表示形态变化结构中充当的语法成分、发挥的语法作用、表示的语法关系和特定内涵。在这些格形态变化语法系统中，主格是比较简单的语法形态变化系统，它常常使用名词类词基本结构形式来表示；领格形态变化现象的表现形式是-ñi，接缀于名词类词后面；宾格形态变化语法词缀有-wa、-wë、-ma、-më，依据元音和谐原理，-wa、-ma 接缀在阳性元音后面，-wë、-më 接缀在阴性元音后面；在呼玛鄂伦春语中常常在名词后使用-ji 这一形态变化词缀表示造格形态变化；位格形态变化现象由在名词类词后面接缀表示位格语法形态的词缀-du 来表现；从格形态变化现象由在名词类词后面接缀形态变化语法词缀-duki 来表示；方向格形态变化语法词缀是-kaki 与-kěki；呼玛鄂伦春语常常用位格形态变化语法词缀-du 来表示与格的形态变化特征；比格形态变化现象由在名词类词后面接缀语法词缀-tki 来实现；有格形态变化现象的表现形式是在名词类词后面接缀-qi；不定位格形态变化语法词缀有-li 和-lel。

总体来说，呼玛鄂伦春语名词类词的格形态变化语法系统有以下特征：①格形态变化语法词缀根据句子的语法含义和语法关系接缀在特定的名词类词后面，表示该名词类词特殊的语法结构和不同的语法作用；②在呼玛鄂伦春语中，名词类词的格形态变化应用广泛；③名词和代词的格形态变化使用率相对较高，方位词、数词以及形容词的使用率相对低一些；④在形容词后面接缀格形态变化词缀时，这些形容词往往是已经名词化了的词。

（三）领属形态变化语法结构类型

呼玛鄂伦春语的领属形态变化系统中属于人称领属形态变化语法范畴的情况比较多。在人称领属形态变化系统内部，首先要根据数量的多少分为单数形式和复数形式两大类，其次还要分单数第一人称形态变化系统、复数第一人称形态变化系统、单数第二人称形态变化系统、复数第二人称形态变化系统、单数第三人称形态变化系统、复数第三人称形态变化系统 6 种语法变化系统。呼玛鄂伦春语常常在名词类词后面接缀-yiw 来表示单数第一人称形态变化语法现象；在名词类词的词根后面接缀-xi 来表示单数第二人称形态变化语法现象；在名词类词后面接缀-nin 来表示单数第三人称形态变化语法现象；在名词类词后面接缀-mun 来表示复数第一人称形态变化语法现象；在名词类词后面接缀-qun 来表示复数第二人称形态变化现象；复

人口较少民族严重濒危语言抢救性研究 （全二卷）
严重濒危呼玛鄂伦春语语法形态研究

数第三人称形态变化现象和单数第三人称形态变化现象使用的语法词缀一样的，都是使用-nin 来表示。根据笔者所掌握的调查资料，呼玛鄂伦春语的人称领属形态变化语法词缀常常接缀于名词、代词、数词、形容词等名词类词的词干后面，表示事物的不同人称领属关系。

呼玛鄂伦春语人称领属形态变化具有以下特征和规律：①呼玛鄂伦春语在名词类词的词干后面接缀相应的人称领属形态变化词缀是比较常见的语法变化，这些词缀有着较高的使用率，尤其是在名词后面使用率最高。②人称领属形态变化语法词缀常常使用在指示代词、疑问代词词干的后面，在人称代词后接缀语法词缀几乎不存在。③人称领属形态变化语法词缀接缀在名词之外的其他名词类词词根或词干后面时，这些词根往往要名词化。④正如文中所展示的例句，表示领属关系的单数第三人称和复数第三人称领属形态变化语法词缀一致，都用-nin 来表示。⑤根据语音规则，词缀-nin 接缀于由鼻辅音结尾的名词类词的后面时，词尾鼻辅音要产生脱落现象。

（四）级形态变化语法结构类型

呼玛鄂伦春语的级形态变化系统是一个比较复杂的语法范畴，经常用不同级形态变化语法词缀表示某一事物不同等级的性质差异、功能差别或不同程度的状态。该语法现象在形容词词干后面表现得最为突出完整。根据具体使用情况，该语言的级形态变化原理主要分为一般级（基本型）、低级（-kan/-kën）、次低级（-qala/-qëlë）、最低级（-qalakan/-qëlëkën）、高级（用副词 mañgu 来表示）、次高级（用重叠使用词首音节方式来表示）、最高级（用副词 mandi 来表示）7 种类型。也就是说，呼玛鄂伦春语名词类词的一般级形态变化现象是通过零变化形式来表示；最低级形态变化现象使用语法词缀-qalakan、-qëlëkën；名词类词后面接缀-kan、-kën 两个形态变化词缀来表示低级语法意义；名词类词后面接缀态变化词缀-qala、-qëlë 来表示次低级语法概念；利用名词类词词首音节的重叠使用手段表示次高级形语法含义；高级形态变化现象是由名词类词前使用程度副词 mañgu（十分）来表示；最高级形态变化现象是在名词类词前使用程度副词 mandi（最）来表现。

名词类词的级形态变化往往用以下 4 种方式来表示：①不接缀任何词缀，这一类往往是表示一般级形态变化现象。②在名词类词后面接缀表述特殊含义的语法词缀来表示，这是最为常见的一种方式。它可以表示名词类词的低级、次低级、最低级形态变化现象。③次高级形态变化现象是用重叠名词类词的词首音节来表示级形态变化语法特征。④在名词类词前面加上表示程度的副词来表示级形态变化语法特征，例如高级和最高级形态变化现象。

综上所述，呼玛鄂伦春语名词类词包含 2 个数、6 个人称领属、11 种格和 7 个级形态变化系统。名词类词的语法范畴比较复杂，比较全面地反映了呼玛鄂伦春语名词类词纷繁复杂的语法形态变化特征。但相比之下，动词类词的形态变化系统更加复杂。

二 动词类词形态变化语法体系

呼玛鄂伦春语的动词类词有非常复杂的形态变化结构体系，其中包括动词类词的态、体、式、形动词、副动词、助动词形态变化语法系统。和名词类词的形态变化系统一样，动词类词的形态变化现象主要通过在动词类词词干后面接缀一些约定俗成的语法词缀来表示各种不同的语法意义和语法概念。

（一）态形态变化语法结构类型

根据主客体之间的关系，语言学家把鄂伦春语动词类词的态形态变化现象归纳为主动态、被动态、使动态、互动态 4 类。主动态形态变化现象是通过动词原形来表示；被动态形态变化系统是在动词词根或者词干后面接缀表示特殊含义的语法词缀-wu、-w；常常用-kan-、-hēñ 态形态变化语法词缀来表示使动态形态变化现象；常常使用-ldi 接缀在动词类词词干或者词根后面表示互动态语法关系和语法意义。

综合分析动词类词态语法形态语法现象，我们可以看出，呼玛鄂伦春语态形态变化系统有以下特征：①最常见的是主动态形态变化现象，其次是被动态和使动态形态变化现象，最少见的是互动态形态变化现象。②在态形态变化系统的语法词缀中，只有使动态形态变化语法词缀有元音和谐现象，被动态形态变化语法词缀-wu、-w以及互动态形态变化语法词缀-ldi均由中性元音为主构成，所以可以使用于由任何元音组合而成的动词词根或词干后面。③呼玛鄂伦春语动词态形态变化语法词缀不能独立使用于动词词根或词干后面，它必须依靠其他形态变化语法词缀，才能发挥态形态变化系统的语法功能。

（二）体形态变化语法结构类型

根据体形态变化语法词缀所表示的语法关系和表现出的不同语法意义，我们将呼玛鄂伦春语内部区分为执行体、完成体、未完成体、进行体、多次体、反复体、连续体、中断体、愿望体、假充体、快速体、趋向体、固定体、未进行体、尝试体15种结构类型。该语言中，用形态变化语法词缀-na与-në表示执行体，用形态变化语法词缀-kqa与-kqë表示完成体，用形态变化语法词缀-yi表示未完成体，用形态变化语法词缀-ktayi与-ktëyi表示进行体，用形态变化语法词缀-ldibti表示多次体，用形态变化语法词缀-makqi和-mëkqi表示反复体，用形态变化语法词缀-ktika和-ktikë表示连续体，用形态变化语法词缀-bqi表示中断体，用形态变化语法词缀-ja与-jë表示愿望体，用形态变化语法词缀-kaaqi和-këëqi表示假充体，用形态变化语法词缀-bti表示快速体，用形态变化语法词缀-naqi和-nëqi表示趋向体，用形态变化语法词缀-muqi表示固定体，用形态变化语法词缀-tiga和-tigë表示未进行体，用形态变化语法词缀-mkaqi与-mkëqi表示尝试体。

除此之外，呼玛鄂伦春语体形态变化现象还有以下特征：①接缀有体形态变化语法词缀的动词后面一般都需要接缀式形态变化语法词缀。也就是说，接缀有体形态变化语法词缀的动词基本上不充当动词类词的结尾形式，在其后面还要接缀式形态变化语法词缀。②根据相关实例，这些接缀有体形态变化语法词缀的动词一般都使用于句末助动词的前面。③如果体形态变化语法词缀由可变性元音为主构成，一定要严格遵循元音和谐原理来使用。

(三) 式形态变化语法结构类型

呼玛鄂伦春语动词的式形态变化属于最为复杂且使用率最高的语法结构系统。根据在句中发挥的不同语法意义与功能，我们首先将式形态变化系统分为陈述式形态变化系统、祈求式形态变化系统、命令式形态变化系统、禁令式形态变化系统、假定式形态变化系统5种结构类型。其次，陈述式形态变化系统内部，分为现在时、现在将来时、将来时、过去时、过去进行时等。最后，依据式形态变化语法词缀中包含的数和人称的不同，各自内部分出单数和复数以及第一人称、第二人称、第三人称。动词类词复杂多变的式形态变化系统都是用约定俗成的语法词缀或用特定语法手段来表现，从而阐明属于不同内涵、不同时间概念、不同数、不同人称的动作行为。

动词类词的陈述式形态变化语法系统使用最广泛且形态最复杂。根据前面的分析，陈述式形态变化语法词缀分单数和复数及不同人称语法关系。其中：①现在时单数第一人称形态变化语法词缀为-jimi，单数第二人称形态变化语法词缀是-jinde，单数第三人称形态变化语法词缀用-jiran 与-jirën 来表示，复数第一人称形态变化语法词缀为-jimun，复数第二人称形态变化语法词缀是-jiqun，复数第三人称形态变化语法词缀和单数第三人称形态变化系统一样，也是-jiran、-jirën；②现在将来时单数第一人称形态变化语法词缀为-mi，单数第二人称形态变化语法词缀为-nde，单数第三人称形态变化语法词缀为-ran 与-rën，复数第一人称形态变化语法词缀为-mun，复数第二人称形态变化语法词缀为-qun，复数第三人称形态变化语法词缀和单数第三人称形态变化系统一样，也是-ran 和-rën；③将来时单数第一人称形态变化语法词缀为-jaw 和-jew，单数第二人称形态变化语法词缀为-jaxi 和-jexi，单数第三人称形态变化语法词缀为-ja 和-jë，复数第一人称形态变化语法词缀为-jawun 和-jëwun，复数第二人称形态变化语法词缀为-jaqun 和-jëqun，复数第三人称形态变化语法词缀和单数第三人称形态变化系统一样，也是-ja 和-jë；④过去时单数第一人称形态变化语法词缀是-qu，单数第二人称形态变化语法词缀为-qaxi 与-qëxi，单数第三人称形态变化语法词缀是-qa 和-që，

人口较少民族严重濒危语言抢救性研究 （全二卷）
严重濒危呼玛鄂伦春语语法形态研究

复数第一人称形态变化语法词缀是-qamun和-qëmun，复数第二人称形态变化语法词缀是-qaqun和-qëqun，复数第三人称形态变化语法词缀是-qa与-që；⑤过去进行时单数第一人称形态变化语法词缀为-gdiqaw及-gdiqëw，单数第二人称形态变化语法词缀为-gdiqaxi与-gdiqëxi，单数第三人称形态变化语法词缀为-gdiqan和-gdiqën，复数第一人称形态变化语法词缀为-gdiqawun及-gdiqëwun、复数第二人称形态变化语法词缀为-gdiqaqun与-gdiqëqun，复数第三人称形态变化语法词缀为-gdiqan和-gdiqën等；⑥祈求式单数第一人称形态变化语法词缀是-ktee，单数第二人称形态变化语法词缀为-kaa与-këë，单数第三人称形态变化语法词缀为-yinee，复数第一人称形态变化语法词缀是-ktiwunee，复数第二人称形态变化语法词缀为-kaldunee和-këldunee，复数第三人称形态变化语法词缀为-yinee等；⑦命令式单数第一人称形态变化语法词缀是-m，单数第二人称形态变化语法词缀为-k，单数第三人称形态变化语法词缀为-yin，复数第一人称形态变化语法词缀是-wun，复数第二人称形态变化语法词缀为-kaldun和-këldun，复数第三人称形态变化语法词缀为-yin等；⑧禁令式主要由不同数和人称语法内涵否定助动词同形态变化语法词缀-r、-t、-d、-n、-l结合而成；⑨假定式单数第一人称形态变化语法词缀是-rkimi，单数第二人称形态变化语法词缀是-rkinni，单数第三人称形态变化语法词缀是-rkiran和-rkiren，复数第一人称形态变化语法词缀是-rkiwun，复数第二人称形态变化语法词缀是-rkiqun，复数第三人称形态变化语法词缀是-rkiran与-rkirën等。

综观呼玛鄂伦春语动词类词式形态变化现象，确实十分复杂，让人感到眼花缭乱，不过，其内部有十分严谨的结构系统和表现手段。除了上面的总结分析之外，我们认为该语言动词类词式形态变化语法词缀还有如下几个方面的显著特点：①有可变性和不变性两大结构类型。不变性结构类型的式形态变化语法词缀使用方面比较自由，不受语音环境约束和影响。与此相反，可变性结构类型的式形态变化语法词缀的使用直接受元音和谐原理的约束。②式形态变化语法词缀中，单数第三人称和复数第三人称形态变化语法词缀的语音结构完全相同，区分单数和复数时，主要看动作行为者是单数第三人称还是复数第三人称。③在句子中常常使用与式形态变化语法词缀的时间概念相配套的时间名词。特别是，为了强调现在将来时形态变化语法词缀表示现在或将来的某一时间概念，常常在句子中使用表示现在或将来的时间名词。④禁令式形态变化现象虽然用形态变化语法词缀-r、-t、-d、-n、-l 来表示，但是，它们的不同数和人称语法概念由接缀特定语法词缀的否定助动词同句子主要动词相互配合的形式体现出来。⑤接缀式形态变化语法词缀的动词类词基本上使用于句末。

（四）形动词形态变化语法结构类型

呼玛鄂伦春语动词类词形态变化语法体系中还有形动词形态变化语法结构类型。形动词指不仅有动词功能和作用，而且兼具形容词性质和特征的特殊动词。根据形态变化结构特征和所表现出的不同语法意义，可以分为现在时形态变化现象、现在将来时形态变化现象、过去时形态变化现象3种结构类型。它们的形态变化语法词缀是-yir（现在时）、-r（现在将来时）、-qa 与-që（过去时）等。可以看出，只有形动词过去时形态变化语法词缀属于可变性结构类型，现在时形动词和现在将来时形动词形态变化语法词缀均属于不变性结构类型。另外，值得一提的是，接缀有形动词形态变化语法词缀的动词类词常常使用于名词类词的前面，对于名词类词起修饰作用。形动词的形态变化语法词缀没有区别数形态变化、人称形态变化等方面的语法功能。形动词形态变化语法词缀接缀于充当形动词的动词词根或词干后面，可表示形动词的不同时态以及语法意义。另外，对于接缀有形动词形态变化语法词缀的形动词进行对译时，可以在表现形动词实际意义的词语后面使用汉语"的"字，这样可以更准确地反映形动词的语法内涵。

（五）副动词形态变化语法结构类型

呼玛鄂伦春语动词类词中的副动词也有着相当丰富的形态变化系统，筑成了一个十分完整而系统的副动词形态变化语法体系。呼玛鄂伦春语中，副动词常常位于句末主要动词的前面，表示与句子主要动词所指的内容密切相关的辅助性动作行为。根据副动词形态变化特征以及在句中发挥的不同语法功能和作用，可以将其分为13种结构类型。而且，它们均有约定俗成的形态变化语法词缀。联合副动词的形态变化语法词缀是-m，完成副动词的形态变化语法词缀是-man与-mën以及-kalin和-këlin，延续副动词的形态变化语法词缀是-meen，让步副动词的形态变化语法词缀是-rikilan与-rikilën，条件副动词的形态变化语法词缀是-xëlën和-xalan，紧接副动词的形态变化语法词缀是-lkin，并进副动词的形态变化语法词缀是-meed，界定副动词的形态变化语法词缀是-nayin与-nëyin，立刻副动词的形态变化语法词缀是-bkal和-bkël及-kannila和-kënnilë，趁机副动词的形态变化语法词缀是-yirdun及-layin与-lëyin，目的副动词的形态变化语法词缀是-nam和-nëm，渐进副动词的形态变化语法词缀是-meekti，因果副动词的形态变化语法词缀是-laan和-lëën等。其中，联合副动词、延续副动词、紧接副动词、并进副动词、渐进副动词的形态变化语法词缀属于不变性结构类型，完成副动词、让步副动词、条件副动词、界定副动词、立刻副动词、目的副动词、因果副动词的形态变化语法词缀属于可变性结构类型。很有意思的是，趁机副动词的形态变化语法现象同时具有不变性和可变性两种结构类型，完成副动词和立刻副动词具有两套可变性结构类型的形态变化语法词缀，且均有特定的使用环境、使用条件和要求。除此之外，还有一些不常用或常见的副动词形态变化语法现象。副动词一般都用于句末主要动词的前面。

（六）助动词形态变化语法结构类型

呼玛鄂伦春语动词类词形态变化系统里还有助动词形态变化系统。在该语言系统里，助动词形态变化语法结构比较复杂，体现在语音结构形式和语法意义的多样性方面。某些助动词形态变化系统可以用单一而固定性的语法词缀来表示，而某些助动词形态变化系统却含有不同人称的区别功能。也就是说，在某些句子里，由于动作行为的施事关系不同，助动词的形态变化语法词缀也反映出不同的人称语法关系。在助动词的形态变化表现形式方面，往往会出现用完全相同的语音结构构成的某一助动词表达不同句子中的不同语法意义的现象。另外，绝大多数助动词使用于句子末尾的主要动词后面，也就是使用于句子的最末段。当然，也有使用于句尾主要动词前面的助动词，或以独立形式使用于句首的助动词。依据助动词形态变化特征以及在句子中表现出的实际语法意义，其内部可以作如下分类：①否定助动词是由动词类词词根 aa- 或 ě- 接缀式形态变化语法词缀构成，使用于句末主要动词的前面，也可以用在句末主要动词的后面，进而对句子主要动词表示的动作行为增加否定含义；②肯定助动词主要有 oodan、bihin、gunĕn，它们均属于不变性结构类型，基本上用于句末主要动词后面，赋予其肯定含义；③能愿助动词要用 tikalan 或 ětě-来表示，它们的结构类型分别属于可变性和不变性，多数情况下用于句末主要动词的后面，对于主要动词表达的动作行为附加能愿内涵；④禁止助动词由动词词根 ě- 接缀式形态变化语法词缀来构成，基本上用于句末主要动词的前面，对于动作行为增加否定内涵；⑤判断助动词由动词词根 bi- 接缀式形态变化语法词缀构成，用于句末主要动词的后面，对于主要动词表达的动作行为增加判断内涵；⑥应许助动词有 oodan，是属于不变性结构类型，用于句末主要动词后面，对于表示的动作行为赋予应许内涵。根据调研，在呼玛鄂伦春语里，助动词有一定的使用率。

附　录
呼玛鄂伦春语语音系统

一　元音结构系统

尽管呼玛鄂伦春语已经进入严重濒危状态，该语言语音体系依然保留了较完整的元音结构系统。其中，8个短元音是呼玛鄂伦春语元音结构系统的核心部分，它们分别是 a、ĕ、i、o、ŏ、u、e、y。根据元音发音时间的长短不同，又可以划分出与之相对应的8个长元音，即 aa、ĕĕ、ii、oo、ŏŏ、uu、ee、yy。除此之外，呼玛鄂伦春语还存在11个二合元音 ai、ĕi、ui、yi、au、ĕy、ia、iĕ、iy、io、ie。这些二合元音的使用率和使用范围远不及8个短元音，却是呼玛鄂伦春语元音结构系统的重要组成部分，尤其是伴随汉语影响的逐步深入，新词术语的不断增多，二合元音的使用率也有所上升。下面对呼玛鄂伦春语元音结构系统做全面系统的分析和论述。

（一）短元音系统

根据语音学原理，鄂伦春语8个短元音的发音方法和发音部位等语音特征可以通过表格反映出来（见附表1）。

附表1　发元音时的舌面位置和双唇形状变化特征

序号	舌面前后位置			舌面高低位置					双唇形状	
	前	中	后	高	次高	中	次低	低	展唇	圆唇
a			★					★	★	
ë		★				★			★	
i	★			★					★	
e	★					★			★	
o			★		★					★
ö		★			★					★
u			★	★						★
y	★			★						★

下面具体分析上述 8 个单元音在呼玛鄂伦春语中的使用情况。

（1）**a** ⇨后低展唇短元音。可以出现于词的各个位置。例如：

axin 哥哥　　　　algan 脚　　　　uuha 草

短元音 a 可以使用于词首、词中、词尾各个部位，其中，a 在词中的使用率最高，其次是在词首的使用率，在词尾的使用率比在词中的使用率要低得多。呼玛鄂伦春语的基本词汇里，短元音 a 在词中的使用率很高，尤其是在词的第一音节和第二音节，在第三音节及以后的诸音节里的使用率逐渐减少，在词尾的使用率很低。另外，在相关语法形态变化的词缀里，短元音 a 有着一定的使用率。

（2）**ë** ⇨央中展唇短元音。可以出现于词的各个位置。例如：

ëlu 葱　　　　tilkëxen 苍蝇　　　　digdë 雨点

短元音 ë 是有很高使用率的元音音位，并且在词的各个部位均有着很高的使用率。但是，在词首或词中的使用率要比词中或词尾高一些。同时，在一系列形态变化词缀里，同样有着相当高的使用率。

（3）**i** ⇨前高展唇短元音。可以出现于词的各个位置。例如：

ilan 三　　　　bilëxu 镜子　　　　sulaki 狐狸

根据所搜集到的话语材料和基本词汇材料来分析，呼玛鄂伦春语里短元音 i 的使用率同样十分高。相对而言，在词首或词中的使用率要高于在词尾的使用率。另外，在相关的语法形态变化词缀系统里，也有着相当高的使用率。

（4）e ⇨前次高展唇短元音。主要使用于词中或词尾。例如：

elegxe 鼻涕　　　　　del 头　　　　　　dëlqe 疯子

根据相关语言资料分析，呼玛鄂伦春语的短元音 e 基本上不出现在词首，一般都使用于词中或词尾，尤其是在词尾有着相当高的使用率。另外，短元音 e 在汉语借词里被使用的现象也比较多，例如，denbaw（电报）、qembi（铅笔）。

（5）o ⇨后次高圆唇短元音。可以出现于词的各个位置。例如：

olo 鱼　　　　　　bolo 秋季　　　　　kongo 聋子

短元音 o 可以出现于词首、词中、词尾，但在词中的使用率最高，在词首或词尾的使用率要低一些，特别是在词尾的使用率相对最低。总体上说，短元音 o 的使用率不及前面提到的四个短元音那么高。此外，短元音 o 有着很强的内部和谐规则和原理，在呼玛鄂伦春语基本词汇中，如果词首或词首音节里使用短元音 o，那么在其后的音节里同样也出现短元音的现象比较多。

（6）ö ⇨央次高圆唇短元音。可以出现于词的各个位置。例如：

öntu 不是　　　　　kölde 蝴蝶　　　　mögö 蘑菇

单元音 ö 可以出现于词的各个位置，但无论在词首还是在词中或词尾的使用率都比较低，在呼玛鄂伦春语里是一个使用率很低的元音。另外，短元音 ö 在汉语借词里有一定的使用率。例如，mögö（蘑菇）、piñgö（苹果）等。

（7）u ⇨后高圆唇短元音。可以出现于词的各个位置。例如：

urë 山　　　　　　tuwë 冬季　　　　　talu 桦树皮

在呼玛鄂伦春语里短元音 u 有着一定的使用率。该短元音可以出现于词的任何部位，在词中的使用率最高，其次是在词首的使用率，相比之下，在词尾的使用率要低一些。

（8）y ⇨前高圆唇短元音。一般使用于词中或词尾。例如：

jy 侄子　　　　　　jyë 口水　　　　　yera 酸

在呼玛鄂伦春语里，短元音 y 的使用率十分低，不过，在汉语借词中倒是有一定的使用率，且可以使用于词首。例如，**y**den**j**y（邮电局）。我们认为，呼玛鄂伦春语中出现的短元音 y 有可能是长期受蒙古语、汉语等影响而产生的一种使用范围相当有限的特殊音位。

综上，已进入严重濒危状态的呼玛鄂伦春语里 a、ë、i、o、ö、u、e、y 8 个短元音。其中，使用率最高、活力最强的是 a 和 ë 两个短元音，其次是 i、o、u 3 个短元音。短元音 e、y、ö 的使用率十分低，使用范围也十分有限。特别是短元音 ö 和 y 只有在为数不多的单词里出现。比较而言，短元音 e 的使用率要高于短元音 ö 和 y 的使用率。由此可以推测，a、ë、i、o、u 5 个短元音有可能是呼玛鄂伦春语元音系统里自古就有的元音音位，而 ö、e、y 3 个短元音有可能是后来才出现的元音音位。

（二）长元音系统

1. 长元音和短元音的发音与词义区别

呼玛鄂伦春语有 aa、ëë、ii、oo、öö、uu、ee、yy 8 个长元音。这 8 个长元音的发音方法和发音部位和短元音 a、ë、i、o、ö、u、e、y 的发音方法和发音部位基本一致；不同之点在于发音时间要比短元音长一倍，而且有区别词义的功能（见附表 2、附表 3）。

附表 2　长元音和短元音的发音方法及发音部位

序号	发音方法和发音部位	短元音	长元音
1	后低展唇元音	a	aa
2	央中展唇元音	ë	ëë
3	前高展唇元音	i	ii
4	后次高圆唇元音	o	oo
5	央次高圆唇元音	ö	öö
6	后高圆唇元音	u	uu
7	前次高展唇元音	e	ee
8	前高圆唇元音	y	yy

附表3 长元音和短元音区别词义功能实例

序号	短元音实例			长元音实例		
	短元音	例子	词义	长元音	例子	词义
1	a	ilan	三	aa	ilaan	光
2	ë	gëlërën	赶车	ëë	gëlëërën	寻找
3	i	iqën	看法	ii	iiqën	肘
4	o	oloron	吓一跳	oo	olooron	淌水
5	ö	mörörën	用牙慢慢啃骨头	öö	möörörën	牛叫
6	u	unrën	说	uu	uurën	融化
7	e	meraran	后仰或后退	ee	meeraran	羊叫
8	y	jys	面孔	yy	jyys	橘子

2. 长元音的使用情况

（1）aa ⇨ 长元音 aa 的舌位和唇状同短元音 a 基本一致。长元音 aa 只出现在词首或者词中，一般不出现于词尾。例如：

aaxin 肝　　　　　　s**aa**ran 知道　　　　　　un**aa**y 姑娘

（2）ëë ⇨ 长元音 ëë 的舌位和唇状同短元音 ë 基本一致。长元音 ëë 只出现在词首或者词中，而且，相比之下在词首或词首音节的使用率要比词中高，一般不出现于词尾。例如：

ëëm 药　　　　　　ir**ëë**xtë 松树　　　　　　t**ëë**li 野兽皮制的腰带

（3）ii ⇨ 长元音 ii 的舌位和唇状同短元音 i 基本一致。长元音 ii 只出现在词首或者词中，而且，在词首或词首音节的使用率较高，一般不出现于词尾。例如：

iinki 飞龙　　　　　　**ii**rën 进去　　　　　　**ii**hë 锅

（4）oo ⇨ 长元音 oo 的舌位和唇状同短元音 o 基本一致。长元音 oo 可以出现在词的任何位置。不过，在词首或者词首音节出现得比较多，在词中其他音节出现得也不少，相比之下，在词尾出现得比较少。例如：

oorën 做　　　　　　m**oo**rën 困难　　　　　　**oo**higita 星星

（5）öö ⇨ 长元音 öö 的舌位和唇状同短元音 ö 基本一致。长元音 öö 一般只出现在词首或词中。例如：

öölĕn 硕大　　　　　kööde 沟　　　　　　söönö 腋

（6）uu ➪长元音 uu 的舌位和唇状同短元音 u 基本一致。长元音 uu 只出现在词首或词中，一般不出现于词尾。例如：

uun 锯　　　　　　uurĕn 吹　　　　　　uuguun 锯

（7）ee ➪长元音 ee 的舌位和唇状同短元音 e 基本一致。长元音 ee 可以出现在词的任何位置，但在词首或者词中出现得要比词尾出现得多。例如：

eelu 炭　　　　　　eeha 眼睛　　　　　meegan 心

（8）yy ➪长元音 yy 的舌位和唇状同短元音 y 基本一致。长元音 yy 可以出现在词的任何位置，但在词首或者词首音节出现得多。例如：

gyys 柜子　　　　　jyys 橘子　　　　　lyyden 旅店

上面 8 个长元音在呼玛鄂伦春语中的使用率不同。aa、ĕë、ii、oo、uu 这 5 个长元音的使用率比较高，长元音 ee 的使用率次之，长元音 öö 的使用率很低。分析表明，长元音一般都出现在词的第一音节或第二音节，第二音节以后的音节很少出现。而且，在词首出现的常常是 aa、ĕë、ii、oo、uu 这 5 个长元音。此外，值得一提的是，长元音 yy 在鄂伦春语基本词汇中出现的情况很少，在汉语借词里有着一定的使用率，例如，jyys（橘子）、gyys（柜子）。

在呼玛鄂伦春语的借词里，长元音 aa、ĕë、ii、oo、öö、uu、ee、yy 都有一定的使用率，而且伴随汉语借词的不断增多，这些长元音的使用率不断提高，使用范围不断扩大。从相关的语言资料分析，汉语借词中出现的复合元音在呼玛鄂伦春语里往往被发音成相近的长元音，例如，loobu（萝卜）、bëëjin（北京）等。尽管长元音 aa、ĕë、ii、oo、öö、uu、ee、yy 在呼玛鄂伦春语基本词汇以及借词里有一定的使用率，但相对单元音而言，其使用率还是要低得多。

（三）二合元音系统

呼玛鄂伦春语里有 11 个二合元音，它们分别是 ai、ĕi、ui、yi、au、ĕy、ia、ië、iy、io、ie。以下对这些二合元音进行全面系统的分析。

（1）ai ➪出现于词首或词尾音节的舌根辅音、双唇辅音以及某些舌尖辅音后面。例如：

amai 父亲　　　　　　qai 茶　　　　　　　　wailan 学问

(2) ëi ⇨出现于词首或词尾音节的舌根辅音、舌尖辅音以及某些舌叶辅音后面。例如：

ëkëi 姐姐　　　　　　ëqëkëi 叔叔　　　　　　sëilë 雕刻

(3) ui ⇨出现于词首或词中音节的舌尖辅音和舌根辅音后面。例如：

tuitage 鸽子　　　　　oguila 躲入深山

(4) yi ⇨出现于词首或词中音节的舌尖辅音和舌根辅音后面。例如：

gyilëhyn 杏树　　　　syidë 损失

(5) au ⇨出现于词首或词中音节的舌根辅音、双唇辅音以及某些舌尖辅音后面。例如：

maulen 子弹　　　　　gauli 铜　　　　　　　gilauxi 黄花菜

(6) ëy ⇨出现于词首或词中音节的舌根辅音、舌尖辅音、双唇辅音后面。例如：

ylëyhë 桦皮背篓　　　ëmëygty 林中毒草　　　këyrëggë 桥

(7) ia ⇨出现于词中或词尾音节的舌尖辅音和个别舌叶辅音后面。例如：

niama 暖和的　　　　　sannian 烟　　　　　　inniagta 汗毛

(8) ië ⇨出现于词首、词中或词尾音节的舌尖辅音后面。例如：

niëhin 汗水　　　　　ëliëni 浮夸的　　　　　ënnië 娘

(9) io ⇨出现于词中或词尾音节的舌尖辅音后面。例如：

oliomo 猛兽暴怒　　　monio 猴子

(10) iy ⇨出现于词首或词中音节的舌尖辅音或个别舌叶辅音后面。例如：

niyŋyŋ 六　　　　　　xiysyhyn 蚂蚁

(11) ie ⇨出现于词首或词尾音节的舌根辅音和双唇辅音以及某些舌尖辅音后面。例如：

niemŋahan 故事　　　ëdiehën 风神

从上述二合元音的例子中，我们可以了解到这些二合元音在绝大多数情况下使用于词中。只有 ai、ëi、ië、io 4 个二合元音在为数不多的词里面出现在词尾。在这里还有必要指出，这些二合元音在呼玛鄂伦春语中的使用情况也不大均衡。ai、au、ia 3 个二合元音的使用率相当高，ëi、ëy、ië、iy 4 个二合元音的使用率次之，而 ui、yi、ie、io 4 个二合元音的使用率远不及其他二合元音。

呼玛鄂伦春语上述 11 个二合元音在汉语借词中出现的频率比鄂伦春语基本词汇中出现的频率要高得多，例如，pais（牌子）、daybiaw（代表）等。由于呼玛鄂伦春人使用汉语的机会越来越多，使用母语的时间和场所变得越来越少，加上在有限的母语会话中大量汉语新词术语的借入等客观原因，呼玛鄂伦春语二合元音的使用率不断提高。这也是已经进入严重濒危状态的语言在语音方面出现的一种语言变化现象。

概而言之，呼玛鄂伦春语里有 a、ë、i、o、ö、u、e、y 8 个短元音，aa、ëë、ii、oo、öö、uu、ee、yy 8 个长元音，以及 ai、ëi、ui、yi、au、ëy、ia、ië、iy、io、ie11 个二合元音。其中，短元音的使用率最高，其次是长元音的使用率，二合元音的使用率较低。伴随汉语对呼玛鄂伦春语影响的扩大和深入，汉语新词术语大量借入，该语言里的长元音和二合元音的使用率也逐年提高。

（四）元音和谐

呼玛鄂伦春语有着较为复杂的元音和谐系统及其规律。根据语言调查资料，呼玛鄂伦春语元音和谐系统可以分为阳性元音和谐、阴性元音和谐、中性元音和谐 3 种类型。根据语音学原理，短元音 a、o 和长元音 aa、oo 属于阳性元音；短元音 ë、ö 和长元音 ëë、öö 属于阴性元音；短元音 i、u、e、y 和长元音 ii、uu、ee、yy 被归类为中性元音。而且，阳性元音和阴性元音只能分别同中性元音产生语音和谐关系，阳性元音和阴性元音之间不产生和谐关系。也就是说，在同一个词里，阳性元音和阴性元音不能同时出现，只能是阳性元音和阳性元音共同出现于某一个具体的词中，或者是阳性元音同中性元音共同使用于某一个具体的词内，阴性元音只跟阴性元音或中性元音相结合构成某一个词。中性元音的适用范围比较广，它不仅可以同中性元音产生和谐，还可以同阳性元音、阴性元音产生和谐关系，使用于某一个具体的词内。以下系统地分析呼玛鄂伦春语的元音和谐系统及其规律。

1. 阳性元音的和谐现象

阳性元音之间的和谐现象是指阳性短元音 a、o 以及阳性长元音 aa、oo 之间产生和谐的现象。例如：

aqa 木叉	targan 耕地	tamnaxsa 雾
olo 鱼	toroxi 野猪	borqo 豆子
anoor 很多	doola 里面	ooyale 妯娌

一般情况下，由短元音 a、o 和长元音 aa、oo 构成的词干或词根后面，根据阳性元音和谐原理，要接缀由短元音 a 或 o 为中心构成的构词词缀或语法形态变化词缀。相比之下，在阳性元音为主构成的词干或词根后面，由短元音 a 构成的各种词缀较多。

2. 阴性元音的和谐现象

阴性元音的和谐现象主要指阴性短元音 ĕ、ö 以及阴性长元音 ĕĕ、öö 之间产生和谐的现象。例如：

| ĕwĕĕre 獾子 | dĕrĕ 脸 | bĕyĕ 人 |
| öntö 别动 | möwön 银子 | ölöörĕn 煮 |

由短元音 ĕ、ö 和长元音 ĕĕ、öö 为中心构成的词干或词根后面，要按照元音和谐原理接缀由短元音 ĕ 或 ö 构成的构词词缀或语法形态变化词缀。不过，由阴性元音构成的词后面接缀的绝大多数是由短元音 ĕ 构成的词缀，由阴性元音 ö 构成的构词词缀或语法形态变化词缀比较少。

3. 中性元音的和谐现象

呼玛鄂伦春语里，中性元音的数量比阳性元音和阴性元音多。该语言的中性元音包括短元音 i、u、e、y 和长元音 ii、uu、ee、yy。由于中性元音在数量上占优势，用中性元音间的和谐原理构成的词也有不少。例如：

| irgi 尾巴 | kirimki 眉毛 | uxun 奶 |

uugun 锯　　　　tumun 痰　　　　　yŋyl 蛆虫

　　从以上实例可以看出中性元音间的和谐情况。不过，在中性元音和谐实例里，短元音 y 和长元音 yy 较少出现。尤其是，长元音 yy 与其他中性元音共同出现于某一个词内的现象很少见到，通常出现在个别汉语借词内同短元音 e 产生和谐关系之实例，例如，lyyden（旅店）等。

　　在呼玛鄂伦春元音和谐系统内，阳性元音、阴性元音跟中性元音共同构成的词相当多，约占基本词汇的50%。其中，阳性元音 a、aa 以及阴性元音 ĕ、ĕĕ 跟中性元音 i、u、ii、uu 共同和谐构词的现象较多。另外，由中性元音 i、u、ii、uu 等构成的词根或词干后面，一般都接缀由阳性短元音 a 或阴性短元音 ĕ 为中心构成的各种构词词缀或语法形态变化词缀。中性元音 e、y、ee、yy 的出现率比较低，在元音和谐系统中的使用范围也比较有限。

　　总而言之，呼玛鄂伦春语有着较为复杂的元音和谐系统及其规律。其中，出现率最高的是阳性元音跟中性元音之间的和谐实例以及阴性元音同中性元音之间产生的和谐实例等。另外，由后低展唇元音和谐而成的词以及由央中展唇元音和谐而成的词占有相当大的比例。伴随汉语新词术语的不断借入以及呼玛鄂伦春语使用范围的不断减少，该语言里也出现了阳性元音同阴性元音混合使用的现象。特别是那些已经不能熟练使用母语的鄂伦春人，其口语中经常出现阳性元音与阴性元音同时使用的现象。例如，maqĕ（马车）、yañlosö（养老所）等。

二　辅音结构系统

　　呼玛鄂伦春语的辅音结构系统无论在数量上还是在使用规则的复杂性方面，都远远超过了该语言的元音系统。依据田野调查中获得的语音资料，呼玛鄂伦春语辅音结构系统有 19 个辅音，分别是 b、p、m、f、d、t、n、l、g、k、h、j、q、x、r、ŋ、ñ、y、w。这 19 个辅音的发音方法和发音部位可以用表格的形式进行展示（见附表 4）。

附表4　辅音发音方法与部位

特征 音标 序号		发音方法								发音部位						
		送气清塞音	不送气清塞擦音	送气清塞擦音	不送气清塞擦音	浊鼻音	浊颤音	浊边音	清擦音	浊擦音	浊半元音	双唇音	唇齿音	舌尖前音	舌尖中音	舌叶音	舌面前音	舌面中音	舌面后音
1	b		★									★							
2	p	★										★							
3	m					★						★							
4	f								★				★						
5	g		★																★
6	k	★																	★
7	h								★										★
8	j				★												★		
9	q			★													★		
10	x								★								★		
11	d		★												★				
12	t	★													★				
13	n					★									★				
14	l							★							★				
15	r						★								★				
16	ŋ					★													★
17	ñ					★													★
18	y										★							★	
19	w										★	★							

下面举例分析这些辅音在呼玛鄂伦春语中的具体使用情况。

（1）b ➪双唇不送气的清塞音。辅音b在词的任何部位都可以使用。例如：

buwa 天　　　　　　　kumbi 柳蒿芽　　　　　　tarba 把那个

辅音b在词首、词中、词尾都可以被使用。其中，出现在词中的情况最多，其次是出现在词首，在词尾出现的实例十分少。另外，该辅音在词中出现时，直接位于某一辅音音素前后的现象比较多。例如，da<u>bd</u>a（摇篮）、ə<u>bd</u>urən（损坏）、ë<u>bt</u>ële（肋条）、jë<u>bt</u>ë（饭）、ja<u>bk</u>a（缝隙）、ka<u>bq</u>iran（夹）、qaa<u>lb</u>an（桦树）中出现的语音现象 bd、bt、bk、bq、lb，辅音 b 在词中经常与其他辅音直接相连使用。相比之下，在 t、k、q 等送气辅音前出现的现象较多。

（2）**p** ⇨ 双唇送气的清塞音。辅音 p 主要使用于词首和词中。例如：

panqaran 生气　　　　lin**p**aan 桦劈棚

呼玛鄂伦春语里的 p 属于使用率比较低的辅音，在词中的使用率相对较高，在词中使用时，直接出现于某一辅音后面的实例较多。

（3）**m** ⇨ 双唇浊鼻音。辅音 m 可以使用于词首、词中、词尾。例如：

murin 马　　　　kë**m**kë 黄瓜　　　　　　dira**m** 粗厚

辅音 m 在呼玛鄂伦春语的使用率较高，且在词首、词中及词尾均可使用。相比之下，在词中的使用率最高，其次是词首，在词尾出现得要相对少一些。

（4）**f** ⇨ 唇齿清擦音。辅音 f 主要出现于词首或词中。例如：

aldur**f**an 消息　　　　yee**f**aë 解放　　　　　　**f**ën 佛

辅音 f 在词尾一般不出现。实际上，该辅音在呼玛鄂伦春语里的使用率很低，而且，在汉语借词里用得多一些。由此可以推断，辅音 f 有可能是受汉语等语言影响而新增加的辅音。伴随汉语新词术语的不断增多，辅音 f 的使用率也会不断提高。

（5）**g** ⇨ 舌面后不送气的清塞音。辅音 g 可以出现于词的任何部位。例如：

gërbi 名　　　　al**g**an 腿　　　　　　bu**g** 公鹿

g 是一个使用率比较高的辅音，在词的各个部位均有较高的出现率。在词中或词首的使用率比在词尾的使用率要高。另外，像 gorgukta（胡须）、garga（手镯）、salgan（裤裆）、dalgaran（烧）等词中 rg、lg 等语音形式一样，辅音 g 用在 r、l 之后的现象有不少。

（6）**k** ⇨ 舌面后送气的清塞音。辅音 k 可以使用于词的各个位置。

例如：

kudir 井   ur**k**ë 门   ölöö**k** 谎

辅音 k 虽然可以使用于词的各个位置，但在词尾的出现率十分低，主要使用于词中。而且，在词中使用时，就像 sarmi**k**ta（眉毛）、xili**k**të（胆）、ja**bk**a（缝隙）、ula**bk**un（湿的）xu**rk**udërën（颤抖）、tu**ñk**u（鼓）等词里的 kt、bk、rk、ñk 等语音形式一样，辅音 k 直接使用于 t、b、r、ñ 等辅音前后的现象比较多。相比之下，在辅音 t 或 b 后面的使用率较高。

（7）**h** ⇨ 舌面后清擦音。辅音 h 主要在词首或词中出现，在个别词词尾也有使用，但在词尾的使用率很低。例如：

hoxigon 山梁尽头   us**h**ëku 扇子

辅音 h 在呼玛鄂伦春语里有一定的使用率。

（8）**j** ⇨ 舌叶不送气的清塞擦音。辅音 j 一般都出现于词首或词中。例如：

juu 房子   hë**j**ig 山腰险处   të**j**ë 真

辅音 j 基本不使用于词尾，不过，在词首或词中有一定的使用率。另外，辅音 j 在词中出现的实例里，同其他辅音连用的现象有不少。特别是直接使用于辅音 l 后面的情况比较多。例如，dal**j**i（关系）、gol**j**in（门闩）、ël**j**ig（驴）等。

（9）**q** ⇨ 舌叶送气的清塞擦音。辅音 q 一般都在词首或词中出现。例如：

qogqun 山尖峰   ë**q**ëkë 叔父   **q**ab**q**iran 砍

辅音 q 在呼玛鄂伦春语里是一个使用率较高的辅音。在词中使用得较多，一般不在词尾出现。辅音 q 用于 b、r、g 等辅音后面的实例有不少。例如，tob**q**i（扣子）、bor**q**o（豆子）、og**q**on（鱼）等。其中，在辅音 b 后面使用的现象要多一些，例如 qab**q**iran（砍）、kab**q**iran（夹）等。

（10）**x** ⇨ 舌叶清擦音。辅音 x 基本上使用于词首和词中。例如：

xilë 汤   u**x**i 绳   a**x**ii 妻子

辅音 x 在呼玛鄂伦春语里的使用率比较低。该辅音在词尾一般不出现，在词首或词中出现时，多数位于前高展唇元音 i 的前面。另外，伴随汉语新词术语的不断增多，辅音 x 的使用面也越来越多。例如，xënyan（沈阳）、xañhai（上海）等。

(11) **d** ➡ 舌尖中不送气的清塞音。辅音 d 主要出现于词首或词尾。例如：

dalgan 晚霞　　　　ëdin 风　　　　　　ërdë 早

辅音 d 有较高的使用率。不过，辅音 d 在词中出现时，直接使用于辅音 b、n、l、g 后面的现象较多，例如，abdurën（毁坏）、handaran（剃头）、aldaran（输）、dëgdërën（浮出来）等。

(12) **t** ➡ 舌尖中送气的清塞音。辅音 t 使用于词的任何部位。例如：

targan 耕地　　　　ultaka 小口袋　　　　bot 丛树

辅音 t 虽然在词首、词中、词尾都可以出现，但在词中的使用率最高，在词首也有较高的使用率，在词尾的使用率比较低。辅音 t 和辅音 d 一样，在词中时经常位于 b、k、n 等辅音的后面。例如，ëbtële（肋条）、jëbtë（饭）、sarmikta（眉毛）、uxikta（指甲）、nintë（脚后跟）等。总之，辅音 t 在呼玛鄂伦春语里有着相当高的使用率。

(13) **n** ➡ 舌尖中浊鼻音。辅音 n 使用于词的任何部位。例如：

nahuu 年岁　　　　ënin 母亲　　　　　amin 父亲

在呼玛鄂伦春语里，辅音 n 是一个使用率很高的音素。无论在词中还是在词首均有很高的使用率。特别是在词尾，辅音 n 的使用率比任何一个辅音的使用率都高。

(14) **l** ➡ 舌尖中浊边音。辅音 l 同样适用于词首、词中和词尾。例如：

loxoron 挂上　　　　olo 鱼　　　　　　xirkul 鬼

辅音 l 也有一定的使用率，但在词中出现得最多，其次是在词首的使用率，在词尾出现得不太多。

(15) **r** ➡ 舌尖中浊颤音。辅音 r 只使用于词中或词尾。例如：

ërki 裤子　　　　urgur 话　　　　　　bër 弓

辅音 r 在呼玛鄂伦春语词汇里不出现于词首，不过在词中或词尾均有一定的使用率。

（16）ŋ ⇨舌面前浊鼻音。辅音ŋ主要出现于词首或词中。例如：

ŋalkin 湿　　　　　moŋoo 猴子　　　　　aŋan 影子

辅音ŋ是一个使用率很低的音素。比较而言，在词首比在词中出现得多，在词尾不出现。

（17）ñ ⇨舌面后浊鼻音。辅音ñ可以出现于词的任何部位。例如：

ñaala 手　　　　　iñëë 白天

辅音ñ虽然可以出现于词的各个位置，但在词中或词尾出现得多一些，在词首的出现率不太高。辅音ñ在词中出现时，直接使用于辅音k、g等前面的现象有不少。例如，tuñku（鼓）、tëwëñki（袋子）、meñga（千）、mañgil（额头）等。另外，辅音ñ在词中有时也用以重叠形式出现，例如，añña（手掌）、taññur（碗）等。

（18）y ⇨舌面中浊擦音。辅音y可以使用于词的各个位置。例如：

yuurën 出　　　　　niray 男性　　　　　dalay 海

在呼玛鄂伦春语里，辅音y的使用率比较低。相比之下，在词尾的使用率比词首或词中的使用率要低。汉语借词词首的辅音r常常被鄂伦春人发音为辅音y。

（19）w ⇨双唇浊半元音。辅音w可以使用于词首、词中、词尾。例如：

waa- 杀　　　　　këwër 平原　　　　　jawawu- 被抓

辅音w在词尾出现得不多，在词首的出现率不高，在词中使用得多一些。尽管如此，辅音w在呼玛鄂伦春语里的使用率比较低。

总之，在呼玛鄂伦春语里有b、p、m、f、g、k、h、j、q、x、d、t、n、l、r、ŋ、ñ、y、w 19个辅音。其中，b、m、g、k、h、d、t、n、l、ñ、y、w12个辅音可以使用于词的任何位置；p、f、j、q、x、ŋ 6个辅音主要使用于词中或词首，词尾一般不出现；辅音r只出现于词尾或词中，词首不出现。另外，在呼玛鄂伦春语里使用率最高的辅音是b、m、g、d、t、n、l、r，其次是属于辅音p、k、h、j、q、ñ的使用率，辅音f、y、w、x的使用率比较低，使用率最低的是辅音ŋ。

根据呼玛鄂伦春语辅音使用情况的分析，我们了解到，在词中辅音直接相连的现象较多。出现这种语音现象，有可能跟前后两个辅音间的某一元音产生脱落有关。

呼玛鄂伦春语里有 ññ、ll、gg、mm、tt、nn、yy 等两个辅音相连的语音现象。例如，taññur（碗）、ullë（肉）、nammu（呼玛）、tëlitti（刚才）、tannuwan（那样的）、ayya（啊呀）等。这些连用的同一个辅音，在发音时出现的成阻现象和除阻过程虽然相同，但具体划分音节时分属于前后两个不同音节。例如，taññur（碗）、ullë（肉）、nammu（呼玛）、tëlitti（刚才）、tannuwan（那样的）、ayya（啊呀）的音节划分情况应该是 tañ-ñur、ul-lë、nam-mu、të-lit-ti、tan-nu-wan、ay-ya 等。由此可见，ññ、ll、gg、mm、tt、nn、yy 等尽管具备长辅音发音时的语音特征，但不属于纯粹意义上的长辅音。

三 词的音节结构

呼玛鄂伦春语的音节结构根据元音的个数分为单音节词和多音节词。根据语言学原理，一个词中有几个元音就有几个音节。由此，单音节词是指由单一的音节构成的词，即该词只有一个元音；多音节词是指由两个或者两个以上的音节构成的词，即该词可能有两个或者两个以上的元音。在呼玛鄂伦春语基本词汇中，由两个或两个以上音节构成的长词数量远远超过单音节词。毫无疑问，多音节词是呼玛鄂伦春语基本词汇的主要组成部分。伴随汉语对鄂伦春语的影响逐步加深以及汉语新词术语的大量借入，已经进入严重濒危状态的呼玛鄂伦春语里的单音节词的数量也开始日趋增加。

（一）单音节词及其音节结构

呼玛鄂伦春语基本词汇里有不少由单一音节构成的词。呼玛鄂伦春语单音节词的音节结构类型包括以下四种：

☆ 单一元音音素构成类型

☆ 单一元音音素同单一辅音音素构成类型

☆ 单一元音音素同两个辅音音素组合的结构类型

☆ 单一元音音素同三个辅音音素组合的结构类型

下面结合实例进行具体讨论。

1. 单一元音音素构成的单音节词结构类型（V）

由单一的元音音素构成的单音节词的音节结构内部可以分为以下两种类型。

（1）用单一的短元音音素构成的单音节词（V_1），例如，o（腋窝）。

（2）用单一的长元音音素构成的单音节词（V_2），例如，uu（毛病）。

呼玛鄂伦春语基本词汇中，由单一的元音音素构成的单音节词十分少见。V_1 类型的单音节词比 V_2 类型的单音节词还要少见。相比之下，由单一的长元音音素构成单音节词的实例比由单一的短元音音素构成单音节词的实例要多一些。

2. 单一元音音素同单一辅音音素构成的单音节词结构类型

由单一的元音音素和单一的辅音音素构成的单音节词的音节结构类型可以分为如下两种：

（1）以元音在前、辅音在后的结构类型构成的单音节词（VC），例如，ur（种子）、ëëm（药）。

（2）以辅音在前、元音在后的结构类型构成的单音节词（CV），例如，doo（河）、muu（水）、gĕ（母马）。

在呼玛鄂伦春语基本词汇里，由单一的元音音素和单一的辅音音素构成的单音节词虽然有一定的出现率，但数量并不很多。而且，这两种类型的单音节词的出现率基本相同。相对而言，CV 类型的单音节词比 VC 类型的单音节词要多一些。

3. 单一元音音素同两个辅音音素组合而成的单音节词结构类型

由单一的元音音素和两个辅音音素构成的单音节词的音节结构内部也分两种类型。

（1）前后是辅音音素中间是元音音素的结构类型（CVC），例如，bog

(地)、jol（石头）、qok（鬓角）。

（2）前面是元音音素后面是以连用式出现的两个辅音音素（VCC），例如，iild（癣）、unq（本钱）。

呼玛鄂伦春语基本词汇里，由单一元音音素和两个辅音音素构成的单音节词有一定的出现率。其中，CVC 类型的单音节词的出现率远远超过 VCC 类型的单音节词。

4. 单一元音音素同三个辅音音素组合而成的单音节词结构类型

由单一的元音音素和三个辅音音素构成的单音节词的语音结构特征是，前面是一个辅音音素，中间是一个元音音素，最后是连用形式出现的两个辅音音素（CVCC）。例如，**x**ikt（明确的）、koňg（小黑洞）。

呼玛鄂伦春语里，属于 CVCC 语音组合关系的单音节词不多。尽管在多音节词里也能见到用 CVCC 型语音组合关系构成的音节，例如，jurkrën（**jurk**-rën）（努力），但该类语音组合实例不多见，而且一般都出现在多音节词词首。

总而言之，呼玛鄂伦春语单音节词内部有单一元音音素 V（V_1、V_2）结构类型、单一元音音素和单一辅音音素（CV、VC）结构类型、单一元音音素同双辅音音素（CVC、VCC）结构类型、单一元音音素同三个辅音音素（CVCC）结构类型四种。这四种不同形式的音节，基本上代表了呼玛鄂伦春语音节结构原理及其特征。

（二）多音节词

呼玛鄂伦春语基本词汇中的多音节词有双音节词、三音节词、四音节词、五音节词、六音节词等。例如：

1. 双音节词

例如 akin（a-kin）（哥哥）、giuqën（giu-qën）（狍子）、ullë（ul-lë）（肉）等。

2. 三音节词

例如 kandakan（kan-da-kan）（犴）、gurgulbun（gur-gul-bun）（运动）、ëljlërën（ëlj-lë-rën）（轮换）等。

3. 四音节词

例如 unikabtun（u-ni-kab-tun）（顶针）、ooxiktakan（oo-xik-ta-kan）（吉星神）等。

4. 五音节词

例如 arbilahanan（ar-bi-la-ha-nan）（让省钱）、iniñigdikən（i-ni-ñig-di-kən）（稍微冷的）等。

除此之外，也有接缀各种语法形态变化词缀，表示更加复杂的语义关系的六音节或七音节词等。例如，六音节词 kandakansaldula（kan-da-kan-sal-du-la）（在狍群里）；七音节词 iniñigdiqëlëkën（i-ni-ñig-di-që-lë-kën）（稍微冷一点的）等。从某种角度讲，词的音节结构越长，所表现出的语义越复杂。

四 词重音结构

呼玛鄂伦春语有词重音，并且重音一般要落在词首音节的元音上面，所以词首音节元音发音时比后续诸音节元音都要清楚和明晰。例如：

ahin（ˈahin）肉　　　　　ërgën（ˈërgën）生命
unikabtun（ˈunikabtun）顶针　　giuqën（ˈgiuqën）狍子

不过，词首元音或词的第一音节的元音是央元音 ë 或 ö，而词的第二音节的元音是 u 时，该词的重音要挪到词的第二音节的元音上来。例如：

lömbulyi（lömˈbulyi）稻草　　ënuku（ëˈnuku）病

其他情况下，也就是说，如果第二音节的元音不是 u，而同样是 ë 或 ö，那么，该词的重音仍然要落在词的第一音节的元音上。例如：

öwöñkëk（ˈöwöñkëki）横的　　bölbökön（ˈbölbökön）小蝴蝶
ëtërkën（ˈëtërkën）熊　　　　këwlëktë（ˈkëwlëktë）喉结

另外，在词的第一音节元音是短元音、第二音节元音是长元音的前提下，词重音要挪到词的第二音节的长元音上来。例如：

niamaaʤi（niaˈmaaʤi）百　　ölöörën（öˈlöörën）煮
gëlëërën（gëˈlëërën）找　　　alduur（alˈduur）消息

在这里还有必要提到,那些由 6 个以上的音节构成的多音节词,在具体发音时词末音节的元音常常被发成重音,但词末音节的重音不像词首音节的重音那样有力度,只是比前面的若干音节中被弱化的元音要清楚明晰一些。

参考文献

朝克：《鄂伦春语和鄂温克语语音对应关系》，《满语研究》1987 年第 2 期。

朝克：《论鄂伦春一词》（蒙文），《内蒙古社会科学》1989 年第 4 期。

朝克：《论呼玛鄂伦春语元音结构》，《满语研究》1992 年第 1 期。

朝克：《鄂伦春旗语言文字使用概述》，《中国语言文字使用概述集》，中国藏学出版社，1994。

朝克：《鄂伦春语使用概述》，《中国语言文字使用概述集》，中国藏学出版社，1994。

朝克：《楠木鄂伦春语研究》，民族出版社，2009。

朝克：《中国民族语言文字研究史论》（北方卷），中国社会科学出版社，2013。

朝克：《鄂伦春语 366 句会话句》，社会科学文献出版社，2014。

朝克：《满通古斯语族语言词汇比较》，中国社会科学出版社，2014。

朝克：《满通古斯语族语言词源研究》，中国社会科学出版社，2014。

朝克：《满通古斯语族语言研究史论》，中国社会科学出版社，2014。

都永浩：《鄂伦春族　游猎·定居·发展》，中央民族学院出版社，1993。

关小云：《丰富多彩的鄂伦春语地名》，《鄂伦春研究》2000 年第 2 期。

关小云：《大兴安岭鄂伦春》，哈尔滨出版社，2003。

韩有峰：《黑龙江鄂伦春族》，哈尔滨出版社，2003。

韩有峰：《鄂伦春语》（上下册），延边教育出版社，2004。

韩有峰、孟淑贤：《鄂伦春语汉语对照读本》，中央民族学院出版社，1993。

参考文献

韩有峰、孟淑贤:《简明鄂伦春语读本》,黑龙江教育出版社,2013。

韩有峰、孟淑贤:《中国鄂伦春语方言研究》,日本国立民族博物馆,2014。

何青花、莫日根布库:《鄂伦春语释译》,紫禁城出版社,2011。

《呼玛鄂伦春语调研资料》1—6集,1983—1991。

《呼玛鄂伦春语调研资料》1—5集,1994—2009。

胡增益:《鄂伦春语简志》,民族出版社,1986。

胡增益:《鄂伦春语研究》,民族出版社,2001。

《楠木鄂伦春语口语调查资料》,1993。

《楠木鄂伦春语调查资料》,2006—2007。

萨希荣:《简明鄂伦春语对照读本》,民族出版社,1981。

徐世璇等:《鄂伦春语使用状况分析》,《满语研究》2001年第1期。

后　记

　　经过两年多的艰苦努力，课题组基本上按计划完成了《严重濒危呼玛鄂伦春语语法形态研究》的撰写工作。幸亏有前期的资料积累和相关研究成果，才能够按照拟定的科研计划完成任务。否则，对于已严重濒危的呼玛鄂伦春语，在两年多时间里拿出如此全面的研究成果是一件很难的事情。但是，课题组成员总觉得其中一些研究还不十分令人满意，初稿完成后又到调研过的地方找那些发音合作的老人特别是母语说得较好的老人反复对证。同时，还多次请教了从事鄂伦春语研究的学者，最后才敲定了书稿的结构和内容。

　　非常感谢中国社会科学院科研局国情调研项目办公室工作人员以及专家委员会的专家，没有他们的审阅、批准和经费支持，我们很难顺利启动和实施这项研究课题。在这里，我要感谢调研时提供诸多方便的地方领导及工作人员，在他们的帮助下，课题组在田野调研期间遇到的诸多问题和麻烦迎刃而解，每次调研进行得都比较顺利。最后，我还要感谢那些不辞辛苦、反反复复进行发音合作的呼玛鄂伦春语发音合作人，尤其是老人。毫无疑问，没有他们的发音合作，本课题根本没有办法完成，在此特向他们表示深深的谢意和敬意。

　　本研究成果难免存在问题和不足，真诚希望专家学者和鄂伦春族同胞们提出宝贵意见。

朝　克

2020 年 1 月

图书在版编目(CIP)数据

人口较少民族严重濒危语言抢救性研究：全二卷.
严重濒危呼玛鄂伦春语语法形态研究／朝克，吴雅丽著
. --北京：社会科学文献出版社，2021.3（2022.11 重印）
（中国社会科学院国情调研丛书）
ISBN 978 - 7 - 5201 - 7804 - 4

Ⅰ.①人… Ⅱ.①朝… ②吴… Ⅲ.①民族语 - 研究
- 中国②鄂伦春语 - 研究 Ⅳ.①H2②H224

中国版本图书馆 CIP 数据核字（2021）第 004740 号

·中国社会科学院国情调研丛书·
人口较少民族严重濒危语言抢救性研究（全二卷）
——严重濒危呼玛鄂伦春语语法形态研究

著　者／朝　克　吴雅丽

出 版 人／王利民
组稿编辑／刘　荣
责任编辑／单远举　朱　勤　岳　璘
责任印制／王京美

出　　版／社会科学文献出版社（010）59367011
　　　　　地址：北京市北三环中路甲29号院华龙大厦　邮编：100029
　　　　　网址：www.ssap.com.cn
发　　行／社会科学文献出版社（010）59367028
印　　装／北京虎彩文化传播有限公司
规　　格／开　本：787mm×1092mm　1/16
　　　　　本卷印张：9.25　本卷字数：134 千字
版　　次／2021年3月第1版　2022年11月第2次印刷
书　　号／ISBN 978 - 7 - 5201 - 7804 - 4
定　　价／298.00元（全二卷）

读者服务电话：4008918866

版权所有 翻印必究

中国社会科学院国情调研丛书
编选委员会

主　任　李培林

副主任　马　援

成　员（按姓氏笔画排序）

　　　　马　援　王　岚　王子豪　王延中　邓纯东　李　平
　　　　李培林　陆建德　陈　甦　陈光金　张　平　张车伟
　　　　张宇燕　高培勇　黄群慧　潘家华　魏后凯

目　录

前　言 ·· I

第一部分　得力其尔鄂温克语基本词汇 ·············· 1
 一　名词 ·· 1
 二　数量词和方向方位词 ·· 77
 三　动词 ·· 81
 四　代词 ·· 152
 五　形容词 ·· 157
 六　虚词 ·· 174

第二部分　得力其尔鄂温克语会话 ······················ 183
 1. xi ayi ye 你好吗 ··· 183
 2. xiyi juu ilĕ biqin 你家在哪里 ··························· 187
 3. xi ilĕ ĕnĕne 你去哪里 ·· 199
 4. ĕri yokun 这是什么 ··· 208

附录一　得力其尔鄂温克语词汇索引 ·················· 214

附录二　汉语词汇索引 ·· 288

参考文献 ·· 366

后　语 ·· 368

前　言

中国社会科学院2017年国情调研重大项目"满通古斯语族严重濒危语言抢救性研究"的子课题"得力其尔鄂温克语口语"自2017年7月启动以来，已走过两个年头，课题组对严重濒危得力其尔鄂温克语口语开展了富有成效的实地调研，搜集整理了弥足珍贵的第一手口语资料。因为内蒙古自治区呼伦贝尔市阿荣旗得力其尔鄂温克民族乡的鄂温克语已经进入严重濒危状态，几乎没有鄂温克族人能够很流利完整地使用母语，所以第一次的调研没有达到预期目的，也没有得到十分满意的口语资料。课题组负责人在1983年至2017年的30多年时间里先后多次到得力其尔鄂温克民族乡对这里的鄂温克语进行过语音、词汇、语法、口语资料方面的调研，并收集整理了不少很有价值的第一手资料，但是当我们为了实施该项计划再次到得力其尔鄂温克民族乡时，曾经给予发音合作的老人基本不在了。尽管如此，在进行补充性调研时，我们还是得到了一些曾经被忽略或没有注意到的资料。不过，我们明显感觉到，在他们的口语里，来自汉语的借词变得越来越多，甚至占一半以上。另外，让课题组感到高兴和意外的是，得力其尔鄂温克民族乡73岁的鄂温克族老人涂秀兰和她的侄孙张晓明经过多年的努力，用汉字加个别拼音字母和粗线条转写记音的方式，整理了得力其尔鄂温克语一些词汇和短句，并将之交给了课题组。虽然这些资料不太严谨，有很大的随意性和非固定性、非统一性，但其中一些词汇十分珍贵和重要。我们对不正确或有疑问的汉字记音做了必要的更正。

得力其尔鄂温克民族乡的"得力其尔"（dĕlkir）一词也写成"德勒克尔"以及其他读音相近的词语。dĕlkir是鄂温克语形动词，源自鄂温克语动词词根 dëlki-，该动词词根有"用斧子劈开""打开"等多义。从动词派生形容词时，在动词词根 dëlki-后面接缀了表示现在将来时的形动词词缀-r，从而构成具有"现在将来劈开的"或"现在将来打开的"之义的现在将来时形动词 dëlkir。早期得力其尔鄂温克语中，dëlkir bo 意为"现在将来劈开的地方"或"现在将来打开的地方"，这里的 bo 表示"地""地方""天"等义。当 dëlkir 成为专属地名时，它后面的 bo 就被省略不用了。不过，该地区的鄂温克老人还是喜欢说自己是 dëlkir boyi bëyi（得力其尔之地人）。根据实地调研和课题组的分析，"得力其尔"这一地名的引申词义应该是"开辟地"及"开阔地"等。因为得力其尔是一片十分美丽的开阔地，所以该地区的鄂温克族先民选择了这片土地作为永久家园，并开展了各种适宜本地区气候和自然环境的生产活动。这也许是"得力其尔"这一地名的来由吧。我们还听说该地名与鄂温克族一则神话传说有关。据说，很早以前，这里是高山峻岭和茂密的森林，上天为了在这里天葬一位天下无敌的萨满神灵，用斧子劈开了一片地方，然后将那位征服无数妖魔鬼怪的萨满神灵天葬在此处，以用这位英勇的萨满的神灵震慑兴安岭的妖魔鬼怪，由此，有人解释说，"得力其尔"意思是"天葬萨满神灵的地方"。不论怎么说，"得力其尔"这一地名同"劈开的地方""开辟的地方""开阔的地方"等均有内在联系，当然，对此问题还可以进行更加深入的学术探讨。

一

得力其尔鄂温克民族乡的主体民族是鄂温克族。除了鄂温克族之外，还有汉族、达斡尔族、蒙古族、鄂伦春族、满族、朝鲜族、回族、锡伯族、土家族、布依族、藏族等民族。1973 年，山东、辽宁、黑龙江等省不少流动人口迁入得力其尔鄂温克民族乡辖区，形成了以鄂温克族为主体、汉族为绝对多数的鄂温克民族乡。现在该乡总人口为 14305 人，汉族有 12178 人，占总人口的 85.13%，少数民族人口只占 14.87%。在少数民族中，鄂温克族共 328 人，占总人口的 2.29%。全乡辖区内有 9 个行政村 21 个自然屯 48 个村民小组。

二

据统计，得力其尔鄂温克民族乡中除了兴南镇村和东北沟村没有鄂温克族之外，其他村都有鄂温克族村民。调研时，村民反映，在兴南镇村和东北沟村也有极少数的早年与其他民族通婚的鄂温克族，他们在人口统计时没有说明自己的民族成分，随大流写了其他民族。20世纪60年代以后，迁移到得力其尔鄂温克民族乡的移民明显增多，鄂温克族人的传统文化（包括他们的母语）、生产和生活受到极大冲击和影响，具体体现在以下五个方面。①由于我国境内的鄂温克族没有本民族文字，得力其尔地区适龄的鄂温克族儿童都通过汉字汉语教学学习文化知识，甚至从幼儿时期就在幼儿园学习汉语拼音字母。②在生活区域内，广播、电视、电脑、手机也都使用汉语，参加工作的人们日常使用的各种文件、资料、报纸、书信等也都使用汉字。③当地鄂温克族同汉族通婚的人不断增多，他们的家庭用语开始自然而然被汉化，在日常生活中很少使用鄂温克语进行交流。④得力其尔地区城镇化居住格局不断成熟，过去较为集中生活的鄂温克族开始分散居住，有的甚至搬迁到汉族或其他民族较为集中生活的居住区，本民族间原来出门就见、朝夕相处的生活氛围和语言环境完全被打破。迁到以汉族汉语为核心的居民区后，使用母语的环境彻底被打破。⑤社会用语、市场用语、街道用语、公共场所用语也都变成汉语。在这些场所，很少见到使用母语的鄂温克族，就是遇到了也就说那么几句鄂温克语，或混合使用汉语和鄂温克语。所有这些，充分说明得力其尔地区的鄂温克语已成为严重濒危语言。现在，已经很难找到会说一口流利母语的鄂温克族青少年了，他们基本上都改说汉语或其他民族语了。中老年鄂温克族的母语功能也在急剧退化，日常用语中母语的使用率变得越来越低，更多的时候使用汉语。从这个角度来讲，当地鄂温克族几乎100%掌握了汉语。只有个别鄂温克族老人在他们的交流中说母语，且母语中有大量汉语和其他民族语借词。

由于得力其尔鄂温克语严重濒危，我们搜集的词汇里不免收入一些已

人口较少民族严重濒危语言抢救性研究 (全二卷)
严重濒危得力其尔鄂温克语研究

成为该语言词汇组成部分的汉语借词,特别是有关新事物的名称或叫法上用了不少汉语借词。另外,我们在搜集整理的词汇和会话资料里还将那些对于一个事物的不同说法作为参考列入其中,目的是更好更多更全面地记录和抢救严重濒危得力其尔鄂温克语的词汇系统。在我们看来,对于同一个词义,同一个地区或同一个村落,甚至是同一个人,出现不同的说法确实十分有意思。毫无疑问,类似现象的出现,证明该语言的严重濒危程度。当然,这跟该民族语言由于严重濒危而出现不规范性、不稳定性、不完整性使用,以及借词的不断增加而出现语言混合使用现象等有必然联系。从这个角度来讲,我们也可以通过严重濒危得力其尔鄂温克语,进一步阐释一种语言到了严重濒危地步可能出现同一个词的多样化发音、同一个词义的多样化说法等特殊现象。然而,所有这些,都给该语言早期词汇的搜集整理带来不少困难和麻烦。我们在调研时,经常会遇到同一个村落的鄂温克人、同一个鄂温克族家庭成员、同一个发音合作人对同一个词的发音完全不同的情况。下面用一些具体例子进行说明。

(1) 同一个词义用不同说法表示的情况。例如,"猴"用 monio 和 saran 表示,"树叶"用 larqi、nabqi、nambar 表示,"卵巢"用 oñgë、sabë、tëkku 表示,"锹"用 kuldur、ëru、sëlun 表示,"驼鹿"用 tuoki 和 kandakan 表示,等等。可以看出,虽然两种或三种说法都表达同一个词义,但它们表现出完全不同的语音结构形式。其实,除此之外还有一些类似案例,在此不一一列举了。

(2) 同一个词义用单纯词和合成词同时表示的情况。例如"本子"用 dëbtëlin 和 jurir bitigë 表示,"乞丐"用 gorenqi 和 gia utë 表示,"小便"用 qikënën 和 tuollë juurën 表示,"兄弟"用 akunur 和 akin nëkun 表示,"小雪"用 kiaramqi 和 niqukun yamën 表示,"姐妹"用 ëkunur 和 ëkin nëkun 表示,等等。

(3) 同一个词义用固有词和固有词加注两种方式表示的情况。例如,"天"用 bo 和 wëyilë bo 表示,"杨树"用 olë 和 olë moo 表示,"秋季"用 bolë 和 boleërin 表示,"聋子"用 koñgo 和 koñgo bëyi 表示,等等。

（4）同一个词义用合成词及由合成词演化而来的缩合词同时表达的情况。例如，"今天"用 ëriini 和 ënniyi 表示，"兄弟"用 akin dou 和 akdou，表示"二月"用 juurbee 和 juubee 表示，"慢性病"用 xilër ënëku 和 xilëku 表示，等等。

（5）同一个词义用借词和借词加注表示的情况。例如，"火车"用 kuoqë 和 kuoqë tërgën 表示，"菠菜"用 bësai 和 bësai nuwa 表示，"巴拉狗"用 baalë 和 baalë inikin 表示，"大米"用 dami 和 dami jëëktë 表示，"馒头"用 mantu 和 mantu ëwëën 表示，等等。

（6）同一个词义用固有词与借词共同表示的情况。例如，"乡"用 some 和 xiañ 表示，"屯"用 ailë 和 tuns 表示，"文件"用 alban bitigë 和 wënjen 表示，"对质"用 tuoluorën 和 duilërën 表示，等等。

（7）同一个词的不同发音中出现元音变异现象。例如，"狗崽"用 gulgu 和 gulgë 表示，"狗"用 in̠ikin 和 in̠akin 表示，"女的"用 ax̠e 和 ax̠i 表示，"智商"用 o̠ka 和 u̠ka 表示，"打"用 ma̠ndarin 和 mu̠ndarin 表示，等等。

（8）同一个词的不同发音中出现长元音与短元音对应现象。例如，"大浪"用 kurge̠el 和 kurge̠l 表示，"月"用 be̠e 和 be̠ 表示，"昨天"用 ti̠inu 和 ti̠nu 表示，"二岁牛"用 itëën 和 itën 表示，"家"用 ju̠u 和 ju̠ 表示，等等。

（9）同一个词的不同发音中出现词尾元音弱化与非弱化现象。例如，"学习"用 tatiran 和 taqirën 表示，"大坝"用 dalinku 和 dalinkë 表示，"夜间"用 oreko̠ 和 orekë̠ 表示，"角落"用 nuoqu̠ku 和 nuoqu̠kë 表示，等等。

（10）同一个词的不同发音中出现词中或词尾元音保留与非保留现象。例如，"狐狸"用 suoliki 和 suolki 表示，"乌鸡"用 tëgëlën 和 tëglën 表示，"锁头"用 anëku 和 anku 表示，"脾"用 dëliki 和 dëlki 表示，"追上"用 bokonën 和 boknën 表示，"禁止"用 pabulërën 和 pablërën 表示，等等。

（11）同一个词的不同发音中出现辅音变异现象。例如，"荒原"用 k̠ëwër 和 h̠ëvër 表示，"田野"用 k̠udë 和 h̠udë 表示，"变瘦"用 k̠ëqirën 和 h̠ëqirën 表示，"河边"用 këq̠i 和 këx̠i 表示，"九"用 yëy̠in 和 yëg̠in 表示，

V

等等。

（12）同一个词的不同发音中出现辅音脱落与不脱落现象。例如，"天灾"用 bogtam 和 botam 表示，"岛屿"用 baakqian 和 baaqia 表示，"家族长"用 mokunda 和 mokuda 表示，"挨收拾"用 xiibkëwurën 和 xiikëwrën 表示，等等。

（13）同一个词的不同发音中词尾出现不同语音结构形式。例如，"云"用 tuqqi 和 tugsë 表示，"生命"用 ërgën 和 ërgëqen 表示，"辈分"用 jalanga 和 jalan 表示，"骨头"用 giarëndë 和 giariñgi 表示，"话语"用 ugë 和 uyi 表示，等等。

以上 13 种类型的同一个词义的不同语音表现形式充分说明该语言处于严重濒危状态，也充分证明该语言因严重濒危而出现某些词的使用不统一、不规范、不稳定、不确定等问题。我们搜集整理得力其尔鄂温克语现存基本词汇时，把同一个词义的不同说法、不同语音结构类型、不同发音现象等尽量一同收入本书内。不过，不具代表性或使用率太低的实例没有纳入进来。我们认为，在那些有不同发音或不同语音结构的词里，除了有一些借词和音译加注词，可能有一些属于通古斯语支语言或满通古斯语族语言甚至阿尔泰语系的同源词或共有词。总之，我们对得力其尔鄂温克语基本词汇进行搜集整理时，在词汇使用方面遇到极其复杂的、变化多样的问题。所有这些，给我们实地调研带来不少麻烦和困难，也对我们进一步了解严重濒危语言的词汇结构特征、词汇使用关系、词汇系统的变化等产生重要的影响。

三

得力其尔鄂温克语语音系统比较复杂，这种复杂性同该语言已经进入严重濒危状态有关系。许多词汇的语音现象处于经常变换状态，处于一个活动性、可变性和非稳定性的语音结构之中。所以，对该语言的语音系统进行归纳整理是一个十分复杂的学术问题。尽管如此，我们充分发挥多年从事濒危语言研究的丰富经验，经过反复多次调研和听发音合作人的声音，最后整理出了该语言的语音系统。

（一）得力其尔鄂温克语语音系统

得力其尔鄂温克语语音系统中，元音有 a [a]①、e [e]、i [i]、ĕ [ə]、o [o]、ö [ɵ]、u [u、ʉ]、ÿ [y] 8个，辅音有 b [p]、p [pʻ]、m [m]、d [t]、t [tʻ]、n [n、ŋ̭]、l [l]、r [r]、s [s]、g [k]、k [kʻ]、h [x]、ñ [ŋ]、j [ʧ]、q [ʧʻ]、x [ʃ]、w [w]、y [j] 18个（见表1）。

表1　得力其尔鄂温克语元音和辅音

序号	转写形式	国际音标	序号	转写形式	国际音标	序号	转写形式	国际音标
1	a	a	11	l	l	20	x	ʃ
2	b	p	12	m	m	21	t	tʻ
3	q	ʧʻ	13	n	n	22	u	u
4	d	t			ŋ̭			ʉ
5	e	e	14	ñ	ŋ	23	w	w
6	ĕ	ə	15	o	o	24	y	j
7	g	k	16	ö	ɵ	25	ÿ	y
8	h	x	17	p	pʻ	26	j	ʧ
9	i	i	18	r	r			
10	k	kʻ	19	s	s			

（二）得力其尔鄂温克语元音发音部位及相关情况说明

1. 得力其尔鄂温克语元音发音部位及方法

（1）a ➡ 展唇后高元音 [a]

（2）e ➡ 展唇前次高元音 [e]

（3）i ➡ 唇前高元音 [i]

（4）ĕ ➡ 展唇央中元音 [ə]

---

① 符号 [ ] 中的是得力其尔鄂温克语字母的国际音标发音形式。

VII

(5) o ⇒ 圆唇后次高元音 [o]

(6) ö ⇒ 圆唇后次高元音 [ɵ]

(7) u ⇒ 圆唇后高元音 [u] 及圆唇高央元音 [ʉ]

(8) ẏ ⇒ 圆唇前高元音 [y]

2. 得力其尔鄂温克语元音相关情况说明

(1) 元音 a、i、e、o 与国际音标的 [a]、[i]、[e]、[o] 保持高度一致。在发音部位和方法上，没有明显的区别性特征。

(2) 元音 ë 与 ö 分别替代了国际音标中的央元音 [ə] 和 [ɵ]。这只是考虑到国际音标 [ə] 与 [ɵ] 的写法及电脑处理的复杂性。非语言学专业的人不太熟悉国际音标中的这两个元音，所以就用 ë 和 ö 取代了 [ə] 与 [ɵ] 的转写形式。

(3) 元音 u 在实际发音中具有 [u] 与 [ʉ] 两个音的发音形式。这是因为，该语言的严重濒危导致人们难以辨别 [u] 与 [ʉ] 的区别，认为它们的发音部位和方法基本一致。在通古斯语支语言里，[u] 属于阳性元音，用于由阳性元音为主构成的词；而 [ʉ] 属于阴性元音，用于由阴性元音或中性元音为主构成的词。然而，在得力其尔鄂温克语里这两个元音的区别性特征已经消失，发音变得基本一致。

(4) 元音 ẏ 属于圆唇前高元音 [y]，考虑到辅音有舌尖中浊擦音，j 的转写形式由 y 音取而代之，所以圆唇前高元音 [y] 用 ẏ 音替代。

(5) 得力其尔鄂温克语里除了以上提到的 a、ë、i、e、o、ö、u、ẏ 8 个短元音之外，还有 aa、ëë、ii、ee、oo、öö、uu 7 个长元音，以及 ia、ie、ië、iö、iu、io、ua、uë 等复合元音。而且，受汉语语音影响，该语言中复合元音的使用率不断提升，元音和谐率也变得比较弱。

（三）得力其尔鄂温克语辅音发音部位及相关情况说明

如表 1 所示，得力其尔鄂温克语有 p、p'、m、t、t'、n（n、ŋ）、l、r、s、k、k'、x、ŋ、ʧ、ʧ'、ʃ、w、j 18 个辅音。在这里，为了转写方便，由 b、p、m、d、t、n、l、r、s、g、k、h、ñ、j、q、x、w、y 18 个字母替代了该语言的辅音系统。

前　言

1. 得力其尔鄂温克语辅音发音部位及方法

（1） b ➡ 双唇不送气清塞音 ［p］

（2） p ➡ 双唇送气清塞音 ［p'］

（3） m ➡ 双唇浊鼻音 ［m］

（4） w ➡ 双唇浊擦音 ［w］

（5） s ➡ 舌尖前清擦音 ［s］

（6） d ➡ 舌尖中不送气清擦音 ［t］

（7） t ➡ 舌尖中送气清擦音 ［t'］

（8） n ➡ 舌尖中浊鼻音 ［n］及舌面前浊鼻音 ［ɲ］

（9） l ➡ 舌尖中浊边音 ［l］

（10） r ➡ 舌尖中浊颤音 ［r］

（11） g ➡ 舌面后不送气清塞音 ［k］

（12） k ➡ 舌面后送气清塞音 ［k'］

（13） h ➡ 舌面后清擦音 ［x］

（14） ñ ➡ 舌面后浊鼻音 ［ŋ］

（15） j ➡ 舌叶不送气清塞擦音 ［ʧ］

（16） q ➡ 舌叶送气清塞擦音 ［ʧ'］

（17） x ➡ 舌叶清擦音 ［ʃ］

（18） y ➡ 舌尖中送气清擦音 ［j］

2. 得力其尔鄂温克语辅音相关情况说明

（1）辅音 m、n、l、r、s、w 代表国际音标的 ［m］、［n］、［l］、［r］、［s］、［w］6个音。

（2）辅音 ［p］、［t］、［k］与 ［p'］、［t'］、［k'］只有送气和不送气之分，无清浊音区别，均属清音，不是浊音。因此，用不送气的浊塞音 ［b］、［d］、［g］取代了不送气的清塞音 ［p］、［t］、［k］，同时用不送气的清塞音 ［p］、［t］、［k］代替了送气的清塞音 ［p'］、［t'］、［k'］。由此，该语言的辅音里有了 b、d、g 与 p、t、k 的辅音转写形式。

（3）辅音 ［ʧ］和 ［ʧ'］在发音方法上存在送气和不送气区别，没有清浊音之分。所以用 j 替代了不送气的清塞擦音［ʧ］，用 q 代替了送气清塞擦音［ʧʻ］。

（4）辅音［ʃ］的转写形式是 x。

（5）辅音［ŋ］的转写形式是 ñ。

（6）辅音［j］的转写形式是 y。

（7）辅音［n］与［ɳ］的转写形式是 n。在该语言里，［n］与［ɳ］两个浊鼻音属于两个不同发音部位，只是考虑到转写与使用的方便，由 n 取代了［ɳ］音，结果在该语言内出现了 nia、nie、niĕ、nio、niö、niu 等由浊鼻音 n 开头的复合元音的使用现象。也就是说，我们把该语言的 ɳa、ɳe、ɳĕ、ɳo、ɳö、ɳu 转写为 nia、nie、niĕ、nio、niö、niu。

（8）该语言里有 rk、sk、ns、jk、jg 等辅音连用形式，以及 bb、mm、tt、nn、ll、rr、gg、kk 等辅音重叠使用形式。

（四）得力其尔鄂温克语词汇及会话资料的相关说明

最后还要说明的有以下几点：①得力其尔鄂温克语词汇均用汉语对照说明了词义，词义丰富的解释得多一些，词义简单的只是做了对译解释。但是，考虑到篇幅，有的词义解释只用了具有代表性的词义解释。②为了汉语词汇索引编写的方便，制作汉语词汇索引时，我们从得力其尔鄂温克语词汇中选取了具有代表性的说法。③词汇按照名词、数量词和方向方位词、动词、代词词汇、形容词、虚词的顺序排列。其中，名词按照自然界词汇、时间词汇、动植物词汇、家族家庭词汇、人体结构词汇、社会文化词汇、生活用品词汇顺序排列。④在名词、数词、形容词、动词等词汇系统里，尽量省去了大量派生而来的词汇实例。⑤动词的终止形属于现在将来时形态变化语法现象。⑥虚词部分只收入了使用率高、使用面广、有一定代表性的副词、连词、助词等。⑦借词里除常用的汉语、满语、蒙古语借词外，还有极其个别的早期俄语借词等。⑧该语言里有相当数量的多义词，但本书只选用了具有代表性的词义，存在同一个词有几种汉译的现象。⑨得力其尔鄂温克语词汇中，同一个词义有不同说法时用斜线"/"符号分开，并按照使用率高低作了排序。⑩词汇中还收入了单纯词、合成词、音译加注词、借词等一同表示某一词义的极其特殊的案例，以此说明得力其尔鄂温克语语用现象的复杂性，以及严重濒危状态下出现的词用不规范、不稳定等现象。

第一部分
得力其尔鄂温克语基本词汇

一 名词

1. 自然界词汇

序号	汉语	得力其尔鄂温克语
1	天、地	boga/bo
2	天	wěyilě bo
3	地	ërgilě bo
4	田野、野地、野外	kudě
5	野外、荒野	kudě bo
6	荒原	këwër/hëvër
7	太阳	xiwěn
8	光线、光、阳光	ilaan
9	曙光、黎明、亮光	gěvěn
10	光明、光亮	gěvě
11	红霞、晚霞	waligan
12	空气	sudun
13	月亮	biagě

续表

序号	汉语	得力其尔鄂温克语
14	星星	oxiktë
15	水星	muo oxiktë
16	木星	moo oxiktë
17	金星	altan oxiktë
18	土星	tukul oxiktë
19	火星	tuo oxiktë
20	北斗七星	nadën oxiktë
21	三星	yalën oxiktë
22	启明星	sompon oxiktë
23	北极	madër
24	风	ëdin
25	初春的风	suyë ëdin
26	北风	amila ëdin
27	北方的风	amilani ëdin
28	背后的风	amigu ëdin
29	后来刮起的风	amiguti ëdin
30	西南风	dagëm ëdin
31	西北风	sulgi ëdin
32	暴风、大风	haagin
33	呼啸而来的大风	kaagin
34	旋风	suye ëdin
35	风势	ëdimun
36	云	tukqi/tugsë
37	雾	tamën/tamun

续表

序号	汉语	得力其尔鄂温克语
38	薄雾	tamnaktë
39	烟雾	manën
40	闪电	talen
41	雷	agdi/ayë
42	雷鸣	agdira
43	雨	uodën
44	小雨	niqukun uodën
45	细雨	namira uodën
46	大雨	ëgduo uodën
47	阵雨	konnër uodën
48	毛毛雨	borën uodën
49	急雨	turugun uodën
50	雪	yamën
51	零散小雪、小雪	kiaramqi
52	小雪	niqukun yamën
53	大雪	ëgduo yamën
54	暴风雪	xiorgan
55	霜雪	suugin
56	小冰雹	mundur
57	大冰雹	buowan
58	特大冰雹	buona
59	彩虹	xiiran
60	彩虹	quorën
61	拂晓	nëërin

续表

序号	汉语	得力其鄂温克语
62	金子	altë
63	铜	gegi
64	银子	mëwën
65	铅	tuuna
66	铁料、铁石、铁	kasuo
67	铁	sël
68	锈、铁锈	jib
69	玛瑙	maanu
70	土、土壤、土地	tukul
71	尘土、飞尘	tuallë
72	土块儿	dañgal
73	活动的土层、尘土	xiraktan
74	土坑	xirañku
75	塔头墩子	botuol
76	沙子	xirtal
77	沙丘、沙岗、沙坨	mañka
78	戈壁	gowi
79	火	tuo
80	野火	jëgdë
81	荒火、大火、火灾	tuimër
82	火炭	xilëqi
83	烟	sañën
84	灰、火灰	ulëbtën
85	水	muo

续表

序号	汉语	得力其尔鄂温克语
86	清水	nëërin muo
87	清澈的水	tuñgu muo/tuñga
88	泉水	arëxen
89	温泉	ëkugdi arëxin
90	冰	ëmuoksë/ëmus
91	冰花	ëmuoksë ilga
92	好天、晴天	ayi ini
93	晴天	tuñga ini
94	阴天	tuqiqi ini
95	冻、霜冻、白露	gëkti
96	露水	sulugsë
97	寒露	boltarin sulugsë
98	霜	gilugsë
99	霜层	gilugun
100	旱	xirkë
101	江	murën
102	江河水转弯处	mërdën
103	冰川	buwë
104	大河	guolë
105	河	bira
106	小河	birakan
107	小细河、小流河	niqukun birakan
108	支流	sartal
109	河套	duo

续表

序号	汉语	得力其尔鄂温克语
110	河汊	ayan
111	河源处	sëbgen/sëggen
112	河源	sëkin
113	河流、流水	ëyën
114	激流	ëyëlgën
115	冰河上的流水	puge
116	上游	dërën
117	水面	muodil
118	水灾	uyir
119	大浪、大潮	kurgeel/kurgel
120	浪花	duolëgen
121	微小的浪花、宁静的浪花	namira
122	漩涡	hurgil
123	河边	këqi/këxi
124	河岸	ërgi
125	高高的河岸	nëëki
126	浅滩	hargi
127	河对岸	bargila
128	桥	kuorëg
129	渡河处	ëdëlgë
130	江流	murëlgën
131	大湖	nawën
132	小湖、泡子	amëji
133	瀑布	kuorum

续表

序号	汉语	得力其尔鄂温克语
134	海	dale/lamu
135	岛屿、海岛	baakqian/baaqia
136	海边、海岸	aran
137	沟子	alikan
138	大水沟子	golki
139	小水沟子	aimiji
140	壕沟	korwul
141	坑	sañaal
142	窟窿	ultuk
143	空间、间隙、边沿	jabkë
144	大坝	dalinku/dalinkë
145	石头	jolë
146	鹅卵石	ajen jolë
147	河流石	hairë jolë
148	玉石	has
149	青石	kukë jolë
150	火石	bor jolë
151	滚石	gunsuku
152	山	ur
153	岩山	hadë
154	矮山	nëktë ur
155	沙坡、半沙化的小山坡	hoñkër
156	大坡、大山岭、高大的山峰	dawa
157	下坡	hure

续表

序号	汉语	得力其尔鄂温克语
158	高山	guogdë ur
159	山顶	urni oroon
160	山尖	sugubqi
161	山丘	kumë
162	山沟	yokun
163	山根	urni kojor
164	山麓	bëlëg
165	山谷	hali
166	山阴面	bosuku
167	岭、关口	dawagan
168	山脊	kirëkë
169	山腰	duolimdër
170	阳坡	antëg
171	阴坡	bosug
172	峡谷	kabqirtu
173	高原	guogdë bo
174	山岭	jidën
175	兴安岭	ëgduo jidën
176	洼地、凹地	kobko
177	低洼处、洼地	konkor bo
178	低洼地、洼地	kowëg
179	平坦的洼地	narji bo
180	泉	bolar
181	背风处	lumur bo/numur bo

续表

序号	汉语	得力其尔鄂温克语
182	北方	amila bo
183	极北处	madĕn amila
184	原野、野外	kuodĕ
185	牧场、放牧地	bĕlqĕr
186	草甸子、草地	quahĕ
187	沼泽地、湿地	dĕrĕbun
188	野外、野地	kĕwĕr
189	山地拐弯处、山地弯处	morgin
190	季节	ĕrin
191	节气	ĕringi
192	春	nĕlkĕ
193	春季	nĕlkĕ ĕrin
194	初春	nĕlkĕktĕ
195	春风	nĕlkĕ ĕdin
196	春雨	wĕhulĕn
197	春分	nĕlkĕ duolin
198	冬眠的昆虫	ĕrĕgĕqin
199	惊蛰的日子	muduri dialĕ ugirir ini
200	小满	niqukun jalĕ
201	清明	hanxi
202	五月初五、端午节	sonja bee jaan toñgun
203	元宵节	kaqilĕn
204	谷雨	walhu
205	夏	juwu

续表

序号	汉语	得力其尔鄂温克语
206	夏季	juwu ërin
207	初立夏	juwuktë
208	小暑	niqukun ëkugdi
209	大暑	ëgduo ëkugdi
210	伏	fu
211	小满节气	niqukun jagal
212	芒种	tarigan tarir ërin
213	夏至	juwu dulin
214	六月的夏季	niqukunjuwu
215	七月的夏季	ëgduo juwu
216	头伏	toufu
217	秋	bolë
218	秋季	bole ërin
219	初秋	bolëktë
220	处暑	ëkugdib ërin
221	处暑节气	xixiktë gadar ërin
222	冬	tuwu
223	冬季	tuwu ërin
224	初冬	tuwuktë
225	冬至	tuwu duolin
226	小寒	niqukun inigdë
227	大寒	ëgduo inigdë
228	背阳、阴面	xirëmong bo
229	黄昏	lurgëre
230	天灾	bogtam

2. 时间词汇

序号	汉语	得力其尔鄂温克语
1	早先	ëtë
2	前世	julë
3	先前	nuode
4	时间	ërin
5	古时候、早期	ayikti
6	百年、世纪	namaaji añgë
7	亿年	jalën añgë
8	过去时间	nuokte
9	当今、现代	ëxiktën
10	现代	ëxikti
11	年	añgë/jilë/ane
12	新年	irkin añgë
13	今年	ërë añgë
14	明年	guoqin añgë
15	来年	ëmër añgë
16	去年	tiañgë añgë
17	鼠年	aqikqan añgë
18	牛年	ukur añgë
19	虎年	bar añgë/tasag añgë
20	兔年	tauli añgë
21	龙年	lau añgë/muduri añgë
22	蛇年	kolian añgë
23	马年	morin añgë
24	羊年	konin añgë

续表

序号	汉语	得力其尔鄂温克语
25	猴年	monio añgë/saranañgë
26	鸡年	kakara añgë
27	狗年	inikin añgë
28	猪年	uolgian añgë
29	闰年	anagën añgë
30	本历年	jilë iir añgë
31	丰收年、吉年、好年	ayi añgë
32	富裕年	ëlbur añgë
33	整年	añgë tiabë
34	月、月份、月经	beegë
35	正月	ane bee
36	一月	ëmu bee
37	二月	juur bee
38	三月	yalën bee
39	四月	diyin bee
40	五月	sonja bee
41	六月	niñun bee
42	七月	nadën bee
43	八月	jakun bee
44	九月	yëyin bee
45	十月	jaan bee
46	十一月	oxin bee
47	十二月	jorhun bee
48	腊八	laaba ini

续表

序号	汉语	得力其尔鄂温克语
49	腊月	jorwěn bee
50	月初	bee ěki
51	月中	bee duolin
52	月底	bee maděn
53	今天	ërë ini/ënni
54	明天	qimaqin
55	昨天	tiinu
56	次日	dahi ini
57	第一天	ëmuki ini
58	第二天	juurki ini
59	第三天	yalëki ini
60	前天	tiinu julidë ini/tiyan ini
61	大前天	tiyan julidë ini
62	后天（复合词）	qimaqin saawu ini/qiman julidë ini
63	后天（单纯词）	saawuli/qiawuli
64	大后天	saawu ini qiawuli
65	末日	madar ini
66	成天、整天	initiabë
67	当天	inidi
68	中午	ini duolin
69	上午	ini julë
70	下午	ini amila
71	黎明	gëgë
72	破晓	nëëril

续表

序号	汉语	得力其尔鄂温克语
73	清晨、清早	tiamur
74	早晨	ërdë
75	白天	ini
76	每天、天天	ini talan/ini ini
77	夜	ore
78	夜间	oreko
79	傍晚	deldë
80	晚、夜晚时间	onji
81	夜晚	dualbë/duolbën
82	半夜、深更半夜	dualbën duolin
83	整夜、彻夜	dualbëntiabë/dualbënku
84	一天一夜、一昼夜、24小时	hono/honor
85	除夕	butu
86	眼前、当下	yaasël julë
87	现在	ëxi

3. 动植物词汇

序号	汉语	得力其尔鄂温克语
1	树、木	moo
2	红松	kurëktë
3	樟松	jagdë
4	松树、落叶松	irëktë/irëktë moo
5	榆树	kailasun
6	香樟	nikëqa

续表

序号	汉语	得力其尔鄂温克语
7	白桦树	qaalban
8	杨树	olë/olë moo
9	黑桦	tiagur
10	小黑桦树	qërgënqi
11	柳树	qurën/kuotëgan
12	柳条	burgan/bargas
13	细小的柳树	jixiktë
14	红柳树	xirëktë
15	黑柳树	gagdun
16	空心柳	bohoñkur
17	空心树	kuktë
18	都柿树林	jirëktë moolan
19	杏树	guilës moo
20	榛子树	xixikur
21	枣树	xiabëktu
22	果树	tëbigë moo
23	稠李子树	iñëktë moo
24	山丁子树	uliktë moo
25	都柿树	jirëttë moo
26	野玫瑰树	hakuktë moo
27	山里红树	oñpur moo
28	柞树	qaañkur
29	皮、树皮、水果皮	kaliksu/kalisun
30	桦树皮	talë

15

续表

序号	汉语	得力其尔鄂温克语
31	树叶	larqi/nabqi/nambar
32	树杈	lawa
33	树皮	kalir/karis
34	树包、树疙瘩	iktë
35	树疮	jalëktë
36	树墩	nuhuñkë/nuhuktë
37	树根	niimtë
38	竹子	sousë
39	木灰、木炭	yaagë
40	花	ilga
41	红花	walirin ilga
42	百合花	jauloñku ilga
43	凤仙花	lina
44	野玫瑰花	hakuktë
45	果、水果	tëbigë
46	果仁	turbi
47	枣	xiabëg
48	稠李子	iñëktë
49	山丁子	uliktë
50	都柿	jirëktë
51	杏子	guilës
52	橡子	oxihëktë
53	榛子	xixiktë
54	山里红	oñpur

续表

序号	汉语	得力其尔鄂温克语
55	花生	huaxĕn
56	葫芦	kuotĕ
57	芦苇	kuolĕsĕ
58	艾蒿	xewu
59	柳蒿芽	kumbil
60	麻	uotoktĕ
61	亚麻	xiantĕ
62	草	uoroktĕ
63	荒草	kardĕn/kagi uoroktĕ
64	牧草、草料、干草	kianĕ
65	香草	kujiktĕ
66	车前草	morintorĕ uoroktĕ
67	乌拉草	naurĕs
68	蒲公英	kilgan/sergel
69	蝙蝠草	suadĕlqi uoroktĕ
70	苦草	lĕmbĕ
71	花瓣	ilga kĕltĕs
72	草莓	gujun
73	刺木果	hakuktĕ
74	树节	uyi/garĕ
75	植物外皮	kalimsu
76	植物薄皮	niqukĕn kalimsu
77	根	niintĕ/undus
78	根、根源	hojor

17

续表

序号	汉语	得力其尔鄂温克语
79	谷	alëkan
80	生命	ërgë
81	动物	ërgëqin
82	野兽	gurës/gurësun
83	牲畜、牲口	adsun
84	许多牲畜	adus
85	象、大象	sawon
86	狮子	assëlën
87	母狮	miartë
88	虎	bar/tasag
89	熊	ëtërkën
90	兔	taoli
91	龙	lau/mudur
92	蛇	huolian
93	猴	monio/saraën
94	狼	guskë
95	狐狸	suoliki/suolki
96	獾子	ëwëër
97	猞猁	tijike
98	龟	kabil
99	犴达罕、驼鹿	tuoki/kandakan
100	鹿	bowu
101	四不像、驯鹿	oroon/kuomakan
102	母鹿	suwan

续表

序号	汉语	得力其尔鄂温克语
103	鹿茸、鹿角	pëntu
104	鹿胎	walugu
105	鹿崽	yanjikan
106	猫	këkë
107	猪	uolgian
108	公猪	hao uolgian
109	野猪	torëki
110	公野猪	aidar
111	母猪	mëgëji
112	猪崽	jiljigë
113	猪鬃	uolgian baktë
114	獐子	nikqia
115	蝙蝠	ëlirdën
116	麝	nikqia
117	猎鹰	xiwu/muri
118	猫头鹰	umilë
119	沙半鸡	ituo
120	野鸡	korwël
121	喜鹊	saajige
122	鸡	kakara
123	鸡冠	dëlëgen
124	公鸡	annankakara/aminan kakara
125	母鸡	ënnën kakara/ëminan kakara
126	小鸡	qurqu

续表

序号	汉语	得力其尔鄂温克语
127	鸟	dëgi
128	林中小鸟	oriakqin
129	家雀、麻雀	dargunda
130	小鸟	jiljimar
131	鹅	gaakë
132	天鹅	urqian
133	老鹰	mëëgë/murigqi
134	乌鸦	waahu
135	小喜鹊	saajigenga
136	啄木鸟	tontuke
137	大雁	nonniki
138	燕子	gaarëqi
139	鸭子	nonniqian
140	小绿鸟	qirqalë
141	飞龙	kugdë
142	乌鸡	tëgëlën/tëglën
143	凤凰	pënkuan dëgi
144	鼠	aqikqan
145	飞鼠	isuke
146	灰鼠	wuliki
147	松鼠	ulike
148	青蛙	ërihë
149	虫子	kuolikan
150	跳蚤	suarë

续表

序号	汉语	得力其尔鄂温克语
151	虮子	uoktë/uogul
152	虱子	kuñkë
153	蛆虫	hutë/huñuul
154	蝴蝶	bëëlbëte
155	蚂蚱	qerqikun
156	蚂蚁	suigal
157	蜘蛛	aataki
158	蟑螂	altën kuolikan
159	臭虫	walirën ëru waaqi kuolikan
160	蚕	amangër/amanër kuolikan
161	刺猬	xiañëktë
162	鱼	okqon/olo
163	小鱼	niqia
164	草根鱼	murug
165	狗鱼	quolë
166	细鳞鱼	jëbkë
167	鲇鱼	daaki
168	小鲇鱼	dualtë
169	鱼子	tusë/qurgi
170	鱼鳞	halgin
171	鱼刺	hosëg/hausë
172	水獭	kërluo
173	蜜蜂	juwuktë
174	马蜂	suobaikë/suobëktë

续表

序号	汉语	得力其尔鄂温克语
175	苍蝇	dilhuon/dilwë
176	蚊子	narmëktë/garmëktë
177	狗	inikin/inakin
178	母狗	ukëqën inikin
179	巴拉狗	baalë/baalë inikin
180	公狗	xirga inikin
181	狗崽	gulgu/gulgë
182	四眼狗	durbë
183	大象	xiañ
184	黄羊	jëgrën
185	狍子	giiqën
186	母狍	ënnë giiqën
187	公狍	gurën giiqën
188	驴	ëljig/ëigën
189	骡子	luosë
190	羊	konin
191	小羊	kurbë
192	山羊	ima
193	小山羊	ixki
194	一岁山羊	qorbo
195	马	morin
196	骟过的马	aktëqa morin
197	种马	adirgë
198	黑背土灰马	golqi xaral morin

续表

序号	汉语	得力其尔鄂温克语
199	黑马	kěirě morin
200	烈性子马	dukqin morin
201	白鼻梁马	měnkěnqi morin
202	纯白马	suaral morin
203	浅黄色马	owungo morin
204	青花马	kular morin
205	青马	gěěn walirin morin
206	枣红马	jěěrdě morin
207	白尾枣红马	qiankar morin
208	白肚花马	alar morin
209	白马、白肚花马	giltirin morin
210	白尾枣红马	qokěr morin
211	斑青马	běděrqi morin
212	红马、青马	walirin morin
213	金黄毛色的马	ullěr morin
214	儿马	adirgě morin
215	走马	joru morin
216	刚刚出生的小马	inagan
217	一岁的小马	noohan
218	二岁的小马	wanagan
219	二岁的公马	qerpelě
220	三岁的马	gonan morin
221	四岁的马	duněn morin
222	五岁的公马	aulan morin

23

续表

序号	汉语	得力其尔鄂温克语
223	牛	ukur
224	牤牛	bakë
225	犍牛	ërgëël
226	乳牛、母牛	unëgën
227	一岁的牛犊	tokqian
228	二岁的牛犊	itëën/itën/biru
229	二岁公牛	itëën bakë
230	二岁母牛	itëën unëgën
231	三岁的牛	gonan
232	五岁的公牛	taulan ukur
233	骆驼	tëmë
234	小骆驼	tuigë
235	动物角	iigë
236	马鬃	dëlbur
237	马尾鬃	kilgas
238	蹄子	turo
239	铁掌	tak
240	翅膀	axike
241	外壳	kuoltës
242	毛	yañëktë
243	皮	nannë
244	羊羔皮	kurbëkqi
245	尾巴	irgë
246	干羊粪	uoktë

续表

序号	汉语	得力其尔鄂温克语
247	羊群	konin surgë
248	马群	morin surgë

4. 家族家庭词汇

序号	汉语	得力其尔鄂温克语
1	部落、族根	mokun
2	辈分	uyi
3	辈、辈分、世代	jalën
4	下一代	daki jalën
5	代代	jalën jalën
6	岁数、年龄	nasë
7	岁数	baa
8	周岁	baar
9	两岁	juur baakqi
10	属性、属年、黄历	jilë
11	人	bëyi
12	人口	añgël
13	人们	bëyisul
14	男人、丈夫	niro/niro bëyi
15	女人	axebëyi
16	祖宗	kojoor/ojoor
17	爷爷	yëyë
18	奶奶	tete

续表

序号	汉语	得力其尔鄂温克语
19	父亲	aba/ama/amin
20	母亲	meme/ëmë/ënin
21	大爷、伯父	ëgduo aba
22	大娘、伯母	ëgduo mëmë
23	大娘	ëgduo ënin
24	叔叔	niqukun aba
25	婶	niqukun mëmë
26	继父	amigu aba
27	继母	amigu mëmë
28	姥爷、外祖父	naajil yëyë
29	姥姥、外祖母	naajil tete
30	岳家	kadam
31	岳父	kadam aba
32	岳母	kadam mëmë
33	舅哥	kadam aka
34	舅嫂子	kadam bërgën
35	亲家父	huada
36	亲家母	huadagu
37	干爹	taakqa aba
38	干娘	taakqa mëmë
39	姑姑	nene
40	姑夫	guyë
41	大姑、大姨	nainë
42	大姑夫、大姨夫	nainëba

第一部分 得力其尔鄂温克语基本词汇

续表

序号	汉语	得力其尔鄂温克语
43	娘家	naajil
44	舅舅	naaqu
45	舅母	axe naaqu
46	三从亲	kayali
47	三从亲兄弟	kayali akunur
48	三从亲姐妹	kayali ëkunur
49	初生婴儿	kutam
50	孩子	urël/niqukur
51	婴儿、小孩、儿童	kuukan
52	私生子	nagël utë
53	养子	irgiqë utë
54	儿子	utë
55	次子	juurki utë
56	大儿子、长子	ëgduo utë
57	姑娘	unaji/kutë
58	女儿	kuukan
59	次女	juurki unaaji
60	男孩	urkëkën/nono
61	青年	jalu
62	老头	ëtëkën
63	老太婆	atakan
64	老婆	ëtëyi
65	哥哥	aka/akin
66	大哥	ëgduo akin

27

续表

序号	汉语	得力其尔鄂温克语
67	小哥	niqukun akin
68	姐姐	ëkë/ëkin
69	姐夫	auxe
70	弟弟	nëkun/urkëkën nëkun
71	妹妹	unaaji nëkun
72	大舅	amikan
73	大舅妈	ënikën
74	妯娌	wayal
75	嫂子	bërgën
76	弟媳	nëkun kukin
77	连襟	bajali
78	侄儿	jÿy utë
79	侄女	jÿy unaaji
80	孙子	uomële
81	孙女	unaji uomële
82	重孙子	do uomële
83	重孙女	do unaaji uomële
84	妹夫	nëkun kurëkën
85	外甥	jë utë
86	外甥女	jë unaaji
87	外孙子	jë uomële
88	外孙女	jë unaaji uomële
89	兄弟的孩子、叔伯的孩子	uyële
90	叔伯兄弟	uyële akunur

续表

序号	汉语	得力其尔鄂温克语
91	叔伯姐妹	uyële ëkunur
92	姑表亲	taara
93	表哥	taara akin
94	表姐	taara ëkin
95	表弟	taara nëkun
96	表妹	taara unaaji nëkun
97	表嫂	taara bërgën
98	姑表亲、姐弟的孩子	taarale
99	姑舅兄弟	taarale akunur
100	姑舅姐妹	taarale ëkunur
101	两姨亲、姐妹的孩子	bulëre
102	姨表兄	bulë akin
103	姨表姐	bulë ëkin
104	两姨兄弟	bulëre akunur
105	两姨姐妹	bulëri ëkunur
106	堂兄弟	uyële akunur
107	堂姐妹	uyële ëkunur
108	姐弟的孩子	taaraleqin
109	女婿	hurëkën
110	小舅子	bënër
111	小姨子	unaaji bënër
112	丈夫	ëdi
113	媳妇	axe/kukin
114	妻子	girki

续表

序号	汉语	得力其尔鄂温克语
115	老太太	sagde
116	老头子	ëtuoku
117	矮个子	nëktë bëyi
118	主人、商铺老板、公司老板	jañgude
119	别人	ëntu bëyi
120	亲戚	balqa
121	血缘	ënqë
122	远亲	gorë balqa
123	近亲	dagë balqa
124	同辈	ëmun wëiki/wëiki
125	辈分、世代	jalanga/jalan
126	长辈	ëgduo jalan
127	小辈	niquhun jalan
128	先辈	ëtë jalan
129	兄弟	akunur
130	姐妹	ëkunur
131	好朋友	wajali
132	大人	ëgduobëyi
133	小人	niqukun bëyi
134	老人	sagde bëyi
135	年轻人	jalu bëyi
136	寡妇	nawën
137	聋子（单纯词）	koñgo
138	斜眼者	kialun

续表

序号	汉语	得力其尔鄂温克语
139	结巴、口吃者	kĕlgi
140	夜猫子、夜游者	dualbin
141	朋友	guqi
142	同伙	kuohi
143	孤独一人、单身	ëmëhëji/gooñgu
144	孤儿	wĕnqin ut
145	后代	amila jalan
146	客人、游客、远方的客人	ayinqi bëyi

5. 人体结构词汇

序号	汉语	得力其尔鄂温克语
1	生命	ërgë
2	生命、命运	ërgën/ërgëqen
3	动脉	ërgël
4	血脉、脉络、血管	suadël
5	心血管	ërgë suadël
6	头	delë
7	后脑勺	nuokul
8	太阳穴	qoku
9	头发、辫子	nuoktë
10	头旋	kuorgel
11	脑门、额头	mañgil
12	额头长发	gëkulian

31

续表

序号	汉语	得力其尔鄂温克语
13	头皮屑	kalëmë
14	骨头	giarëndë/giariñgi/jialiñgi
15	骨节、骨架子	muoji
16	骨膜	kalin
17	骨缝	jalë
18	骨盆	souji
19	踝骨	ayubkan
20	关节	uyi
21	筋	suomul
22	皱纹	honesun
23	眼眉	samiktë
24	眼睛	yaasël
25	眼皮	kurmuktë
26	双眼皮	dabkur kurmuktë
27	眼珠	anakan
28	眼眶	wërën
29	眉毛	sarmiktë
30	泪水	namëktë
31	脸	dërël/dëllë
32	耳朵	xeenë
33	耳垂	xeenëyi larqi
34	耳鼓膜	xeenëyi kalisun
35	耳屎	kolgin
36	鼻子	neensë

续表

序号	汉语	得力其尔鄂温克语
37	鼻翅、鼻尖	neensëyi kujur
38	嘴、口	añgë/amë
39	嘴唇	uodoro/kuoruolë
40	牙	iiktë
41	舌头	yiñni
42	腮帮子	jejilun/dargë
43	下巴	ëru
44	鬓角	quoku
45	喉咙、食道	kuomë
46	喉结	birgal
47	下颌	jëyi
48	食道	kujumu
49	皮肤	nannë
50	器官	bigar
51	胸脯	këñgër
52	内脏	duolaki
53	心脏、胆量、胆略	miagan
54	肝脏	aakin
55	肺	uotë
56	肾、腰子	bosëktë
57	脾	dëliki
58	胰	hamë
59	胰腺	dëëkin
60	胆	xiliktë/tiyilë

续表

序号	汉语	得力其尔鄂温克语
61	膀胱	kuodës
62	精子	amir
63	卵	urë
64	肠	xuoluktë
65	大肠	barwon xuoluktë
66	血	sëksë
67	主动脉	barwon suadël
68	乳房	ëkun
69	乳头	tomin
70	肚子	gudu
71	肚脐	quñgur
72	胃	gujë
73	小肚子	niquhun gujë
74	肩膀	miiri
75	胳膊	niqë/naali
76	胳臂肘	inqën/ishë
77	脖子	kuju
78	筋骨、筋节、青筋	sumultu
79	痣	bëlëg
80	后背	darëmë
81	腋、腋下	uono
82	脊梁	golomtë
83	后背、脊背	arkën
84	腿	bëldir

续表

序号	汉语	得力其尔鄂温克语
85	大腿部分	ogëni
86	粗大腿	barwon owu
87	屁股	añgër
88	男性生殖器	bëldëg
89	睾丸	atmal
90	女性生殖器	kokër/kokë
91	卵巢	oñgë/sabë/tëkku
92	骨髓	oumun
93	手	naalë
94	手掌	naalëwën
95	指头	uonakan
96	手指	naalë uonakan
97	指甲	uxiktë
98	手指甲	naalë uxiktë
99	手心	naalë iha
100	拇指	ëgduo uonakan
101	食指	ullir uonakan
102	中指	duolin uonakan
103	无名指	gërbi aaqin uonakan
104	小拇指	suidus uonakan
105	指纹	quñgur/uqir
106	拳头	babu/babug
107	脚	bëldir
108	小脚	goiqi

续表

序号	汉语	得力其尔鄂温克语
109	脚背	uorum
110	脚板、脚掌、脚底、脚印	algën/walë
111	脚板、脚掌	bëldiryi algën
112	腿肚子	bolqiktë/bëldiryi bustë
113	脚印	waji
114	大腿	ogë
115	脚后跟	bëldiryi niintë
116	汗水、汗	nëëxin
117	湿气	xiwëkqi
118	尿	qikën
119	粪、屎	amën
120	鼻涕	ilakqi/ilësë
121	口水	xulus/xulusun
122	痰	tomin
123	脚汗、手汗	xiwër
124	假脚	ëluoku bëldir
125	假牙	ëluoku iiktë
126	假发	ëluoku nuuktë
127	斑点	bëdër
128	痦子	bëlëg
129	疮、癞疮	këtës
130	黄皮疮	qektë
131	淋巴	darëg
132	白内障	mañku yaasël

续表

序号	汉语	得力其尔鄂温克语
133	近视眼	kakara yaasël
134	胡须	guargëktë
135	长胡须	kusëm
136	辫子	ilqan
137	样子	duru/durun
138	模样、长相	durusun
139	形体、形状、形象	arbun
140	身体、身材、体貌	bëyi
141	生相、出生	balli
142	姓	kalë
143	名字	gërbi

6. 社会文化词汇

序号	汉语	得力其尔鄂温克语
1	原始社会	balingir nëiyim
2	早期社会	nuokte nëiyim
3	农奴社会、黑暗社会	balmat nëiyim
4	封建社会	boligir nëiyim/butugir nëiyim
5	资本主义	kuruñgugir nëiyim
6	社会主义	nëiyiñgir nëiyim
7	新社会	irkekin nëiyim
8	新时代	irkin ërin
9	氏族	mokun

37

续表

序号	汉语	得力其尔鄂温克语
10	民族	aimën
11	人民	irgën
12	国家	gurun
13	省	moji
14	城市	koton/koton bo
15	大城市	ëgduo koton
16	街、街道	gia/auktërrë
17	城镇	gia bo
18	大街	ëgduo gia
19	旗、县	goxi
20	乡	some/xiañ
21	村	urirën/gaxin
22	屯	ailë/tuns
23	天下之王、天帝、天皇	bogada
24	国家首脑	gurunda
25	人民领袖	irgënda
26	省长	mojida
27	市长	kotonda
28	家族长	mokunda
29	部落首领	aimënda
30	旗长、县长	goxida
31	乡长	somëda
32	村长	gaxinda
33	屯长	ailëda

续表

序号	汉语	得力其尔鄂温克语
34	图画、图案、地图	nirugan
35	地图	boyi nirugan
36	国家地图	gurunyi nirugan
37	目标	jurĕn
38	方向	juwu
39	后方	amila bo
40	南方	julilĕ bo
41	故土、原籍	daa bo
42	故乡	daa tĕgĕn
43	老家、家乡、原来住的地方	tĕgĕn
44	牌子	paisĕ
45	官	nuoyin
46	级别	dĕrgĕ
47	公家、机关、单位、工作	alban/alban bo
48	工作、劳动、活儿	gĕrbĕ
49	工资	qalin/salin
50	假期	xuolĕ
51	办公室、办公地点	alban juu
52	印章、图章	doron
53	家业	hĕtĕgĕ
54	家园	juu kurĕ
55	家、房子	juu/ju
56	窝儿、草房	uorĕ
57	窝棚、简易土房	uopĕn

续表

序号	汉语	得力其鄂温克语
58	凉棚、夏季棚式厨房	lënpën
59	土房	tukul juu
60	草房	uoroktë juu
61	木房	moo juu
62	木桩房	mukulën
63	砖房	hëiji juu
64	冬营地	tuwuxel
65	夏营地	juwuxel
66	柱子	tualëg
67	墙、墙壁	këjin
68	山墙	xiarku
69	城墙	kotonyi këjin
70	台阶	tërkën
71	梯子	takën
72	隔壁、邻家、邻居	adike
73	基础、底子	diisë
74	学校	tatiku/taqiku
75	小学	niqukun taqiku
76	中学	duoligu taqiku
77	大学	ëgduo taqiku/daxe
78	老师	sëbë
79	铃	koñgor
80	学者	bitigqen/biqigqen
81	教养	taqin/tatin

续表

序号	汉语	得力其尔鄂温克语
82	尺度、限度、能力、程度	hĕm
83	威风、气派、气质	sur
84	医院	ĕnuku iqir bo
85	接生员	bareqin
86	信件	jaxikĕn
87	邮局	jaxikĕni bo
88	电话	xirĕktĕ/denhua
89	家里的电话、座机	juuyi xirĕktĕ
90	手机（复合词）	naalĕ xirĕktĕ
91	商场、商店	jakĕ uniir bo
92	文化馆	wĕnhuaguan
93	图书馆	bitigyi bo
94	小卖部	puus
95	店铺	dianpu
96	喇嘛	lam
97	神父	bakxi
98	天神、神	ĕnduri
99	天王、神、佛	bogakan/barkĕn
100	山神	bainaqa
101	灶王爷	gal barkĕn
102	神灵、灵魂	oñgor
103	神志、神意	arba
104	神主	toogĕn
105	神柱、听天之柱	solon

续表

序号	汉语	得力其尔鄂温克语
106	祷告	iruon
107	功劳、功臣	goñgën
108	东西、物品、物质、商品	jiakë
109	市场、买卖	maiman
110	机器	maxin
111	情况	arëbun/baidal
112	事	baitë
113	事情	kërëg
114	喜事、好事	urugun baitë
115	坏事、不好的事	ëru baitë
116	局势、局面	arëbuñga
117	矛盾	largin
118	原因	qelqig
119	条件、原因	xiltag
120	条理	gisan
121	理由	geyin
122	缘故	surë
123	缘由、借口	kallë
124	清理	giantu
125	纠结	qilqigen
126	借口	kalig
127	游戏	uyiwën
128	捉迷藏	quoqikan
129	鹿棋	boo

续表

序号	汉语	得力其尔鄂温克语
130	象棋	xiañqi
131	羊拐骨	ayubkan
132	曲棍	boiko
133	曲棍球	pole
134	抢苏（民间游戏活动）	su
135	鼓	tunku
136	纸	qaasë
137	报纸	baoji
138	书	bitig/biqig
139	墨水	miisul
140	铅笔	qianbir
141	钢笔	gañbir
142	尺子	xiisë
143	毛笔	yañëktë bir
144	胶水	qiawë
145	词典	bilëhu bitigë
146	字、文字	hërgën/bitig
147	汉字	niakan kërgën
148	汉文	niakan bitigë
149	满文	manji bitigë
150	蒙文	moñgël bitigë
151	本子	jurir bitigë/jurin/dëbtëlin
152	文件	alban bitigë/wënjen
153	橡皮、涂改液	ballër

续表

序号	汉语	得力其尔鄂温克语
154	根据、理由、道理、理儿	ujan
155	规则、规定	dorën
156	道理、规律、纪律	yosë
157	法规、规矩、教养、素养	pabun
158	证据、依据	jaubën
159	证明、证据	gërqi
160	依据、凭据	orun
161	经验	mëdël
162	经过、经验、过程	dulëgën
163	计谋、谋略	uka
164	花招、花样	kuaimali
165	办法、策略、对策	argë
166	想法、注意	jialir
167	感想、想法、思考、思量	bodon
168	目的、目标	jurën
169	梦	tobkin/tobki
170	信任、指望	itëgël/itëgën
171	看法、观点	iqiwun
172	关系	holbo/dalji
173	关联	dali
174	友好、友谊	ayimagan/guqilën
175	烙印	doreñgo
176	记号、印记	bëlëg
177	影响、记忆、印记	mur

续表

序号	汉语	得力其尔鄂温克语
178	头绪	tourĕ
179	缝隙、机会、空当	jabkĕ
180	间断、空间、空隙、期间	jĕlig
181	空闲、清闲	qulĕ/sulĕ
182	间隙、空隙	qulĕgĕn/sulĕgĕn
183	机会、机遇	dalin
184	力气、力量、体力、力	kuqi
185	雄壮、强大势力	kuqigun
186	尺度、能量、程度	kĕmĕ
187	力气、力量、能量	pĕli
188	理解力、智商、知觉意识	guurul
189	智商、智慧、意念、意识	oyin
190	知识、认知、意念	mĕdĕl
191	智商、智谋、智力	oka/uka
192	意识、意念、说教、宣传	okaltu
193	想法、意思、计谋	okalan
194	心思、意念、意识	okawĕn
195	公告、广泛告知、宣布	nĕigĕlĕn
196	宣布	sĕlgin
197	希望、愿望、请求	mĕrbun
198	思想、思考、思量	bodon
199	本事、能力	bĕnqĕn
200	错误、缺点、污点	taxen
201	死心眼	gulun

续表

序号	汉语	得力其尔鄂温克语
202	土包子、无能者	tubosë
203	恶兆、厄运	yor
204	恨	kimiqi
205	度、度量、界	kë/hë
206	限度、界限、界定	këmki/hëmki
207	度量、海涵、气魄	këmjë/hëñgër
208	尺寸、尺度、程度	këmjëg
209	程度	këmun
210	中等	duolin jirgë
211	决定、决策	tortëwën
212	地位、位置、岗位、职位	or
213	权利	ërkë
214	权利人	ërkëqin
215	权威、权势	salgën
216	担当、责任、任务	miirgën
217	任务	uurgë/iñibgë
218	话语、语言	ugë/uyi
219	话柄	jawabin
220	媒语、说亲话	jiwoqi
221	议论	piargën
222	传言、流言蜚语	sëlgin
223	语调、音乐	ailëgën
224	故事、问题	urgil
225	意见	jialigan

续表

序号	汉语	得力其尔鄂温克语
226	谜语	taulalka
227	动作	gurgun
228	活动、动作、运动	gurgulën
229	运动	urbun
230	信息、消息、传闻、流言	aldur
231	动静、声音	anir
232	声音	delëgën
233	回声	walëgën
234	沉默	mërëgën
235	鹿哨	piqian
236	学识、学问、技能、智慧	ërdëm
237	道理	gianë
238	理、道理、原理、礼节	yosë
239	礼节	duorë
240	礼节、习惯、习俗	taqin
241	罪、罪恶	yalë
242	顺序、规矩、秩序	jamba
243	秩序	jambara
244	法律	kuoli/papon
245	国家法律	guruni kuoli
246	法规	pagun
247	法院	payan
248	法官	pagen
249	检察院	jenqayen

续表

序号	汉语	得力其尔鄂温克语
250	警察	qagdan
251	女萨满	yadgën
252	萨满	saman
253	颜色、气色	jusë
254	色彩、色	bodor
255	主义、主张	saarëgin
256	谦虚、谦和、谦顺	namtun
257	情绪、兴趣	ayimu
258	性格、脾气、态度	banin
259	脾气、性子	aaxi
260	怒气、气愤	aurë
261	模样、形象、表情	yaaxi
262	急性	haggi banin
263	暴性	dorxin banin
264	好性格	urukun banin
265	大气、傲气	ëgduo banin
266	本性、本质	daban/da banin
267	恩情	bailë
268	兴趣、爱好	ayiwun
269	关注、意识、注意、心眼	jiali
270	反应、知觉	saawën
271	感应、感知、感觉	saaga
272	预感、预知、智慧	saaman
273	预料	saañgë

续表

序号	汉语	得力其尔鄂温克语
274	预兆	yor
275	诡计、阴谋	jialikan
276	黑心眼、毒心、坏心眼	karë
277	传统	walëbun
278	舞蹈、舞	lurgen
279	歌	jaannan
280	沙包	gaas
281	玻璃球、弹球	tanqul
282	弹弓	dangun
283	悲伤	nëxi
284	伤、伤痕、外伤	yari
285	伤疤、皮伤	qira
286	仇恨	kimë/kimën
287	苦难	kuokqën
288	苦、痛苦	juoblën
289	苦难、辛苦	juogël
290	障碍、阻碍	saatë
291	爱好、喜好、兴趣	duarën
292	习惯	tatiwën/tatigal
293	本性、生性、性格	aali
294	味道、美味	waa
295	品味、意味、美味、气味	antan
296	利益、福利、作用、好处	ayixi
297	利益、效益	tuasë

续表

序号	汉语	得力其尔鄂温克语
298	运气、命运、福气	jiya
299	幸福	jargal
300	机会	jabë
301	卫生	ginqi
302	大夫、医生	ëmqin
303	药	ëm
304	麝香	jiarë
305	病	ënëku
306	抽风病、疯癫病	innër
307	淋巴病	darëg ënëku
308	浮肿、肿胀	haudës
309	慢性病	xilër ënëku/xilëku
310	鼠疫	jirgë
311	急病	hagi
312	伤寒	anag
313	麻疹、天花	jirgan
314	瘟疫	jirgë
315	疙瘩、疮疤	qiran
316	雀斑	bëdër
317	疮	këtës
318	汗脚	xiwër
319	模样	arun
320	相貌、模样	durusun
321	困意、睡意、睡眠	aamë

续表

序号	汉语	得力其尔鄂温克语
322	形象、模样、模式	durus
323	标准	tëqigun
324	路、道路、道、公路	uoktë
325	大道	ëgduo uoktë
326	灯	dëng
327	电灯	dendën
328	电视	denxi
329	电棒	denban
330	电脑	denno
331	手机（单纯词）	xiuji/xouji
332	蜡	la
333	锁头	anëku
334	连锁	goljiku
335	钥匙	yosug
336	地方、地区、地址、天地	boga
337	内地	duola bo
338	床、床铺	or
339	摇车、摇篮	ëmkë
340	井	kudir
341	圈、牲畜圈、园子	kurë
342	园子、牲畜圈	kuorëgan
343	柳编园子	kuxe
344	猎场	annag
345	圈套、计谋	urka/urga

续表

序号	汉语	得力其尔鄂温克语
346	农田	tarigan
347	地垄	tarigan tal
348	垄田	dërën
349	垄脊	talëgan
350	垄沟	juorin
351	农作物枝干	musë
352	菜园子	iwa
353	柱子、顶梁柱	tuolur
354	东西	jaka
355	钱财	ulin
356	资产	ulin hëtëg
357	资金	ulin jiga
358	报酬	ulinbun
359	财迷	ulintë
360	租子	turen
361	钱、货币	jiga/mëñgu
362	银币、银圆	mëñgu
363	钱袋子	qiandasun
364	钱包	qianbo
365	饷、俸薪、俸禄	qalimun
366	价格	kuda
367	利息	madëgën
368	利益	aixi
369	饭店、饭馆、食堂	jëëktëyi bo

续表

序号	汉语	得力其尔鄂温克语
370	花费	pabën
371	彩礼	tuoregën
372	定亲礼	tuoreku
373	定亲马	kolbor
374	定亲牛	xëësë
375	订婚宴	qantë
376	影子、相片	soudër
377	影子	anakan
378	饭局	jibtëwën/jibtëën
379	产量	hëmës
380	财产、财富、命运	boyon
381	债务、债	ur
382	待遇	tuosën
383	香烟	dañgë
384	烟卷儿	yanjol
385	烟草、大烟	tamgën
386	叶子烟	larqi dañgë
387	烟叶	dañgëyi larqi
388	二茬烟叶	xuodës
389	烟袋	dai
390	烟袋油垢	dilgun
391	烟袋嘴	xomoor
392	鸦片	konnërin dañgë
393	标点、痦子	bëlgë

53

续表

序号	汉语	得力其尔鄂温克语
394	脚气	xiwěr
395	白内障	mukuñ yaasël
396	褶子、皱纹	honisun
397	节日	ayi ini
398	春节	ane
399	八月十五、中秋节	jakun bee jaan to
400	对联	duisi
401	年画、画	ane nirguan
402	大年三十、除夕夜	butu
403	错事、错误	taxen
404	被锋利的冰凌划破的伤口	juku
405	汉人	niakan bëyi
406	蒙古人	mëñgulbëyi
407	满族人	manjibëyi
408	回族人	huisë bëyi
409	朝鲜人	gaoli bëyi
410	锡伯人	xiwë bëyi
411	赫哲人	hejën bëyi
412	鄂伦春人	uorqen bëyi
413	鄂温克人	ëwënki bëyi
414	俄罗斯人	luaqi bëyi
415	裁缝、做衣服的人、服装师	tërsëqin
416	商人	maima uor bëyi
417	富人	bayin bëyi

续表

序号	汉语	得力其尔鄂温克语
418	客人	ayinqin
419	兵、军人	qirëg
420	媒人	jiwolqin/jaoqin
421	书人、文化人、知识者	bitigqin
422	教义	bakxim
423	瘪嘴人	mëimëgër
424	瘸子	dokëlën
425	患者、病人、残疾人	ënëkuqin
426	主人	ëjin
427	老百姓	irgën
428	劳动者、工人、劳力者	gërbëqin
429	牧民	malqin
430	农民	tarigaqin
431	猎人	mërgën bëyi
432	羊倌	koniqin
433	牧马人、放牧人	aduoqin
434	牛倌	ukurqin
435	牵车人、牵马人、车夫	kutëlëqin
436	雇佣者、卖苦力者	kuqiqin
437	债务	madëgën
438	危机、危险	sullë
439	木排	salë
440	木板	kartës
441	船夫	këdkëkëqin

续表

序号	汉语	得力其尔鄂温克语
442	木匠	mojin/majin
443	锯末子、木末子	hagër
444	喝酒喝高的人	kulqu
445	醉酒者	sokto
446	酒鬼	arkinqin
447	聋子（复合词）	koñgo bëyi
448	瞎子	bali bëyi
449	高低不平的床腿或桌腿	dokëlëntu
450	驼背者	bëktë
451	秃头、秃子	hujigër
452	矾	kërsu
453	毒、毒品、毒素	kuorë
454	毒药	kuorëqi ëm
455	垃圾	hunsë
456	地狱	irmukan
457	流浪汉	pootul
458	乞丐	gorenqi/gia utë
459	坏家伙	ëru jakë
460	仇人	kimëqi bëyi
461	犯人	yalëqi bëyi
462	罪人	yalëqin
463	小偷	hualëkë
464	敌人	bata
465	强盗	tamqiku/turimqi

续表

序号	汉语	得力其尔鄂温克语
466	恐怖	sullu
467	武术	baxi
468	灵魂	sumsu/sumsun
469	灵	huayilig
470	灵床	amisun/uorĕrun
471	鬼	xurkul
472	魔鬼	mañge
473	小鬼、小妖精	yabag
474	冒失鬼	bakĕs
475	恶霸	ĕswĕn
476	坟地、坟墓	kuarĕn/kuarĕn bo
477	坟坑	kuntuwĕn
478	孝	xinĕg
479	祭奠	talĕ
480	祭祀	takin
481	敖包、土包	obo
482	上天、天神	orokan/oroon
483	中国	duoligu gurun
484	外国	ĕntuo gurun
485	蒙古国	mĕñgul
486	俄罗斯	luaqi
487	朝鲜	gaoli gurun
488	美国	mĕiguo
489	德国	girman

续表

序号	汉语	得力其尔鄂温克语
490	法国	paransë
491	加拿大	kanada
492	日本	yopon

7. 生活用品词汇

序号	汉语	得力其尔鄂温克语
1	用具、材料	baitalankë
2	布料	buosë
3	绸子	tuorgan
4	缎子	dordon
5	呢子	niis
6	帆布	panbu
7	麻布	mabu
8	粗布	dabu
9	棉花	kuwĕn
10	被子	waldë/wallë
11	加工好的皮褥子	dërjë
12	垫子、垫褥子	sëbtëg/sëttëg
13	毡子、毡垫子	xiktëg
14	枕头	dërbë/dëllë
15	枕套	tëkur
16	包袱	ukulikë
17	包	ukuli

第一部分　得力其尔鄂温克语基本词汇

续表

序号	汉语	得力其尔鄂温克语
18	衣服	tërsë/tëgsë
19	上衣	kantasë
20	领口	huolli
21	领子	jërkëktë/jakë
22	袖子	uuxil/uukqil
23	衣襟	ëñgër
24	衣边	kurëm
25	扣子	tuorqi
26	袋子、衣袋	tëkku
27	衣兜、袋子、口袋	koluñku/kuadus
28	长布衫	gagër
29	棉布长袍、大棉袍	kurëktë
30	女长袍	kurdë
31	褶子	kuonesë
32	腰带	omula
33	皮带子	tuolëge
34	熟皮工具	këdërënkë
35	长毛短皮衣	dakë
36	缝有布面的毛皮长袍	sun
37	牛皮	itërsë
38	狍皮	gualënqi
39	秋天的狍皮	këërsë
40	三股皮条	gorbi
41	裤子	ërki

59

续表

序号	汉语	得力其尔鄂温克语
42	皮套裤	suibi
43	裤腰	biggë
44	裤腿	xolog
45	围裙	kuxe
46	裙子	qunsë
47	帽子	aawën
48	女人戴的帽子	barëlqi
49	围脖、围巾	wëibël
50	毛巾、头巾	huuñku
51	手套	bëëli
52	手闷子	habqi
53	草帽	uoroktë aawën
54	草鞋	uoroktë sawi
55	鞋子	sawi
56	布鞋	sayi
57	靴子	uontë
58	狍皮毛靴子	qikami
59	鞋带	sayi wuxi
60	鞋面	sayi turu
61	鞋帮	wëlu
62	孝服	buxik tërsë
63	孝帽	dërbuki
64	熨斗、烙铁	wëitë
65	薄膜	nëmibkun kalisun

第一部分　得力其尔鄂温克语基本词汇

续表

序号	汉语	得力其尔鄂温克语
66	鞭炮	paujĕn
67	小鞭炮	aqikqan paujĕn
68	大鞭炮	ukur paujĕn
69	细长鞭炮	morin paujĕn
70	锄头	qirquku
71	镐头	gautu
72	草耙子	kapiktë/dilbë
73	锤子	maluku
74	大铁锤	tuobor
75	枪	miiqian
76	俄式步枪	berdan miisan
77	火药	uortë
78	子弹	sëku/sëmu
79	弓	nor/norn
80	箭	sor/suom
81	扎枪	gida
82	套子、套马杆	wargë
83	丝绸	tuorganka
84	耳环	gargë
85	手镯	bargë
86	头饰	sañkë
87	补丁	dalasu
88	针	irmu
89	顶针	uonuktun

61

续表

序号	汉语	得力其尔鄂温克语
90	线	xirëktë
91	丝	xudis
92	麻线	uonuktë
93	丝线	xudis xirëktë
94	粗线	xiantë xirëktë
95	线结	jiñgë
96	剪子	kaiqi
97	锥子	xolon
98	穿肉木杆	ilëgun
99	尖头木杆	xurë
100	烧柴、柴火	yalër muo
101	火柴	qÿdën
102	宝座、皇帝席位、主人座位	ëjin tëër bo
103	肉	ullë
104	羊肉	koniyi ullë
105	牛肉	ukuryi ullë
106	猪肉	uolgian ullë
107	鸡肉	kakarayi ullë
108	臭肉	waaqi ullë
109	饭	jëëktë
110	饺子	xenë ëwëën
111	饼	ëwëën
112	馅饼	xelbin
113	包子	bausë

续表

序号	汉语	得力其尔鄂温克语
114	馒头	mantu/mantu ëwëën
115	大米饭	dami/kanxi jëëktë/dami jëëktë
116	稀饭、稀粥	xiñgën jëëktë
117	稠粥	luote
118	米汤	sumsu
119	肉汤	xilë
120	干肉	suolukë
121	面粉	guoli
122	面片	peltan
123	牛奶面片	tulka
124	疙瘩汤	bantan
125	面条	guoli jëëktë
126	奶子、乳汁、乳房	ëkun
127	初乳	walë ëkun
128	稀奶油	iluktala
129	奶皮子	ërum
130	酸奶	uoñgër
131	奶酪	jisuku
132	奶干	saarqi
133	苏子	baala
134	茶	qee
135	茶奶	ëkun qee
136	酒	arki
137	泔水	xiluktala

续表

序号	汉语	得力其尔鄂温克语
138	种子	urë
139	稻子	kanxi
140	谷子、谷物	suolugun jëëktë
141	荞麦	sagag
142	麦子	maisë
143	麦穗	kurë
144	大麦	murgil/kualin
145	燕麦	kualinbë
146	未处理的荞麦皮	handë
147	荞麦米	alëm
148	荞面	dalë
149	荞面饭	hëëlë
150	荞麦皮	kandël
151	糜子、稷子米	pisëkë
152	白米、大米	giltirën jëëktë
153	玉米	susu jëëktë
154	黄米	qisë
155	稷子米	moñgël jëëktë
156	小米	naremë
157	米粒	nirgës
158	菜	sulgektë/nuwa
159	菠菜	bësai/bësai nuwa
160	白菜	giltirën sulgektë
161	酸菜	jusun sulgektë

续表

序号	汉语	得力其尔鄂温克语
162	黄瓜	kënkë
163	甜瓜	dasun kënkë
164	香瓜	dor këñkë
165	瓜蔓	suadën
166	萝卜	luobo
167	红萝卜	walirin luobo
168	大萝卜	da luobo
169	白萝卜	giltirin luobo
170	西红柿	xiisë
171	茄子	qesë
172	甜菜疙瘩	buliukë
173	豆角	borqo
174	豌豆	bokoro
175	土豆、马铃薯	tudu
176	蒜	suanna
177	葱	ëlë
178	野葱、山葱	mañgektë
179	山芹菜	añgul
180	韭菜	haler
181	野韭菜	gorsë
182	韭菜花	qorsë
183	青椒	qinjo
184	辣椒	lajo
185	杨梅	gujun

65

续表

序号	汉语	得力其尔鄂温克语
186	苹果	pinguo
187	梨	alimë
188	桃	taurë
189	西瓜	duangë
190	香蕉	xiañjo
191	木耳	bohëktë
192	蘑菇	mëëgë
193	果酱	mindun
194	油	imuksë
195	豆油	duyu
196	黄油	xiañrin
197	猪油	iluo
198	醋	qu
199	酱油	qinjian/jiaëyu
200	盐	dausun
201	花椒	huaju
202	大料	dalio
203	粮食、饭、食物	jëëktë
204	餐、饭	kuomë
205	营养	ximë
206	基础粮食	xolë jëëktë
207	白矾	kërsu
208	鸡蛋	omëktë
209	糖、糖块	satën

续表

序号	汉语	得力其尔鄂温克语
210	红糖	walirin satën
211	糖冰	ëmuoksë satën
212	定亲食物	qantë
213	大水勺	yaulunku
214	马勺、中等水勺	masu
215	水勺、小水勺	baruxi
216	漏斗	qurgen
217	笊篱	jaoli
218	刀	uqëkën
219	猎刀	huartë
220	刀鞘	kuobi/kuobir
221	刀刃、刃	xirë/xir/irë
222	菜刀	boodo
223	筛子	xirkë
224	菜板子	ambasë
225	菜墩子	dunsë
226	擀面杖	biiruñku
227	桦皮桶、水桶	koñge
228	木制水桶	muulëkë
229	水桶	tulma
230	小水桶	wëidërë
231	封闭式大水桶	bitom
232	盆子	pënsë
233	桦皮盒	mata

续表

序号	汉语	得力其尔鄂温克语
234	桦树皮簸箕	quokëqi
235	手杖	sorbi
236	碗	qaaquku
237	木碗	tañgur
238	杯子、盅	somo
239	银杯	muwĕn somo
240	酒杯	dunqi/kuondĕg
241	小铁盒	laasi
242	筷子	sarbë
243	小勺、羹匙	uonakan
244	壶	kuo
245	坛子	añgël
246	锅	iikë
247	锅盖	halëk
248	盖子	amsër
249	锅台	hualëhe
250	火棍	tame
251	炉子	goljar
252	灶火、灶坑	joohu
253	灶门	nërë
254	尖头、顶头、顶尖、顶端	kujurgu
255	尖、尖头、尖头物	xorën
256	头绪	madgën
257	尽头	tourë

续表

序号	汉语	得力其尔鄂温克语
258	末尾	madar
259	起步、开头、起头	ëkil/ëkin
260	叉子	haqi
261	瓶口、口子	amërsë
262	洗衣板	këdëqir
263	飞机	pëiji
264	火车	kuoqë/kuoqë tërgën/tuo tërgën
265	船	jibi
266	船桨	halibin
267	小木排	salëmkë
268	木排桨	tuallëg
269	码头	dogon/doon/nëëkën
270	跳板	takën
271	车	tërgën
272	草原勒勒车	hañge tërgën
273	马车	morin tërgën
274	牛车	ukurtërgën
275	车头	bolo
276	车轴	tëñgëlë/janni
277	车轱辘圆木料	mëërë
278	车辕子	alë
279	车辋	muorë
280	车小楔子	quanga
281	车辐条	hëigës

序号	汉语	得力其尔鄂温克语
282	车掌子	ikë
283	车楔子	quni
284	车轱辘花	uortë
285	板条	mataar
286	加工好的木板	kartësun
287	木楔子	horë
288	小木楔子	xina
289	钉子	tibkësu
290	钩子	gëku
291	马鞍子	ëmëgël
292	马嚼子	kadël
293	马铁嚼子	amji
294	马嚼子铁圆圈	torbi
295	马笼头	lontë
296	马绊子	xidër
297	马嚼子缰绳	jiluo
298	马藤鞭	tënqi
299	马鞍肚带	duorobi
300	马鞍镫脚	duruo
301	饮马木槽子	moñgo
302	独木槽子	watër
303	板筋	qia
304	绳子	uokkun
305	麻绳	xiaktë

续表

序号	汉语	得力其尔鄂温克语
306	甩绳、大粗绳	abuki
307	皮绳	jiñge
308	挂衣绳	qirën
309	铁丝	urë
310	铁链	holëg
311	鞭子	qiqog
312	鞭炮、爆竹	puojin
313	铧子	anjiasë
314	磨石	lëkë
315	磨子	innë
316	磨坊	innëyi juu
317	钗	horku
318	夹子	kabqir
319	钻子	lungur
320	钳子、夹子	kabqiku
321	凿子	quuqi
322	冰凿子	mana
323	刨子	tuiban
324	锯	uowën/kirë
325	锛子	qirqiku
326	斧子	suku
327	小斧子	sukunqi
328	小锤子	topur
329	榔头	lantu

续表

序号	汉语	得力其尔鄂温克语
330	锹	kuldur/ëru/sëlun
331	大铁锹	ëruun
332	四方形铁锹	sëlun
333	耙子	maltur
334	剁子	qiabqiku
335	钳子	ëyugu
336	螺丝刀	morkilku
337	木耙子	maltuku
338	镜子	bilëhu
339	把儿、把手	ëxi/hëxi/këxi
340	鱼钩	ëmëkën
341	钓鱼竿	mayin
342	渔网	alëgë
343	小眼渔网	torgoku
344	扣网、甩网	kumuktë
345	鱼栅栏	kaxin
346	鱼饵	ëmëku
347	小渔船	mollo
348	渔民	olloxin
349	屋、房子	juu
350	外屋	giaku
351	仓房	haji juu/hajuu
352	烟筒	holli
353	地窖	joor

续表

序号	汉语	得力其尔鄂温克语
354	楼房	tërkënqi juu/dabkur juu
355	房顶	juu horon
356	房梁	niruo
357	墙	dusë
358	砖	hëiji
359	土坯	tupi
360	红砖	walirin hëiji
361	瓦	waar
362	石墙	këhë
363	砖墙	hëis këjin
364	土墙	kërën
365	木桩墙	kërëkë
366	柳树墙、柳树园子	kërjë
367	隔间	gialan
368	间隙	jiabkë
369	房檐	hone
370	房柁	taibë
371	房椽	xargël
372	房侧	xarku
373	屋里的地	ildë/illë
374	院子	kua
375	篱笆	haiji
376	柳编院子	kuxe
377	角落、墙角	nuo

73

续表

序号	汉语	得力其尔鄂温克语
378	尖角、山峰、角、角度	kiarë
379	角落	nuoquku
380	多层楼	baran tërkënqi juu
381	厕所	tuollë yuur bo
382	椽子、挂烟杆子	xiargël
383	大门、院门	haalgë/haa
384	门	urku
385	里屋门	gëxin
386	门槛儿	baskër
387	窗户	quanku
388	玻璃	gu
389	窗台	quanku tigë
390	窗框	durum
391	窗框、边框	kani
392	灶口、灶门	hualëgen
393	大水缸	jismal
394	火盆	dapën
395	盆	pëns
396	瓶子	loñko
397	细长瓶子	morin loñko
398	粗矮瓶子	ukur loñko
399	粗高瓶子	tëmëgën loñko
400	啤酒瓶子	konin loñko
401	小方形瓶子	kurbë loñko

续表

序号	汉语	得力其尔鄂温克语
402	大瓶子	guun
403	瓶塞子	xiidësë
404	柴火	muoktë
405	冬天的柴火	jasë
406	烧火棍	tamem
407	干牛粪	uokto
408	炕	hualë
409	火炕	kurun
410	炕沿	xiitë
411	细制炕席	xiirsë
412	粗制炕席	dërsu
413	南炕	daidal kurun
414	北炕	jënal kurun
415	西炕	mala kurun
416	炕头柜	saruñku
417	箱子	addër
418	皮箱	pijaku
419	提箱	dërdëki
420	木盒	kiaji
421	抽屉	tatëku
422	西窗	malaquanku
423	粮炕	ëlëku
424	边沿、边	kuwë
425	褥子	tuokë

续表

序号	汉语	得力其尔鄂温克语
426	栋梁	tualëgër
427	桩子	gatë
428	拐杖	surbo
429	细木桩子	xargël
430	大柁	guonimtaibu
431	小柁	urukuntaibu
432	檩子	niruo
433	椽子	xargël
434	笆篱墙	haijimu
435	横杆	xolbo
436	扁担	jinji/danji
437	扫帚	ësur
438	柳树扫帚	kilaktë
439	锅刷子	haxeñku
440	香蒲草	lëmbë
441	粮囤	qigin
442	笸子	suunku
443	梳子	igdën/sannë
444	簪子	xoruku
445	皂	iisë
446	肥皂	jakë xikkar iisë
447	香皂	xañgë iisë
448	碗架子、餐具	tigë
449	望远镜	qeliyan

续表

序号	汉语	得力其尔鄂温克语
450	眼镜	yaasĕl gu

二 数量词和方向方位词

序号	汉语	得力其尔鄂温克语
1	一	ĕmu
2	二	juur
3	三	yalĕn
4	四	diyin
5	五	toñgun/ton/to
6	六	niñgun
7	七	nadĕn
8	八	jakun
9	九	yĕyin
10	十	jaan
11	十一	jaan ĕmu
12	十二	jaan juur
13	十三	jaan yalĕn
14	十四	jaan diyin
15	十五	jaan toñgun
16	十六	jaan niñgun
17	十七	jaan nadĕn
18	十八	jaan jakun
19	十九	jaan yĕyin

77

续表

序号	汉语	得力其尔鄂温克语
20	二十	orun
21	三十	guotin
22	四十	dëkin
23	五十	toñgurën
24	六十	niñgunrën
25	七十	nadënrën
26	八十	jakunrën
27	九十	yëyinrën
28	百	namaaji
29	千	miañgë
30	一千	ëmu miañgë
31	万	tumën/tum
32	一万	ëmu tum
33	百万	namaajitum
34	万万	tumën tumën
35	第几	adiki
36	第一次、首次	turtan
37	第一	ëmuki
38	第二	juurki
39	第三	yalëki
40	第四	diyiki
41	第五	toñguki
42	初	xinën
43	初一	xinën ëmu

续表

序号	汉语	得力其尔鄂温克语
44	初二	xinën juur
45	初三	xinën yalën
46	初四	xinën diyin
47	初五	xinën toñgun
48	初十	xinën jaan
49	十五	xinën jaan toñgun
50	头胎	aowën
51	单数	solduk
52	双数	musu/juuru
53	几个	adi
54	左	jëëndë/jëëñgidë
55	右	anida/agida
56	后	madar
57	东	ëidëki/xiwën yuudëki/jëënlë
58	西	xiwën tikëdëki/sulëkëki
59	南	julëkëki/julë
60	向南	julëxi
61	北	amilakëki/amila
62	里面	duolë/duola
63	外面	tullë
64	北、后	amixi
65	后面、里头	amida
66	里面一点	duolëqirë
67	中、中间、一半	duolin

续表

序号	汉语	得力其尔鄂温克语
68	正中	tobdolin
69	边、旁边	këqi
70	旁边	ollodini
71	侧面	ollo/oldo
72	中间	jëlgë
73	间隔、间断、中间	karqin
74	下面	ërgilë
75	上面	uyilë
76	向上	diixi
77	高处、高点、上方	diilë
78	下头、下边	ërgidë
79	上头、上边	uyidë
80	方面	dërëgi
81	方向	juwu
82	捆（一捆）	hatë
83	一把	halë
84	一朵	jiqi
85	一趟	tan
86	一份	mëyin
87	一小截	qiaktu
88	一小块	harqi
89	一帮	mani
90	次、次数	madën

三 动词

序号	汉语	得力其尔鄂温克语
1	日出、太阳出来	xiwěn juurěn
2	拂晓、天蒙蒙亮	něěrin uorěn
3	阳光照	ilaaněn
4	照耀、普照	ilaburěn
5	光照、照亮、照耀	ilantrěn
6	天亮	gěvěrěrěn
7	发亮	gěvěntěrěn
8	照亮	gěvěntuhěněn
9	日斜	xiwěn kěibirěn
10	日落	xiwěn tikirěn
11	日食	xiwěn kurělěrěn
12	月光照	biagěntrěn
13	闪耀、照耀	ilaganěn
14	闪烁、闪光	gilbarirěn
15	闪闪发光、嘚瑟	gilbaljirěn
16	闪光、闪亮	gilbutarěn
17	照射、射入	tosěrěn
18	闪电、打闪	talerěn
19	养活、饲养	irgirěn
20	生活	ěrgě irgirěn
21	高寿	nasělěrěn
22	尊敬、重视	kundulěrěn
23	尊重	giñgulěrěn

续表

序号	汉语	得力其尔鄂温克语
24	鞠躬	eñgerën
25	敬重	giñgulërën
26	敬礼、鞠躬	yosëlorën
27	敬烟	dañgi tëwërën/dañgi taanën
28	结婚	ëyirën
29	怀孕	bëiyurën/bëimusrën
30	生	ballirën
31	繁殖	pusërën
32	生根	unduslërën
33	孵化	nërqërën
34	杀	waarën
35	上吊	axirën
36	死	budën
37	升天、成佛	barkën uorën
38	火化	dëyilëkënën
39	祭灵魂	sumuslërën
40	哭灵	giñgulërën
41	成鬼、变鬼	xurkultrën
42	变成魔鬼	mañgetrën
43	称霸	ëswëndërën
44	建坟地、立坟墓	kuarënlërën
45	挖坟坑	kuntuwërën
46	戴孝	xinëglërën
47	祭奠	talëgirën

续表

序号	汉语	得力其尔鄂温克语
48	祭祀	takirën
49	祭祀敖包	obo takirën
50	祭祀天神	bogada takirën
51	祭祀上天	oroolarën
52	磕头	murgërën
53	变得永恒、永垂不朽	muñkërirën
54	祈祷	jalbërirën
55	得到、获得	bakërën
56	安排	tëbererën
57	想、考虑、疼爱	juonën
58	想起来	juom bakërën
59	思念、怀念	juomurën
60	相互思念	juonildirën
61	渴望、期盼	gëëñkërën
62	希望	oñgoxirën
63	牵挂、惦记、思念	duorsërën
64	琢磨、思索、考虑、思考	bodorën
65	估计、估摸	guumëlërën
66	顾虑	këngilërën
67	细细琢磨、认真琢磨	sëwxirën
68	做梦、梦想	tokkixirën
69	挑衅	jaomëstrën
70	挑战	mëllirën
71	挑刺	kaqilërën

续表

序号	汉语	得力其尔鄂温克语
72	挑逗、挑刺、挑拨	karkumlërën
73	吝惜	karamtalarën
74	吝啬、吝惜	karamlarën
75	安抚	uonomgirën
76	安慰	tuoworën
77	保证	batlërën
78	毁灭、毁掉	ballarën
79	垒墙、垛墙	xagaarën/sagaarën
80	盖章	doron tirirën
81	熬夜	dolboturën
82	遮住、遮盖	akurën
83	盖、遮盖、捂住、挡住	akubrën
84	限制、阻挡、捂住	akuburën
85	遮挡、挡住、阻挡、捂住	dalirën
86	挡住、隐藏、掩盖	dalibtën
87	堵住、塞住、蒙住、遮盖	butëërën
88	堵住、阻止	kaadirën
89	叫停	ilikanën
90	禁止	pabulërën
91	覆盖	butëëburën
92	成	butrën
93	弄成	butgërën
94	安静	tëxirën
95	暗算	duolabkirën

续表

序号	汉语	得力其尔鄂温克语
96	被毒害、受伤害、中毒	korduburën
97	中毒、受害	kordurën
98	受伤、拧伤	mëgtërën/anabrën
99	被整、被陷害、受打击	gawurën
100	刺激	kuorbëkhanën
101	刺鼻	xarkërrën
102	使痛	ënunkënën
103	拷打	nanqirën/naxirën
104	用棍子打	nanqirën
105	砸	piqilarën
106	钻	lungulërën
107	钻孔、钻眼	nuglërën
108	扎、刺、捅	arkirën
109	折磨	suilërën
110	欺负、小看、折磨	gujilërën
111	摆谱、讲排场、瞎讲究	largelërën
112	藏、躲	jayirën
113	打架、打战	waaldirën
114	侵略	turimkirën
115	侵占	turuqirën
116	占领、占有、霸占	ëjilërën
117	战胜	ëtëxirën
118	战败、败北	gawurën
119	仗势欺人	ëtëkrën

续表

序号	汉语	得力其鄂温克语
120	败走、走下坡路	ërgitrën
121	瞧不起、贬损	ërgixirën
122	比赛、争高低、比量	mëljirën
123	使过火、使过头、使过分	dawukanën
124	过分、过头、越过、超过	dawurën
125	过、经过、越过、超过	dulërën
126	过去、经过	nulërën
127	过头、过火、过分寸	nukerën
128	过头、越过	dawurën
129	浮夸、狂喜、狂妄	dëwërën
130	自我为中心、自私自利	mëyikirën
131	贪婪、贪图、自私	makëqirën
132	对峙	mërgirën
133	闹别扭、不痛快、耍性子	morkildirën
134	耍赖	sëërirën
135	瞪眼耍赖	gulëndarën
136	耍赖皮	piisdërën
137	贼眉鼠眼	kialmëljirën
138	盛饭、倒茶	quokuorën
139	用笊篱捞饭	jaolidarën
140	倒酒、倒水、倒垃圾	uoñkurën
141	倒满、弄满	jaluwurën/jalukanën
142	满了	jalurën
143	称心、如意、心安	jalimurën

续表

序号	汉语	得力其尔鄂温克语
144	琢磨、推敲、考虑	jalimuxirën
145	耍心眼、耍鬼注意	jalitrën
146	推托	touqilërën
147	内疚、惭愧	aalixerën
148	退缩、退却	manixirën
149	失去信心、没有勇气	miaganlarën
150	退缩	miagandarën
151	唉声叹气	miagan aldërën
152	承担、接受	alërën
153	承认	aliburën
154	弄酱、弄果酱	mindulërën
155	倒放	kunturën
156	安装	annarën
157	装	tëwërën
158	装卸	tëwënërën
159	装满、包容、容纳	bartarën
160	挂、挂起来、往上挂	lokurën
161	揣怀里、怀抱、拥抱	ëwërtëlërën
162	钻、钻进去	xingurën
163	钻进、往里钻	xorgirën
164	插、刺、插入、刺进	arkibtën
165	刺杀、拼刺刀、相互刺激	arkildirën
166	相互刺杀、战斗	waaldirën
167	挣扎	tëmqilërën

续表

序号	汉语	得力其尔鄂温克语
168	斗争、争取、拼命努力	tëmqirën
169	受折磨、受磨难	suilërën
170	受灾、遇到难题	moguburën
171	上当、上套	gëntërën
172	欠债	urtrën
173	负债	ur taanën
174	灭绝	suntgërën
175	灭、熄灭	xiwurën
176	受灭顶之灾、毁灭	suitërën
177	按摩	xilbërën
178	霜冻	sarsërën
179	冻	gëgtirën
180	结冰碴儿	sarxirën
181	结冰	ëmugsëlërën
182	融化、解冻	uonën/mogirën
183	自然溶解、自然融化	uonërën
184	熔炼	uonëkënën
185	刮风	ëdinën
186	刮暴风	haagiran
187	刮走、随风而去	ëdimurën
188	刮暴风雪	xoorkalrën
189	立春	nëlkë uorën
190	立秋	bolë uorën
191	立夏	juwu uorën

续表

序号	汉语	得力其尔鄂温克语
192	立冬	tuwu uorĕn
193	过年、拜年	anerĕn
194	下雾	tamunĕn
195	吝惜、可惜、爱惜、喜欢	gujĕnĕn
196	爱惜、珍惜、舍不得	mulanĕn
197	使爱惜、使珍惜	mulankanĕn
198	豁出来、拼命	hĕĕlĕrĕn
199	喜爱	ayiqirĕn
200	缠绵、缠恋、纠缠不休	niarĕrĕn
201	纠缠	kĕitirĕn
202	打扮	goilorĕn
203	涂脂抹粉、涂颜色、涂抹	bodĕrĕn
204	涂灰、涂锅灰	kuodĕrĕn
205	整理、化妆	dasĕrĕn
206	打扮、装扮	dabanlĕrĕn
207	点缀、装点、打扮	ximĕglĕrĕn
208	整理、弄齐、摆正	tĕkqilĕrĕn
209	弄乱、乱翻东西	sĕmirĕn
210	乱套、极其腐败、腐烂	lanlĕrĕn
211	骚动	pĕkqirĕn
212	找麻烦、添麻烦	largirĕn
213	为难、作难	katuhĕnĕn
214	淫荡、淫乱	xalgirĕn
215	发淫、放荡、调戏	xaliglarĕn

续表

序号	汉语	得力其尔鄂温克语
216	嫌麻烦、添麻烦	lantanlarën
217	嫌少	kondëxirën
218	嫌多、嫌多余	uluhëxirën
219	嫌贵	katuxirën
220	嫌弃、唾弃、厌恶、讨厌	golurën
221	讨厌、恶心	gayarën
222	拌嘴	uodongirën
223	枯竭、干涸	xirgirën
224	变软	dëjikuntrën
225	珍爱	bobiqilërën
226	被击中、被打	gawurën
227	被扔掉、落下	nuodawurën
228	扔、扔掉	nuodarën
229	扔掉、丢弃	nuodabtën
230	扔石头、扔	juolëdërën
231	丢、丢失	ëmmënën
232	掉颜色	bodoryin tikirën
233	被落下、被掉队	ëmmëwurën
234	落下、掉队	ëmmëmurën
235	掉、掉下来	tikirën
236	拿下、弄下、弄掉	tikukënën
237	脱落、花落、摆脱	boltokrën
238	解开、松开、解除	boltotran
239	解放、解脱、解救	sulëlërën

续表

序号	汉语	得力其尔鄂温克语
240	下来、落下、落、掉下	ëwërën
241	下降、投降、下来	ëwënërën
242	太阳落山	xirgirën
243	跌下、下跌	uonërën
244	钉钉子	tibkërën
245	钉铁掌	taklarën
246	换、改变	kaalarën
247	改变、更新	ënqilërën
248	交换、换	jumqirën
249	互换	jumqildirën
250	试换、试交换	jumqixirën
251	搞买卖、搞交易	maimanlarën
252	代替、代表	orloqirën
253	替代	orlorën
254	占位、占有他人地方	oronkërën
255	依靠	naaqqilarën
256	相互依靠	naaqqildiarën
257	念咒语	nimalërën
258	被看见	iqiwurën
259	被发现、暴露	saawurën
260	施暴、实行强暴	harkislarën
261	发生打斗、出现打闹	ëtëkuldirën
262	发生混乱	porgibtën
263	出现暴乱、发生战乱	paquwëldirën

续表

序号	汉语	得力其尔鄂温克语
264	乱阵	paqurën
265	杂乱无章、混乱、乱战、混战	paquldirën
266	忙乱	paqukirën
267	混战、混乱、混杂	paqulirën
268	忙乱、乱阵、忙乱	burgirën
269	动、活动、震动	gurguldën
270	动员、挪动、启动、推动	gurgulkënën
271	行动、出发	gurguldrën
272	一起动、全体动员	gurguldirën
273	动身、出发	gurgulrën
274	蠕动	oboljirën
275	震动、振动	dorgilrën
276	挪开、移开、调离	jelukanën
277	弄热	ëkulgirën
278	变热	ëkuldën
279	发热、发烫	ëkulërën
280	发烧、感冒	ëkugdilërën
281	变得热闹、变得热火朝天	ëkuldirën
282	嫌热	ëkugdixirën
283	看病、就诊、行医	ënëku iqirën
284	中风	ëdin taanën
285	患病	ënëkulërën
286	患抽风病	inërlërën
287	胀肚子	tëlërën

续表

序号	汉语	得力其尔鄂温克语
288	病情复发	nërbuorën
289	犯病	gurulërën
290	撒野	gërëntërën
291	发疯、患狂犬病	sulerarën
292	发木、麻木	xinëgrën
293	发麻	xirigjirën
294	发酸、累	xilirën
295	坐月子	yadërën
296	吻合、适合	jukilirën
297	合身、合适	jukirën
298	恰到好处、贴身	jukiwurën
299	合适、正确、对	jukubtën
300	吻合、对上、和睦相处	jukuldirën
301	好转	nannauorën
302	愈合、好转	ayi uorën
303	贬低、丑化	ërulëtrën
304	欺负、小看、看不起	ëruxirën
305	说人坏话、欺负、贬损	ërutërën
306	产生矛盾	ëruldirën
307	变坏、腐烂、发臭、变味	ërutrën
308	跌一下、摔跟头	tukqirën
309	吓一跳	tukqiburën
310	跌跟头	budrirën
311	滑动、滑了一下	bialdërrën

续表

序号	汉语	得力其尔鄂温克语
312	滑冰	surnërën
313	滑倒	bialdëm tikirën
314	倒下	tikirën
315	整倒、打倒	tikiwurën
316	瘫倒	liakëburën
317	下来	ëwërën
318	投降	ëwëburën
319	弄倒	tikiwurën
320	歪斜、塌斜	melqerën
321	倒塌、塌方	norgërën
322	塌陷	ëmbërrën
323	塌下	niqerën
324	塌进去、塌出窟窿	lëmbërrën
325	塌出凹地	hoñkerën/koñgerën
326	形成洼地	kobkorerën
327	压碎	tamërrën
328	倒立	kondarën
329	出缺口、破损	koltukrën
330	蹭破皮、破皮	xiallëgrën
331	破皮	xolgërrën
332	磨破	pëlëgrën
333	变成两半、断了	pologrën
334	磨损	ladërrën
335	磨刀	lëhëdërën

续表

序号	汉语	得力其尔鄂温克语
336	纠缠、揪住不放	xorëldirën
337	成灾、受灾	balirën
338	坏	ëbdurën
339	破坏、弄坏	ëbdubtën
340	损坏、打破、受损	ëbduwurën
341	出现破绽、出现漏洞	qolpogrën
342	弄出漏洞、捅出口子	qolbokanën
343	捅开、捅透、穿透	qolpotrën
344	穿透、捅透	ultuklërën
345	出漏洞、出口子	ultukrën
346	挥霍、浪费、耗费	saxikirën
347	变坏、变质、衰退	suirburën
348	毁灭	gërën
349	祸害	mëitërën
350	节约、节省	kibqialërën
351	生锈	jibrërën
352	变黑暗、变黑	balitrën
353	变暗黑、变得模糊不清	baligirën
354	抓	jaurën
355	约束、束缚、被抓	jauwurën
356	摔跤、相互拉扯	jauldirën
357	下手、用手抓	naalëdarën
358	控制、约束、克制	barigirën
359	套住、用套马杆套马	wargëlarën

95

续表

序号	汉语	得力其尔鄂温克语
360	狩猎、打猎	bëyurën
361	早猎（早晨打猎）	kimnarën
362	下渔网	alëgdarën
363	撒	qiqirën/saxirën
364	摆手、甩	laxirën
365	甩手、甩动	laxilarën
366	甩掉、甩开	laxibtën
367	钓鱼	ëmëkëndërën
368	被夹住	kabqiwurën
369	夹、夹住	kabqirën
370	走路甩手、频频甩动	laxilakanën
371	被甩	laxiwurën
372	模仿、效仿	almarën/almatarën
373	抄写	kalarën
374	摆放、整理	tëkënën
375	打扫、收拾	ërginërën
376	去皮	qigalarën/salrën
377	去植物皮	imlërën
378	去骨头肉	goorën
379	整理	tëkqilërën
380	堆起来	jiqirën
381	堆放、堆	jiqilërën
382	堆积、堆起、堆起来	obolërën
383	搜集、收集、积累	uorurën

续表

序号	汉语	得力其尔鄂温克语
384	集聚、集合	uorubtën
385	数数、数	tañiran
386	抹泥	bilirën
387	墙上抹泥	telparën
388	凸起来	turqirën
389	凹进去	watgirën
390	够得着	exelirën
391	到达、达到、够了	exerën
392	走到、达到、够得着	exenarën
393	使走到、使达到、使够得着	exurën
394	共同达到、够得着、足够	exeldirën
395	下榻、住宿、留宿、过夜	wënjirën
396	沉淀下来、沉下来	tiimtërën/tiintërën
397	怕、害怕	nëëlërën
398	吓唬、恐吓、威胁	nëëlëwukënën/nëëlëkënën
399	被吓唬、被恐吓、被威胁	nëëlëwurën
400	吓一跳、惊吓、受惊、吃惊	wolorën
401	畏惧	kënkërrën
402	撒癫	bëlëndërën
403	奇怪、惊奇	gaikërën
404	颤抖、哆嗦	xulkudrën
405	哆嗦、颤然、恐慌、恐惧	xërkëtrën
406	跺脚	tëbxelërën
407	拉、拖	yorërën

续表

序号	汉语	得力其尔鄂温克语
408	拉扯	yorëqirën/irëran
409	相互拉扯	yorëldirën
410	被拉、被拖	yorurën
411	拉扯、扯动、拉动	taanaqirën
412	抽筋、抽动	taamurën
413	犹豫、徘徊、犹豫不决	taamuldirën
414	犹豫	kënuglirën
415	忧愁	jogomurën
416	难受、忧伤	jogorën
417	抢、掠夺、夺取、抢夺	tiinën
418	争夺	tiinëldirën
419	被抢	tiimurën
420	相互抢夺	tiimiqirën
421	相互抢	tiimuldirën
422	放、放走	tiinën
423	让放	tiinkënën
424	争气	niroqirën
425	开、打开	nayirën
426	开放、被打开	nayiwurën
427	掀开	sëhukrën
428	开枪	miiqiandarën
429	射击	wodërën
430	射中	wodëwurën
431	打、揍、开枪	tarkërën

续表

序号	汉语	得力其尔鄂温克语
432	打	mandarin/mundarin
433	打架	mandaldirën
434	使打、使揍	mandakarën
435	挨打	mandawurën
436	拳打	babugdarën
437	打拳、挥拳	babularën
438	用脚踢	bëldirdërën
439	揍	nixirën
440	挨揍	nixiwurën
441	相互揍	nixiwuldirën
442	挨批、挨整	xiibkëwurën/xiikëwurën
443	被收拾、挨打	gawurën
444	脸耷拉下来、失望、翻脸	warpatrën
445	失望	ërgërën
446	砍	qarqirën
447	捆草	hatëlarën
448	割、割草、打草	kadërën
449	刀割	miirën
450	扫	ësurën
451	锯	kirëdërën
452	凌乱、蓬乱、散乱	sërqirën
453	乱撞、乱跑、莽撞	pëkxirën
454	牛犊乱跑	tokqaklarën
455	撕开、划开	sëtlërën

99

续表

序号	汉语	得力其尔鄂温克语
456	变褴褛、撕烂	ladrarën
457	挂掉、剃头、打草	kandarën
458	打扁、弄碎、打碎	beqilërën
459	碎掉、破碎	beqirarën/piqirarën
460	变成碎片	beqigrën
461	破碎、变成碎末	tamërrën
462	捣碎、打碎、弄碎	niqilërën
463	裂破、裂碎	hagarrën
464	捣乱	daixerën
465	耽误、阻碍、干扰	saatarën
466	淘气、乱跑	xialëgëndarën
467	乱套、乱了阵容	ubaxirën
468	非常忙	hurgetërën
469	显得多余、显得麻烦	ulukuqirën
470	多余、过剩、剩余	ulukudërën
471	毁坏、弄碎	suilëdërën
472	耍赖、抵赖	laimosdarën
473	抵赖、诬赖	lailërën
474	发红、变红、脸变红、吵架	walirën
475	吵架、吵闹	walildirën
476	吵嚷、喧闹	guardërën
477	吵吵	pargildirën
478	尖叫	qiarkirarën
479	嗡嗡叫、大吵大闹	durgirën

第一部分　得力其尔鄂温克语基本词汇

续表

序号	汉语	得力其尔鄂温克语
480	大风呼啸	xorkirën/suurkirën
481	打呼噜	korkirrën
482	小声说	xiwunërën
483	耳语、私语	xirokqirën
484	耳边轰鸣	lurgirën
485	发声、出声	delëgëntrën
486	发出声响	delëgënën
487	发出嘹亮的声音	guangirirën
488	发出嗡嗡的声音	guñgirirën
489	发牢骚	doñgirën
490	嘴里嘟囔	buñburirën
491	胡说八道、胡言乱语	qulqirën
492	说疯话、瞎说八道	balqirën
493	胡扯、瞎说、瞎编	biladërën
494	耍嘴皮子、没完没了叨叨	peeldarën
495	交流、谈话、会话	kuorërën
496	发哑、变哑	xiimurën/xiirkirën
497	协商、沟通、洽谈	kuorëldirën
498	马嘶叫	yañqiglarën
499	牛叫	muorërën
500	群羊咩咩叫	miarëldirën
501	狗吠、狗叫	ëkqurën
502	狼叫	bugunirën
503	鸡叫	gugularën

续表

序号	汉语	得力其尔鄂温克语
504	感兴趣	antëxirën
505	开玩笑、逗笑、逗趣	yëënulërën
506	感到新鲜	sëwërxirën
507	稀罕、新奇	sëwërgirën
508	品味、欣赏	antaxirën
509	高兴	agdërën
510	热闹起来	ilëtrën
511	快乐、狂欢	sëbjirën
512	不断撒娇	ërkëqirën
513	尽情享受、心情快乐、乐观	sëbjilërën
514	讨好	ayihunqirën
515	搬弄是非、讨好	xiarbalirën
516	套近乎	lartarën
517	耍花招	kuaymarën
518	满意	jalimurën
519	感谢	banigërën
520	拴、系、捆	uyirën
521	淹没、被整、被打、被收拾	gawurën
522	荒废、作废、浪费	sugelërën
523	弄偏	solgelrën
524	变扁平、变蔫吧	pelëgrën
525	变扁	pelterën
526	被迫、无奈	ërgëbtërën
527	伤心	mërdërën

续表

序号	汉语	得力其尔鄂温克语
528	后悔、伤心	gumdurën
529	悔恨	okxerën
530	忏悔、自责	gëñgulërën
531	责怪	kirgarën
532	责备	wakxerën
533	棘手、困难	mowërën
534	阻挠、阻碍、耽误	saatarën
535	操心、操劳、苦恼	juorën
536	心烦、不耐烦	agelerën
537	烦恼	ageletrën
538	无聊、发懒、烦恼	baanërën
539	厌烦、腻烦、令人心烦	akarën
540	发怒、生气	aurlarën
541	生气	panqirën
542	愤怒	ësërën
543	生气、批评	alerën
544	噘嘴生气	xondlirën
545	耍脾气、耍性子、闹腾	aaxilarën
546	无理取闹	kaqilirën
547	诡辩	muorkirën
548	耍猴儿、戏弄	moniodarën
549	使眼色	yaasëlburën
550	琢磨、耍滑头、算计	jalidarën
551	批评、指正、指出错误	buruxerën

续表

序号	汉语	得力其尔鄂温克语
552	被批评、被怒斥	turëwurën
553	瞪眼珠子、瞪眼	buoltirën
554	鼓出来、凸出来	puoltirën
555	堵、堵塞	buturën
556	封闭、封盖、封住	butulërën
557	变糊涂	suletrën
558	发傻、变糊涂	oimarlarën
559	变糊涂、变傻、变愚蠢	kuudurarën
560	犯迷糊、犯傻	dulbantrën
561	发呆、发蒙、发傻	mënëntrën/gërëntrën
562	学、学习	tatirën/tatiran/taqirën
563	教育、教	tatigarën
564	训练	tatikanan
565	指导、教育	bakqilarën
566	被教育	tatiwërën
567	写、创作	banjiburën
568	写	jurirën
569	号脉、把脉、检查、研究	suadallarën
570	要	gadën
571	去取、去拿	gajurën
572	去拿	gajunarën
573	去拿、拿回	gajubtën
574	买、采购、购买	unim gadën
575	卖	uniirën/durrën

续表

序号	汉语	得力其尔鄂温克语
576	给	buurën
577	白给	baibuurën
578	敬送、呈送、赔礼	aligirën
579	行礼	yosëlarën
580	借贷、借债	yolëmarën
581	借	yolërën
582	借来	arqimarën
583	还给	buurgirën
584	租用	turërën
585	给面子	dërël buurën
586	接受	alërën
587	换、调换	kaalarën
588	换掉	jumqirën
589	反复换	jumqildildirën
590	更换、换掉	suolirën
591	变换、交替	julërën
592	调去	yoorrën
593	搅乱、搅和、煽动	gurgulhënën
594	搅和、捣乱	kuorkurën
595	搅拌、搅动	uorkularën
596	调查、调研、查看、检查	baiqarën
597	查看	iqilërën
598	查找、找、寻找	gëlëërën
599	送、送行	iraarën

续表

序号	汉语	得力其尔鄂温克语
600	送行	ëwërkërën
601	买卖	uniilën
602	称	dinnërën/jinnërën
603	帮助	ayixilarën
604	互相帮助	ayixilaldirën
605	合作	aulrën
606	合并、合伙	auljarën
607	卡、阻碍、限制	kaarën
608	限制	pabulrën
609	卡住	kaklawurën
610	卡上、卡住	tëëgëltrën
611	抵挡	sujarën
612	用完、结束	manarën
613	消耗、损耗	manurën
614	弄完、弄尽、搞完	daorkarën
615	备马鞍子、铺褥子	tuokërën
616	套车	kuolërën
617	伸直、弄直	jiirën
618	伸开、伸直	giinirën
619	伸直、伸长、伸展	suonirën
620	解除	aaqurën
621	解开、开	bërirën
622	解散	paqirën
623	放牧	adularën

续表

序号	汉语	得力其尔鄂温克语
624	放木排	salërën
625	放置、放下、放	nëërën
626	放松、散放	sualë nëërën
627	放开、松开	suallërën
628	变松、变得松散、变得松软	sualdërën
629	松下手、松开	tiimurën
630	起毛边、脱絮	sourërën
631	坐	tëërën
632	请坐、种植	tëëkënën
633	使坐、任命	tëëwurën
634	蹲下	quanqirën/quanqim tëërën
635	跪下	ëñgëtrën
636	盘腿	jebëlarën
637	躺着休息	kulëqirën
638	想念	ëñgërtrën
639	养身、休养	bëyiyi irgërën
640	躺下	kulëërën
641	修理、整理	juharën
642	改变、改动	kaalarën
643	用劲	kuxilërën
644	绷线	xijinlërën
645	交叉	goldërën
646	搬迁、搬家、搬	nurgirën
647	流浪、游荡	tënurën

续表

序号	汉语	得力其尔鄂温克语
648	悠然而行、悠然自得	gakulirën
649	辩论	umirërën/giannarën
650	保护	hakqerën
651	护卫、维护	woqirën
652	辩护、袒护	hakximurën
653	照顾	hargaljirën
654	反对	ësurguqirën
655	造反	ubaxirën
656	胡闹、折腾、捣乱	ubaxigrën
657	拧着来	morkilërën
658	对抗	hësërën
659	惹事	baitë taanën
660	找麻烦、惹事	jaotaanën
661	收拾、惩罚、处分	xiibkëburën
662	和好	huolirën
663	和睦	jukildirën
664	吻合	jukimurën
665	变平安	abgëgrën
666	变太平	taibëtrën
667	坐车颠簸	dendalrën
668	颠沛流离	guoxirën
669	蹦跳	ëkilërën
670	跳	tuksanën
671	跳动、跳跃	tuksalarën

续表

序号	汉语	得力其尔鄂温克语
672	跳舞、狂舞	lurgirën
673	女萨满跳神	yadgëlarën
674	萨满跳神	samalarën
675	萨满祈祷、祈祷	iruoburën
676	显灵	oñgortburën
677	跨过去	alkurën
678	吓唬	nëëlukënën
679	躲避	jelërën
680	使坏、歧视、凌辱	ëruburën
681	变味	waatrën
682	变馊	waalërën
683	有味、发出臭味	waaxirën
684	发出臭味	waalëxirën
685	发出臊味	alimurën
686	变坏	ëru ourën
687	腐败、腐化堕落	duoruotrën
688	掉膘	hëqiburën
689	保存、存、储存	hadalarën
690	保卫	karmalarën
691	报复	karuyi gadan
692	驳斥	suwërën
693	驳回	mërikerën
694	补充	tubugurën
695	去	ënërën/gënërën

续表

序号	汉语	得力其尔鄂温克语
696	来	ëmërën
697	返回	tuorën
698	回来	ëmërgirën
699	让回来	ëmëkënën
700	带来、拿来、拿过来	ëmurën
701	捎来、带来	uqilërën
702	往回走、回去	muqurën
703	回去、回家	gënurën/nënurën
704	逃脱	suobtërën
705	恢复、反过来	ërgibtrën
706	经过、路过、经历	dulërën
707	进	iirën
708	走进去、走进	iinërën
709	闯进	tuortëlërën
710	走、去、赴、回去	yaburën
711	走	ulirën
712	寄走、推进、进行	ulikënën
713	走、回去	ulibtën
714	开展	ulibkënën
715	交往、往来、来回走动	uliqirën
716	走动、往来、走走	uligëqirën
717	疾走	puqilërën
718	旅游、旅行、游玩	sëbjilërën
719	步行	alëgxirën

续表

序号	汉语	得力其尔鄂温克语
720	（马）疾走、颠跑	katrarën
721	快跑	tuttumëlirën
722	绕行走	orerën
723	走近道	dutërën
724	抄近路走、直走	dutëburën
725	直驰而去、直奔而去	tudulërën
726	驶去	derburën
727	马赛跑	alëxirën
728	啄	qoñkërën
729	走过头	nukerën
730	爬行	milkurën
731	向上爬、攀登	taaklarën
732	打听	sorqilarën
733	串门、拜访、去问好	ayiqilarën
734	亲近、靠近、临近	dagkerën
735	紧靠、贴上、靠上	dagëlarën
736	靠近、接近、亲近	dagëxirën
737	黏上、黏合、偎依、靠近	lartërën
738	靠近	dagëqibrën
739	靠背	naaqilarën
740	变紧	qingatrën
741	拉紧	qintanën
742	用指甲掐/抠	qingatkanën
743	粘贴	lartëgarën

续表

序号	汉语	得力其尔鄂温克语
744	贴上、粘上	larturën
745	借故	kalligrën
746	借光	dalimarën
747	耍赖、耍嘴皮	xilëmdërën
748	放纵、耍赖	aaxilarën
749	牵手、牵手走	kutlërën
750	划船	hëdlëkënën
751	轻轻划船	halibirën
752	滑动木排	salëbirën
753	快速划船	salëbikërën
754	跑、快跑	uoktëlirën
755	跑、逃跑、跑掉	tuktëlirën
756	投奔	kaulërën
757	拼命跑	kaulëktën
758	短距离猛跑、短距离疾跑	taxignarën
759	小跑、急速小跑	katrarën
760	锻炼	urburën
761	抱	kumlërën
762	逃走	borularën
763	追踪、跟踪	wajimarën
764	带动起来	ayiburën
765	紧随、跟踪	ayibtan
766	跟随、尾随、相应	ayiran
767	带领、率领、引领	ayikanën

第一部分　得力其尔鄂温克语基本词汇

续表

序号	汉语	得力其尔鄂温克语
768	脱开、逃开、避开、回避	jeelërën
769	飞	dëilirën
770	游泳	ëlëbxirën
771	扎猛子	xoñgurën
772	抱怨	bomxerën
773	包含、包容	bartarën
774	能够包容、能原谅	bartagarën
775	不给面子	dërël ëqin buurë
776	撕破脸	dëllë ëbdërën
777	要面子	dëllë gadën
778	没脸	dëllë aaqin
779	拉脸、丧气	dëllë irurën
780	包庇、辩护	këxerën
781	拧	morkirën
782	变青	hëlgëtërën
783	疼、痛	ënunën
784	呻吟	niñuqirën
785	痛得哼哼	ërelërën
786	胀肚子、鼓肚子	tëlërën
787	鼓出来	tukqirën
788	鼓起来	kubërën
789	悲伤、哀伤、忧伤	guoxinën
790	伤心、委屈	gumdurën
791	懊丧、懊悔、悔恨	mërdirën

113

续表

序号	汉语	得力其尔鄂温克语
792	沮丧	xibdirën
793	死亡	budëbun
794	逝世	barkëntrën
795	用脚绊	uokurën
796	等待	alaqirën
797	喘气、呼吸	ërgenën
798	往里吸、吸烟、大口吸	xomorën
799	吸、慢慢吸	ximirën
800	打嗝	këkërërën
801	叹气	sëëjilërën
802	养、养活、抱养、抚养	irigirën
803	活下来、成活、复活	ërgëlërën
804	发芽、长牙	iiktëlërën
805	变鬼、成鬼、变成鬼怪	xurkultrën
806	准备	bëlëkrën
807	筹备、准备、预备	bajarën
808	事先准备、预先配备	bargirën
809	着急、忙碌、慌张	uotarën
810	着慌、慌忙	bëndërën
811	心跳、心慌、慌张	miagan gurguldën
812	灰心、死心	miagantrën
813	煽动	dalkirën
814	不讲理、强词夺理	kundëlirën
815	暴跳	karelarën

续表

序号	汉语	得力其尔鄂温克语
816	耍赖、霸道	ëëtuslërën
817	驯服、驯化	nomoxirakanën
818	拜托、托付、追债	naidërën
819	催促、催要	hëdilërën
820	耍心计、玩心计	jalinkarën
821	插手、管闲事	daljilarën
822	琢磨	gurlërën
823	能、会、胜任、经得起	yalërën
824	鼓动、跳动	gurgulbukënën
825	霸道	ëswëndërën
826	变	kuobilërën
827	吹	ulerën
828	刮大风、大风呼啸	xuugirën
829	大风呼呼地吹	xuargirën
830	兴奋、吹牛	kuorëbtën
831	抬举、鼓励、勉励、使兴奋	kukerën
832	激动、兴奋	kukirën
833	吹鹿哨	piqiandarën
834	讨厌	qiqirrën
835	看不起、瞧不起	ëbirqirën
836	瞧不起、小看、看不起	guolërën
837	小看、欺负	ërukrën
838	贬低、贬损	ërutërën
839	压价、降价	kiandëlarën

续表

序号	汉语	得力其尔鄂温克语
840	提价、讲价、定价	hudalarën
841	瞪眼、瞪眼看	bultirën
842	斜眼看、斜视	kialurdarën
843	恨	kiminqirën
844	嫉恨、嫉妒	harëdarën
845	妒忌	ëyëximunën
846	逞能、逞强、显能	mañgëxirën
847	显示辈分、摆谱	ëgduokxirën
848	长大	ëgduo uorën
849	长岁数、变得年老	nasëlarën
850	变老	sagderarën
851	变老头	ëtkërërën
852	变大	ëgduogdërën
853	变小	niqukudërën
854	变化	kobilburën
855	变成	uoktën
856	变白	giltirin uorën
857	变红	walirin uorën
858	变好	ayihun uorën
859	痒痒	utunën
860	命名	gërbitrën
861	起名	gërbilërëng
862	上年纪	sagde uorën
863	变老、衰老	sagderarën

续表

序号	汉语	得力其尔鄂温克语
864	变冷	inigigdë uorën
865	入九	jiu iirën
866	刮暴风雪（风力强大）	xuuggërën
867	下垂	larberën
868	长肉	ullëqi uorën
869	变长	guonim uorën
870	更换	kaalarën
871	变轻松	solakrën
872	减轻、减负	kungëlerën
873	放慢、放宽、变得宽松	ëñgëlirën
874	变脏	laibërtrën
875	弄碎、打碎	kitluorën
876	打碎	piqiluorën
877	打断、弄断、折断	qiaklërën
878	折起来、弄弯曲	kotrën
879	弄弯曲	matërën
880	折叠整齐、收拾整齐	kobtërën
881	折叠	ëbkubtën
882	包扎	ëbkurën
883	拧住、扭动	morkildiburën
884	挽袖子、挽裤腿	xiamalrën
885	变歪	morqerën
886	稍微变歪、稍微变斜	morqekkërën
887	偏离、偏向	këlterën

续表

序号	汉语	得力其尔鄂温克语
888	向外想、排外、陌生	ëntukitrën
889	扭动、摇摆、扭曲	morkildibrën
890	落灰	tuallëtrën
891	操心、苦恼、伤心	jogrën
892	苦恼	iskërën
893	信心不足、失去信心	miagandarën
894	心虚、胆怯、灰心	miaganlarën
895	无望、渺茫	muraxin
896	痛苦、难受、吃力	mowurën
897	喜欢、溺爱、宠爱	gujënën
898	喜爱、爱慕	taalërën
899	喜欢、感兴趣	duollarën
900	羡慕	ëyëqërën
901	馋嘴	ëyëmqirën
902	腻、腻烦	xonëtrën
903	抱歉	wakxerën
904	变老实	diiritrën
905	变热	ëhugdirën
906	出汗	nëëxinën
907	开始出汗	nëëxintrën
908	汗流浃背	nëëxinmurën
909	出脚气	xiuwërtrën
910	表扬、赞美	ayixirën
911	赞成、同意	uoxerën

第一部分　得力其尔鄂温克语基本词汇

续表

序号	汉语	得力其尔鄂温克语
912	取消	balubtën
913	拿下、取消、取缔	ëwëkënën
914	夸耀	nukerën
915	夸张	kukerën
916	表白	arbunxirën
917	表现	arbuntrën
918	表达	arbundarën
919	表示	jialimburën
920	重合、重叠	dabkurlarën
921	叠起来、捆	ëkurën
922	重新再来、重复做	dahikanan
923	嘚瑟、炫耀	bikëlërën
924	过分、嘚瑟	dëwërën
925	过分	këtrërën
926	发疯、发飙	kuadërrën
927	发狂、猖狂	ëletrën
928	发狂、猖狂、疯癫	galjurarën
929	痴癫	bëlindërën
930	心烦、烦心、烦闷	hankaxirën
931	腻烦、烦	sukmërën
932	踢	pësëglërën
933	推	anërën
934	应对了事、应付、打马虎眼	kasgërën
935	耍心眼、对付、应付	ukalarën

119

续表

序号	汉语	得力其尔鄂温克语
936	长心眼、明白过来、领会	ukaxirën
937	对付、应付	duibëlërën
938	应和、呼应	kësëgërën
939	将就、对付	kaxigërën
940	躲藏、藏起来、隐瞒	jayirën
941	藏起来、隐藏起来	jayikanën
942	近处	dërgën
943	尽量靠近一些	dawkënqirën
944	玩	uyirën
945	开玩笑	uyiqirën
946	旅游、去玩	uyinërën
947	玩捉迷藏	quoqikan uyirën
948	摆开、劈开	dëlikërën
949	揣袖子里	uukqilërën
950	拿过来、带来	ëmëwurën
951	拿出来	yuuwurën
952	拿走、带走	ëlburën
953	寄送、寄出	urqëlërën
954	走出去	yuunërën
955	寄托	tuomburën
956	爬上去、攀登	taakëlërën
957	卸下来、弄下来	ëwunërën
958	下、下来	ëwubtën
959	卸下来、弄下来、免职	ëwukënën

续表

序号	汉语	得力其尔鄂温克语
960	幸免	subtërën
961	请来	solëm ëmurën
962	请、邀请	solërën/solëbtën
963	迎接、接应	akqianën
964	去迎接、去接应	akqiananën
965	出、嫁给、出发	yuurën
966	拉	taanën
967	吸引、依恋	taamurën
968	相互推扯	taanaldirën
969	抽出来、拉出来、揪出来	taami yuuwurën
970	犹豫不决、左右为难	taamuldirën
971	拽	suggarën
972	揪头发	nuoktëdërën
973	揪肩膀、扛肩上	miiridërën
974	揪衣领	jakëdarën
975	参与、管闲事	daljilarën
976	收缩、缩紧	abxirën
977	脖子抽筋	qatanën
978	弄走、赶走、送走、弄出	juuwurën
979	套车、赶车	kuolëdën
980	赶走、驱赶	asërën
981	驱鬼	talkirën
982	开车、驾车、赶车	ëlgërën
983	赶牲畜	dalirën

续表

序号	汉语	得力其尔鄂温克语
984	给马套马嚼子	kadëllarën
985	给马套笼头	lontëlarën
986	给马系马绊子	xidërlërën
987	抓马缰绳	jiluolarën
988	开车	ilgëburën
989	追	asërën
990	追赶	asëmarën
991	相互追赶	asëldirën
992	追上	bokonën
993	套住	wargëlabtën
994	出生	baldirën/baldibtën/iqiwurën
995	花开、鲜花盛开	ilgalarën
996	离开	wëiqirën
997	嫌亲近、嫌接近	dagëlaxirën
998	从心里亲近、从心里接近	dagëkirën
999	嫌疏远、嫌远离	gorëloxirën
1000	疏远、远离	gorëlorën
1001	从心里疏远、从心里远离	gorëkirën
1002	变远	gorëldën
1003	怀疑	sëjigrën
1004	表示怀疑	sëjiglërën
1005	小心、谨慎	kiqërën
1006	对质、对证	dërëdirën
1007	对质、对问	tuoluorën/duilërën

续表

序号	汉语	得力其尔鄂温克语
1008	对、正确	jukurën/juvurën
1009	门当户对	duisëlërën
1010	对上、合适、吻合	jukuktërën
1011	游泳、洗澡	ëlëbxirën
1012	洗	xilkarën
1013	漱、漱口	bolkurën
1014	剃头、剃须	kandarën
1015	梳辫子	ilqarën
1016	梳头	igdurën
1017	整理头发	sannarën
1018	磨蹭、蹭、搓、搓澡	xiinkërën
1019	摩擦	iriwurën
1020	点火、点燃	tëñkirën
1021	烫	jiddërën
1022	烫伤	jidduburën
1023	用开水烫	jumlarën
1024	烫熟	guobilërën
1025	烤火、火上烤	kaarirën
1026	烤肉	xerërën
1027	加热、弄热、烫热	halkarën
1028	取暖	ëhulihënën
1029	绑、捆绑、拴	uyirën
1030	挂、脱	luokurën
1031	穿	tëtirën

123

续表

序号	汉语	得力其尔鄂温克语
1032	给孩子穿衣服	tëtikënën
1033	扣扣子	tuorqilarën
1034	戴帽子	aawëlarën
1035	戴手套	bëëlilërën
1036	系腰带	omularën
1037	系皮带	tuolëgelërën
1038	胸前戴艺术品	tulërën
1039	铺上、铺床、铺褥子	sëbtërën
1040	盖被子	nëmirën
1041	枕枕头	dëllërën
1042	下霜	gilugsërën
1043	挂满霜	saagunën
1044	下露水	sulugsërën
1045	天晴	gaalërën
1046	发干、变干燥	xirgatrën
1047	遭遇干旱	ikërën
1048	起云、乌云密布	tugsëlërën
1049	出现烟雾	manëntrën
1050	天变阴	boërutrën/bogaërutrën
1051	打雷	ayërarën/ayërabtën
1052	下雨	uodënën
1053	下雨点	duoslarën
1054	下小雨点	duosëldën
1055	下毛毛雨	laxilarën

续表

序号	汉语	得力其尔鄂温克语
1056	下雪	yamënën
1057	沉淀、沉底、变清	tuñgalrën
1058	天变得干净、天晴	nëërinlërën
1059	流动、流、漂浮	ëyënën
1060	顺水而流、顺水漂流	uunurën
1061	溢出来、冒出来	belrën
1062	冒泡、冒水泡	kuosurërën
1063	水泡瞬间冒出来	kuorurën
1064	冒烟	sañënën
1065	冒黑烟	paagirën
1066	冒浓烟	paatijirën
1067	闪电	talerën
1068	闪一下	kualërtërën
1069	变潮湿、浸透、淋透、渗透	tantërrën
1070	湿透	nërbërën
1071	浸泡	dëbtëgërën
1072	浸湿	dëbtërën
1073	晒干、弄干	olgerën
1074	用手掐	kimqirën
1075	用手挖、挠、抠、刨	malturën
1076	用工具挖	urërën
1077	掏出、挖出	yuwurën
1078	凿	quuqidërën
1079	刨树皮	tuibandarën

续表

序号	汉语	得力其尔鄂温克语
1080	锯下来、割掉	kirëdëburën
1081	用锛子削木料	qirqikudarën
1082	制作车轱辘	mëërë matërën
1083	变弯曲	maturën
1084	用斧子砍	sukudërën
1085	种、播种、种田	tarirën
1086	栽	uorowurën
1087	耙地	narwurën
1088	浇水	muolërën
1089	摘水果	marërën
1090	洒水、泼水	qiqirën
1091	涉水	muodërën
1092	蹚水、涉水	uolurën
1093	遭遇洪涝灾害	muudëburën
1094	发绿、变绿	kukurërën
1095	开花、花开	ilgalarën
1096	绽放	kualtërrën
1097	磨米	innërën
1098	背孩子	jijarën
1099	背	iñirën
1100	扛	miirdërën
1101	挑担	jinjilarën
1102	托带	urlërën
1103	读书、出声	tuurërën

续表

序号	汉语	得力其尔鄂温克语
1104	读	ëërërën
1105	宣读	xialëburën
1106	宣传	wahalurën
1107	标记	naqilarën
1108	记住、记	ëjirën
1109	步行	yokënlërën/yokëlërën
1110	散步、走	alëkxirën
1111	迈步走、快步走	alëkbuxirën
1112	来回走、走动	uolëgëqirën
1113	带走、代管	ëlëbutën
1114	跟着走	ayibtën
1115	备马鞍子	tokorën
1116	骑	uorën
1117	不备马鞍子骑马	boltuklarën
1118	叠骑（双人骑马）	suandalarën
1119	拴在马鞍上	gañjuklarën
1120	讨好、巴结	bisulërën
1121	拜访	angutanarën
1122	收拾、办理、处理、处置	ixikerën
1123	开始	ëwërkërën
1124	起头	dërëburën
1125	结束	ëtërën
1126	到结尾、到末尾、到结束	madënën
1127	走到尽头	madëgënën

续表

序号	汉语	得力其尔鄂温克语
1128	阻碍、障碍、阻挠	saatëgarën
1129	断绝、完结	abkarën
1130	绝代	jalën abkarën
1131	会、能	ëtërën
1132	赢、战胜	ëtërën
1133	较量、比	mënlirën/mëljirën
1134	对比	duibëlërën
1135	比较	adilxirën
1136	认为相当	antëkëxirën
1137	说、讲话、诉说、叙述	ugqënën
1138	说、讲	ënërën
1139	唠叨	duombirën
1140	嘟囔	dumbërirën
1141	嚷嚷、吵嚷	largibtan
1142	吵吵闹闹、熙熙攘攘	pargirën
1143	调皮、玩耍、玩闹、闹腾	xialgëndarën
1144	闹腾、折腾	gotkulirën
1145	聊天、商量	ugqëmëxirën
1146	交流、商量、探讨	këbxerën
1147	协商、商榷、议论	këbxeldirën
1148	讲解、解释	ënënmurën
1149	证明、证实	gërqilërën
1150	拜托、委托、托付、嘱咐	naidërën
1151	求、请求	gëlëëbtën

续表

序号	汉语	得力其尔鄂温克语
1152	哀求	gëlëëñgirën
1153	求婚	gëlëëkqirën
1154	要求	xekarën
1155	强求	katëngirën
1156	请求、提出愿望	mërburën
1157	弄直、纠正	tondokanën
1158	表扬、赞美、夸奖	kënnërën
1159	提拔、扶持、扶正	uurirën
1160	扶起、建立、立起来	ilurën
1161	站起来、立起来	ilubtën
1162	垒墙、垒砖头	sagaarën
1163	盖房子	juu jaurën
1164	盖房顶、封屋顶	adërlarën
1165	感恩	banilarën
1166	唱、唱歌	jaandarën
1167	舞蹈、狂欢	lurgelërën
1168	讲民间故事	urgillërën
1169	怒吼、大声批评、训斥	jannarën
1170	撇嘴、咧嘴	yarberën
1171	嘲笑、看不起	basërën
1172	讥笑	basëmkirën
1173	笑	nëktërën
1174	微笑	nëktëxirën
1175	含笑	nëktëmuxirën

续表

序号	汉语	得力其尔鄂温克语
1176	逗笑	nëktëkënën
1177	哭	suowërën
1178	骂	niyirën
1179	互相骂	nimëqirën
1180	说、吱声、批评、训斥	turëërën
1181	被说、被批评、训斥	turëëwurën
1182	发言、讲话	turëëbtën
1183	劝说	tablarën
1184	讨好、献殷勤	ayikaqirën
1185	决定	tortërën
1186	揭露	qulpulërën
1187	揭掉	kakulërën
1188	告、告状	habxerën
1189	公布、告知	xëlgirën
1190	告诉、指出、教育	xilbarën
1191	插手	naalë iirën
1192	喊叫	warkirarën
1193	大声叫喊	qarkirarën
1194	大声喊叫	warkiraldiran
1195	羊咩咩叫	miarërën
1196	叫唤、喊叫、怒斥、怒吼	hokxerën
1197	大声喊叫、大声呼叫	koonerën
1198	狗惨叫、狗哀嚎	gowurën
1199	狗惨叫	gingarën

续表

序号	汉语	得力其尔鄂温克语
1200	驴叫	wěkkěrěrěn
1201	牛低声叫	muorěkeren
1202	羊低声咩咩叫	miarěkeren
1203	马叫	ingalarěn
1204	狗交尾	xiruorěn
1205	狗讨好	gikělěrěn
1206	溜须拍马、厚脸讨好	piislěrěn
1207	溜须	liuxiděrěn
1208	赶得上、追上	amqirěn
1209	暗中跟随	amělgirěn
1210	骗人、撒谎	ělěkuqirěn
1211	作弊、做手脚	ělěkumuxirěn
1212	上当、受伤害、受伤	gěntěrěn
1213	传开、传遍、议论纷纷	pergěrěn
1214	传来传去、流传、流言蜚语	sělgirěn
1215	七嘴八舌议论、吵嚷	pakgeldirěn
1216	乱闹、兴奋	děrburěn
1217	吵嚷	ganalqirěn
1218	吵架、打家、斗殴	tuasělqirěn
1219	嘟囔、发牢骚	gongqirěn
1220	没完没了地嘟囔	duirěburěn
1221	没完没了地啰唆	yerirěn
1222	发懒、偷懒	xalkěndarěn
1223	烦恼、苦闷	mañkerěn

131

续表

序号	汉语	得力其尔鄂温克语
1224	受苦、受难	juobërën
1225	冤枉	mërdërën
1226	衰落、低落、变坏	ërutburën
1227	遇害、受毒害	korlowurën
1228	下毒手、伤害	korlorën
1229	侵害	ërukkërën
1230	侵扰	haarkërën
1231	问	añurën
1232	追问、审讯	añutrën
1233	打听、了解	suraqilërën
1234	打开、摊开、展示	dëlgërën
1235	看护、护理、照看	suowëlërën
1236	护理	suohulërën
1237	看	iqirën
1238	看护、管理	iqibtën
1239	注视、注目	iqibkirën
1240	正视、认真看	iqiburën
1241	瞧病、看病	iqikënën
1242	被发现、看到、出生	iqiwurën
1243	比高低、比强弱、对峙	iqildirën
1244	展览	iqukëhën
1245	看见、看到、发现	iqim bakërën
1246	拜访、探访、去看、看望	iqinërën
1247	没法看	iqir aaqin

续表

序号	汉语	得力其尔鄂温克语
1248	盯梢、蹲守、窥视	hëtërën/gëtërën
1249	展示	dëlgërën
1250	闭眼睛	palkurën
1251	见面、见到	bakëldirën
1252	碰、碰见	pënnërën
1253	相碰	pënnëldirën
1254	碰见、遇见、碰到	naaktën
1255	相见、碰见	aullirën
1256	接上头、使相见	aullikanën
1257	闻	uunën
1258	发出味道	uunërën
1259	发臭、变味	uunurën
1260	抚摸	xirbëlërën
1261	摸	xirbërën
1262	摸索、探索、瞎摸	tëmilërën
1263	垂死挣扎、拼命努力	tëmulerën
1264	找、找寻	gëlëëbtën
1265	去找	gëlëënërën
1266	去要	gajurën
1267	追回、索回、索要	gajuggirën
1268	细看、认真对待	naxiqilërën
1269	被发现、看清	sawurën
1270	得到、找到、获得	bakërën
1271	赚钱、获得暴利	mayindarën

续表

序号	汉语	得力其尔鄂温克语
1272	获得利益、赚	juanlërën
1273	保存、收藏、保管	hadlarën
1274	够	ixirën
1275	听	duollirën
1276	细听、偷听	xirgixirën
1277	思索、思考、计算	bodorën
1278	想到	bodom bakërën
1279	考虑到	juonëm bakërën
1280	关心	jelë iirën
1281	亲吻、吻	uojirën
1282	遭遇	tëisëlërën
1283	糟蹋	saxikirën
1284	变糟糕、变坏	ëruburën
1285	猜、猜测、猜想	pënjulërën
1286	猜测、猜谜语	tuolkëqirën
1287	量、测量、计量	këmjëlërën
1288	发明	irkin yuuwurën
1289	新创	irkin butgërën
1290	想办法、出主意、策划	argëlarën
1291	算计、出鬼主意、搞阴谋	jialidarën
1292	产生想法、计划	jialimurën
1293	操心、操劳、往心里去	jialibuurën
1294	产生想法、产生坏主意	jialimtrën
1295	耍心眼	jialimxirën

续表

序号	汉语	得力其尔鄂温克语
1296	相互玩心眼	jialimdaldirën
1297	对付、应付、琢磨、思量	ukalarën
1298	摆弄、作弄	bodlirën
1299	忘	oñurën
1300	牵挂	duorësrën
1301	介绍	taadkanën
1302	认、认识	taagdën
1303	认识、相识	taagdërën
1304	彼此认识	taagdëlqirën
1305	认生	ëntuorën
1306	见外、排外	ënquorën
1307	区别开来、区分开	ënquolërën
1308	撒娇	ërkëlërën
1309	看得起	tooxerën
1310	相依为命、变成好朋友	ijilërën
1311	结伙	kuokilarën
1312	上当、吃亏	uontrën
1313	起名、命名	gërbilëbgëtën
1314	点名	gërbidërën
1315	扬名、驰名	gërbixirën
1316	炫耀自己的名声	gërbikrën
1317	停、停止	uodirën
1318	阻止、禁止	uodikarën
1319	站、站立	ilirën

135

续表

序号	汉语	得力其尔鄂温克语
1320	一直站着	iliqirën
1321	叫停、禁止	ilikanën
1322	成立、建立、立起来、竖立	iliwukanën
1323	搁浅	lagurën
1324	躺下休息	kulëëxirën
1325	踩、踏	ëkirën
1326	践踏、糟蹋	ëkixirën
1327	压、欺压、镇压、关押	tirirën
1328	被压、被欺压	tiriwurën
1329	掩盖、隐瞒	tiribtën
1330	开锁	anëkularën
1331	冷敷	gindirën
1332	瞧不起、小看	ëbirxirën
1333	犯错误	baitë taanëburën
1334	寻衅、滋事	jaukrën
1335	低头	delë tirirën
1336	点头	ëñgirën/delëyi ëñgirën
1337	哈腰	mukurën
1338	点头哈腰	gëkur gakur uorën
1339	反对、抵抗	ësurguqirën
1340	顶、顶住、支撑	tualërën
1341	顶	murgurën
1342	顶撞、相撞、碰上	murguldirën
1343	举起、抬	urirën

续表

序号	汉语	得力其尔鄂温克语
1344	顶撞、冲突、打战、打架	tualëldirën
1345	冲进去、压下去、进攻	tirim iirën
1346	变成扁的、被压扁、发胖	pelëgrën
1347	发胖、发福	burgurën
1348	胖得一身肥肉	pekqirën
1349	浮肿	xiahurën
1350	肿起来	këwurën
1351	浮肿、肿胀	haudërën
1352	瘦、变瘦	hëqirën
1353	消瘦	kayarën
1354	对立、对斗、对战	hësërgirën
1355	扑过来、冲过来	tuosarën
1356	反过来、掀开	kurbukënën
1357	翻、翻过来	kurburën
1358	翻跟头	toñkolrën
1359	翻地、使翻过来	kurbukënën
1360	翻转	kurbuljirën
1361	翻译、翻页、翻东西	warqarën
1362	翻老底、算老账	xëlgirën
1363	翻腾、瞎折腾	gubdixirën
1364	翻滚、大浪淘沙	hurgeltrën
1365	滚、滚动	quñgurrën
1366	转动、转圈、遛弯、头晕	qihërrën
1367	旅游、散步	tëhërrën

137

续表

序号	汉语	得力其尔鄂温克语
1368	弯曲	materën
1369	弯腰	mukurën
1370	凹进去、陷进去	koterën
1371	留下、落伍	tuotërën
1372	剩下	uolërën
1373	留下	uolëkërën
1374	比赛	mëljiirën
1375	选、选择	yalgërën
1376	选拔	yalgëwërën
1377	定、确定、定下来	tortorën
1378	肯定、相信、确信	unënxirën
1379	细心琢磨	nnënrqirën
1380	认真对待	unëqirën
1381	刺激、调拨	arkimurën
1382	刺透	qolpolërën
1383	穿透	qolpotrën
1384	出洞、出孔	qolpororën
1385	刺	arkirën
1386	刺透、刺穿	tab arkirën
1387	脱落、剥落、掉渣、崩落	huolturrën
1388	滴漏、漏水、滴水	quorërën
1389	河水暴涨	uyimurën
1390	水位下降	taamunarën
1391	变浅	albidërën

续表

序号	汉语	得力其尔鄂温克语
1392	搓绳子	tongkurën
1393	搓线、搓细绳	qirburërën/xirburën
1394	搓烟卷	xiñgulërën
1395	穿针眼	sëmirën
1396	穿肉条	tuxanën
1397	打针	irmudërën
1398	任性、随心所欲	dëndërën
1399	过分兴奋、非常幸福	kukirën
1400	过分、过火、过度、过量	nukerën
1401	分给各自份额	kowiburën
1402	增加、加	nëmërën
1403	加、加上去	noyirën
1404	缺、不够、差	abilrën
1405	缺心眼	jëlimtrën
1406	发傻	baligrën
1407	赶趟、来得及	amqirën
1408	赶在前头	amqigirën
1409	来迟、来晚	amindarën
1410	迟到、晚到	wënjitrën
1411	往后退、撤退、退	amixikilarën
1412	退后	ëmixikirën
1413	弄得时间长、把时间拉长	uadarën
1414	拖延、时间拉长	uadërën
1415	后退、猥琐、退让	mitarën

续表

序号	汉语	得力其尔鄂温克语
1416	显威	gokulrën
1417	显能	ëtëñgërën
1418	战胜、胜过	tërëërën
1419	赌博	ëtëldirën
1420	霸道	ëtërgërën
1421	输、亏	ëturën
1422	误解、误会	ëndurën
1423	承认、接受、继承	alëm gadën
1424	互相承担	jinjildirën
1425	不满、不接受	gañgëlërën
1426	主动接受	alëbtën
1427	融化	uonën/uonëxirën
1428	溶解	uoñgirën
1429	发红、变红	walibëljirën
1430	燃烧、起火	tëñkërën
1431	烧起来、燃烧	tëñkirën
1432	烧火	yalërën
1433	水开、烧开	uyirën
1434	烧坏、烧伤、烧损	jëgdërën
1435	烧	dalgërën
1436	烧掉、烧毁	hitarën/yalëbtën
1437	炒菜	kurkurën
1438	放盐	dausundarën
1439	煮饭、做饭、熬茶	ëluorën

续表

序号	汉语	得力其尔鄂温克语
1440	让煮饭	iluokënën
1441	用餐、茶里放米	jëëktëlërën
1442	吃干饭	ganpandarën
1443	做、办、干	uorën
1444	去做	uonarën
1445	工作、劳动、干活	gërbëlërën
1446	和面、揉面、和泥	nokurën
1447	踩蹭	moñirën
1448	擀面	biruñkëdërën
1449	切	jigirën
1450	切面、切肉	jigibtën
1451	削	jisurën
1452	削薄片	pelërën
1453	剔肉、刮	guorën
1454	协助、协调	kuqiburën
1455	拼命、使劲、卖力	kuqilërën
1456	用劲、卖劲、努力、奉献	kuqilkirën
1457	感到费劲、遇到困难	kuqirdrën
1458	低头、鞠躬	mukerën
1459	仰、仰起头	tañgerën
1460	仰面朝天	tañgegrën
1461	卷缩	mukrurën
1462	变短、弄断	urumkuntrën
1463	变长、弄长	guonimdarën

续表

序号	汉语	得力其尔鄂温克语
1464	变细、弄细	naribkundërën
1465	弄通、打通	qulpugrën
1466	弄清楚、搞明白、询问	gëtkulërën
1467	变得隐隐约约、模糊不清	burgëljirën
1468	视线模糊	burtëljirën
1469	眼睛骨碌碌转	bultuljirën
1470	筹划、筹备	bargirën
1471	弄稀	xiñgëlërën
1472	穿透、打穿	tabbuurën
1473	卷袖子	xiamlarën
1474	巩固、加强、努力	buklërën
1475	尽力而行	kasgërën
1476	办、弄、处理	exegebtën
1477	制作、加工	majilërën
1478	鞣制熟皮	këdërërën
1479	休息	amrarën
1480	安慰	amrakanën
1481	舒心、舒服、舒畅	ayimarën
1482	劳动、干活	gërbërën
1483	加紧、加快速度	xiatularën
1484	奋力、奋斗	dëbkërën
1485	拼搏、奋斗	xilëmdërën
1486	向前推进	julibkënën
1487	奋勇前行、卖命拼搏	julikurën

续表

序号	汉语	得力其尔鄂温克语
1488	向前磨蹭、举步维艰	juligurën
1489	前进、进步、向前	julëxilërën
1490	弄到一半、走到半途	duolimnarën
1491	拖后、拖延	pardarën
1492	缩手缩脚	taamulkirën
1493	劳累	qiañgëlrën
1494	辛苦、劳累、受苦	muowërën
1495	困、犯困、想睡觉	aamë exerën
1496	产生困意、产生睡意	aamëxirën
1497	瞌睡	toñkoqirën
1498	加重	urgilërën
1499	擦	awërën
1500	擦亮	nialërën
1501	弄成、弄明白	uoqirën
1502	办、办事、收拾	ixigerën
1503	成、完成、成功、弄成	butërën
1504	创造、创立、建立	butëgërën
1505	当回事、认真对待	baiqirën
1506	当真、当回事	baitë uoqirën
1507	堆放	obolarën/xikqilërën
1508	积雪、雪堆积	hagirën
1509	堵住、堵、不通	butërën
1510	用刨子刨	tuibandarën
1511	开、打开、睁眼	nayirën

续表

序号	汉语	得力其尔鄂温克语
1512	敞开、打开、想开	niyiwurën
1513	开口、张口	añgerën
1514	开大口、睁大眼	oñgerën
1515	开小口、出小洞	qolpokkonën
1516	被打开、开窍	nayiwurën
1517	裂开、撕开、裂口	sëtërrën
1518	撕开、裂缝、裂开	sëtëgrën
1519	开荒	dëliburën
1520	敞开	oñgëggarën
1521	驮带	aqalirën
1522	分手、分离、分开、离婚	wixirën
1523	挑拨离间、使分开、隔开	wixikënën
1524	分离、离开	wilërën
1525	离婚	burigirën
1526	分给、分配	uoqarën
1527	分骨节	mujilërën
1528	关、关掉、压	tirërën
1529	捂	haagarën
1530	剪、剪掉、裁缝	kaiqilarën
1531	剪碎	suiburën
1532	缝	ullirën
1533	缝衣扣、佩戴	tulërën
1534	缝衣扣	kadiburën
1535	缝衣边	huarën

续表

序号	汉语	得力其尔鄂温克语
1536	绣花、刺花	ilga arkirën
1537	叉腿	alëqirën
1538	感触、关系到、产生关系	ajirarën
1539	隔开、间隔起来	gialërën
1540	隔开、隔离、分离	uonqukgirën
1541	划分、分配	uonqulërën
1542	挑选、选择	yalgërën
1543	配合	aqqiburën
1544	和睦、团结、友好	jukilirën
1545	连接、结合、串联、联系	holborën
1546	接上、连接	jalgërën
1547	连上、连续、惩前毖后	xiarërën
1548	断、中断、间断	qiakërrën
1549	弄断、截断、打断	qiakëlërën
1550	送行、送走	uoqikanën
1551	串烟叶	ixëmirën
1552	坚持、忍耐、挺住	tësërën
1553	耀武扬威	takerën
1554	挺胸	tañgerën
1555	包	ukulirën
1556	包、包装、包起来	kuoqirën
1557	围拢	qomilërën
1558	围攻	kurëlërën
1559	做夹层、弄双层	dabkurlarën

续表

序号	汉语	得力其尔鄂温克语
1560	加厚	diarëmlarën
1561	变厚	diarëmtrën
1562	变圆、成团、变成一团	bangëltërën
1563	聚拢	qumilërën
1564	染色	bodërën
1565	打扮、添色	jusulërën
1566	照相	soudër taanën
1567	汇报	saakanën
1568	缺、缺少	abilrën
1569	缺少	abildrën
1570	多余、变多	bërandrën
1571	剩余、富余	uluhudrën
1572	报道	baudaulërën
1573	刊登	baudë yuwurën
1574	客气	ërëlërën
1575	谦让、让步、退让、忍让	anëburën
1576	拒绝	anëbtën
1577	拜年	anerën
1578	感兴趣、爱好	duorëqirën
1579	见喇嘛、让佛医瞧病	lamëqilërën
1580	变好、好转	nanda uorën
1581	得劲	itqirën
1582	报答、回报	karularën
1583	变浑浊	buwantrën

续表

序号	汉语	得力其尔鄂温克语
1584	发白、变白	qerëntrën
1585	知道、明白	saarën
1586	精通	saagdërën
1587	了解、掌握	saamburën
1588	通报、呈报、报告	saankanën
1589	明白、理解	guururën
1590	相互明白、互相理解	guuruldirën
1591	讲明白、解释、说服	guurukënën
1592	弄明白、搞清楚、核实	gëtkulërën
1593	查看、审查、检查	iqilkirën
1594	盯着看、看守	iqibrën
1595	醒	sërirën
1596	叫醒	sërikënën
1597	苏醒、醒悟、明白事理	ukararën
1598	失去知觉	ukaldrën
1599	憋气	hankaxerën
1600	装病	ënëkuxirën
1601	隐瞒、隐藏、藏起来	jayirën
1602	弄错、搞错	taxerarën
1603	耽误、耽搁	saatarën
1604	阻挠、干扰	saatagarën
1605	失去、失手、失掉	aldërën
1606	消失、消气	girirën
1607	消失、消亡	arildën

147

续表

序号	汉语	得力其尔鄂温克语
1608	灭亡	suntburën
1609	输	ëtëwurën
1610	尿裤子、吓得屁滚尿流	qikën aldërën
1611	当心、留意	kiqëmnën
1612	绊脚、脚绊一下	tukqirën
1613	办喜事	saranlarën
1614	给报酬	ulinburën
1615	鼓励、勉励	kukerën
1616	硬撑、不服软、不接受	gañgëlërën
1617	运动、活动	urburën
1618	甩脑袋、甩头	larkirën
1619	晃动、摇摆、摇头	larkilarën
1620	摇摇晃晃、摇摆不定	larkiburën
1621	摆手走路、摇头摆尾	laxilarën
1622	摇摆、摇晃	gëikiljirën
1623	偏斜、晃荡	këlbëlxirën
1624	东西摇摆	guaibëljirën
1625	摇摆不定	kaibëljirën
1626	摆荡、颠簸、摇摆不定	këlbëljirën
1627	骄傲	bikëlërën
1628	耍性子、自以为是	banibkirën
1629	炫耀、翘尾巴	goderën
1630	指明、教诲	xirbaran
1631	睡觉	aasënën

续表

序号	汉语	得力其尔鄂温克语
1632	打鼾	korkirarën
1633	消极	ëbirgirën
1634	积极、奋发	teñkilirën
1635	熟	yërërën
1636	过分、翘尾巴、自以为是	kukirën
1637	浮夸、夸夸其谈	kuokiburën
1638	吹牛、炫耀、自夸	kuorrën
1639	不好意思	kënkërërën
1640	羞愧、不好意思、害羞	aljirën
1641	害羞	ilintërën
1642	饿	jëmunën
1643	吃	jibtën/jibtërën
1644	喂饭、让吃、请吃	jibkënën
1645	宴请	sarënlarën
1646	渴	añkërën
1647	喝、抽烟、吃药	imirën
1648	喝酒	arkidarën
1649	喝醉	soktorën
1650	微醉	kulqubrën
1651	酒醒、醒来、睡醒	gëtërën
1652	品味	antanën
1653	舔	ilkërën
1654	咬	kikërën
1655	互相咬、相互揭发	kikëldirën

续表

序号	汉语	得力其尔鄂温克语
1656	啃	këñgirërën
1657	吃奶	ëkunën
1658	喂奶	ëkunkënën/ëkukënën
1659	吞	niñirën
1660	咽	niñurën
1661	一口咽进去	niñubtën
1662	咽进去	niñuburën
1663	饱、吃饱	ëlërën
1664	吃撑、发胀、鼓出来	tëlërën
1665	肿胀、膨胀	kuorën
1666	不断膨胀	kuorërën
1667	嚼	nannarën
1668	细嚼	nannaxirën
1669	消化	xiñgërën
1670	吐痰	tominën
1671	呕吐	ixilirën
1672	尝	amtërën/antërën
1673	尝试	iqibkirën
1674	变辣	goqiktërën
1675	使变辣	goqiktëkanën
1676	拉屎、大便	amënën
1677	尿、小便	qikënën
1678	解手、出外头	tuollë juurën
1679	放屁	mukërrën

续表

序号	汉语	得力其尔鄂温克语
1680	流鼻涕	ilakqitrën
1681	流口水	xulustrën
1682	缩水	habxirën
1683	赶趟	jabdërën
1684	赶趟、趁机、抓住机遇	hamjerën
1685	趁机	hamjilërën/kamqolërën
1686	抓住机遇	hamjikënan
1687	偷	hualëkrën
1688	憋气、憋闷气	hankaxirën
1689	咳嗽	xiinkirën
1690	百日咳	ëigën xiinkirën
1691	打哈欠	naitarën
1692	患麻疹病	jiargaltrën
1693	相信	itëgrën
1694	信赖	itëgxirën
1695	被使用、被录用	baitëlawurën
1696	用、使用	baitëlarën
1697	使用、花钱	takurrën
1698	算账	jan bodorën
1699	数钱	jiga tañirën
1700	计算、算数	tuo bodorën
1701	是	mëtërë/taaqin
1702	不是	ëntuo
1703	没有、无	aaqin

续表

序号	汉语	得力其尔鄂温克语
1704	没	ëqë
1705	不	ëqin
1706	别	ëjë
1707	不行	ëqin uodë
1708	在	biqin
1709	在、有	bijirën
1710	可以、行	uodën
1711	值得做、可做	uobtën
1712	能、会、能够	ëtërën
1713	找到、赶上、追上	bakamnën

四 代词

序号	汉语	得力其尔鄂温克语
1	我	bi
2	你	xi
3	他、她	nuo
4	他、她、它（青年人）	tarë
5	他、她、它（老年人）	tari
6	自己、亲自	mëëyi/mëyi
7	自己、独自	ëmukëyë
8	独自一人、单独	ëmukëkën
9	我们、俺们	bu
10	自我方	mëngiji

第一部分　得力其尔鄂温克语基本词汇

续表

序号	汉语	得力其尔鄂温克语
11	你们、您	su
12	他们	talur
13	他们、她们、它们	ëlur
14	咱们	mëti
15	咱家	mëtilë
16	大家、大伙儿	baranji
17	大家伙	ualën
18	大家伙儿、大伙儿	ualënji
19	别的他、其他	ënquo
20	另外的他们	ëntuotil
21	别的他	ëntuo
22	全部、都	bolog
23	都、全都	gub
24	都	lupu
25	大家	gërën
26	家人	guqi
27	多半	uluku
28	彼此之间	mëjëre
29	谁	awu/nii
30	怎么	yoni
31	怎么也	yokonkët
32	怎么样也	yonikët
33	怎么也吧	yokonkët biyin
34	怎么也是	yoniqi

153

续表

序号	汉语	得力其尔鄂温克语
35	为什么	yodan
36	为何	yodaya
37	哪能	yokoyim
38	怎样、如何	iktu
39	不论怎样	iktuwël
40	怎么办	iktoon
41	怎样了的	iktuqë
42	怎么也、不论怎样	iktuwëkët
43	这些、这些人	ëqsul/ëssul
44	那些、那些人	taqsul/tassul
45	那么	tarëqin/tobki
46	那么一点	tarëqinlë
47	这样	ëktu/ënnë/ëttu
48	若是这样的话	ënnëkki
49	这些	ënnëlë
50	就这些、就这样	ënnëqilë
51	这样的	ënnëqin
52	那样	tanna
53	若是那样的话	tannakki
54	那些	tannalë
55	就那些、就那样	tannaqilë
56	那样的	tannaqin
57	那个程度	tarjiggin
58	那面、那边	tayidalë

续表

序号	汉语	得力其尔鄂温克语
59	那么一些	tannëqil
60	那样的话	taktokki
61	那么一点点	tannëqikal
62	若是那样、既然那样	tannaqinki
63	各自	mëmëdi
64	各一个	nijëlë
65	各种	kaqin
66	各种各样的	kaqindur
67	若干、几个	hëm
68	多少次	hëmtan
69	这里	ëlë
70	那种、那程度	tihin
71	那边	tayidala
72	什么	uoni/uokun
73	多少	uoke
74	什么地方	uonibo
75	什么也	uokonkët
76	什么样也	uonikët
77	多么	uoniqi
78	何时	uokedu
79	哪里、哪儿	ilë
80	到处	botalan
81	到处都是	bojalun
82	从哪里	ilëki

续表

序号	汉语	得力其尔鄂温克语
83	哪儿也	ilëkët
84	这边	ëdu
85	比什么、比哪个	iritki
86	哪个方向	iri bëitiki
87	从哪里	iriduki
88	哪样	innëqin
89	当初	lërigin
90	最初	ëtë
91	那时、当时	tarkëndu
92	几时	aali
93	不论何时	aalikët
94	向这里	uoxiki
95	不论怎样、反正	iktukut
96	不论如何	iktuwël
97	附近	dawkun
98	其他	ënqi
99	别样的、不同的	ënquoku
100	不知何时	aalëwël
101	各种各样	kaqinkël
102	随处、四处	ëlë tala
103	到处、各处、随处	botalan
104	到处、四处	nëigën
105	独自	ëmukënji

五 形容词

序号	汉语	得力其尔鄂温克语
1	高的	guogdë
2	矮的	laka/nëktë
3	矮小的	lata/bojigër
4	低矮的	nëktëkun
5	底下的	ërgilë
6	低一点的	ërgilëqirë
7	低洼的	konkër
8	低处的、低洼的、洼地的	kowëg
9	双的、重复的、双重的	dabkur
10	相同的、一模一样的、双的	tëëre
11	重的、重合的、重叠的	karqin
12	孤独的、单一的	wënqin
13	简单的	amarkun
14	容易的、省心的、省事的	amal
15	容易的、便宜的	kiandëkën
16	阴谋的	duotën
17	喜欢的	duorëqi
18	宠爱的	tañtaka
19	有瘾的	yinqi
20	讨厌的	qiqirmu
21	可气的、气人的	alemu
22	可爱的	diarë
23	太平的	taibën

续表

序号	汉语	得力其尔鄂温克语
24	最初的	ëkikte
25	安全的、平安的	abëgër
26	安乐的	xëbjil
27	安稳的	dir
28	稳当的	dirban
29	稳的、稳当的、稳妥的	labdun
30	稳重的、稳定的	toktun
31	安稳的、正派的、率直的	toktukun
32	直的、直率的	tuandë/tondo
33	草率的	kalëb
34	标准的、整齐的	tëkqikun
35	齐的、整齐的	tëkqi
36	参差不齐的	qiqabaqa
37	凹凸不平的	tungë tangë
38	一样的	ëmudur
39	相同的	ëmundurun
40	丑陋的、难看的	ërukëyë
41	丑的、不好意思的、内疚的	aljumu
42	害羞的、不好意思的	aljimgdi
43	嘴欠的	oudungi
44	暴躁的	porgong
45	蛮横的、暴力的	ësëhun
46	急性的、急怒的	haggi
47	暴躁的、暴怒的	dorxin

续表

序号	汉语	得力其尔鄂温克语
48	心胸开阔的	urkun
49	错误的、相反的、反面的	boro
50	反的	kouxige
51	对面的、对立的、反方向的	hësërwu
52	针锋相对的、对立的	ësuru
53	反面的	isuru
54	反复的、再次的	dakim
55	反复的、没完没了的	dakim dakim
56	粗心的	sargil
57	有影响的、有印记的	murqi
58	暗的、浑浊的	buwan
59	脏的	laibër
60	下流的、肮脏的	bajir
61	下贱的	buya
62	干净的	nëërikun
63	面色光滑的、有面子的	talëqi
64	光滑的、闪光的	gilbur
65	滑溜的、软绵绵的	nilon
66	有光的、光明的	ilanqi
67	勇敢的、大胆的	miagënqi
68	英勇的、勇敢的、英雄的	baatër
69	胆小的、胆怯的	miagën aaqin
70	胆小怕事的	nëëlëke
71	事多的、有事的、麻烦的	baitëqi

续表

序号	汉语	得力其尔鄂温克语
72	危险的、可怕的	surëqi/sulëqi
73	可怕的	nëëlëmu
74	恐怖的	nëëlëmugdi
75	吓人的、恐怖的、威严的	surqi
76	傲慢的	ëqiwën
77	神气的、傲气的	gorkoljir
78	整齐的	tëkxi/tëqqi
79	现成的	bëlëkën
80	缺少的、短缺的、不全的	abël/abil
81	短的、断头的、短小的	urumkun
82	重叠的、一层又一层的	dëktër
83	层层的	dërkën
84	扁扁的	pelë
85	偏的、缺的	kaltig
86	扁的	kabiqi
87	尖头的	xorëqi
88	悲观伤心的	nëxiku
89	瘦的	iiliëru
90	肥的	iili ayi
91	骨瘦如柴的、皮包骨的	juaktë
92	贪婪的、贪得无厌的	gëwën
93	自私的	makëqin
94	胖的	ulliqi
95	肥胖的	burgu

续表

序号	汉语	得力其尔鄂温克语
96	富的	bayin
97	富裕的	ëlbur
98	勤劳的	gërbëqin
99	勤快的	xiogxior
100	穷的	yadan
101	穷酸的、穷样的	kallig
102	穷竭的、穷尽的、穷乏的	mokqun
103	饥荒的	dajin
104	厚的	diarëm
105	薄的	nënimkun/nënni
106	轻松的	suola
107	轻的	kungën
108	凉的	bokti
109	冰凉的	boktigdi
110	凉快的、凉爽的	sërum
111	潮湿的	uolubkun
112	舒服的	amëlku
113	简单的、容易的、舒服的	amëlkun
114	踏实的	diri
115	黄的	xiañgërën
116	红的	walirin
117	蓝的	xilan
118	灰色的	huixe
119	青的	hëlgën

续表

序号	汉语	得力其尔鄂温克语
120	黑的	konnërin
121	漆黑的	patkarë
122	白的、白色的	gigtirin
123	绿色的	qurun
124	深绿的	quorin
125	粉色的	kaowu
126	缺口的	sëktëg
127	破的	muo
128	破一点的	muoqirë
129	破碎的	ladër
130	坏的、不好的	ëru
131	变味的、变坏的	ërukun
132	不好的、不顺心的、荒凉的	dajin
133	阴险的、狡诈的	koimël
134	厚颜无耻的、脸皮厚的	xilëm
135	脸皮厚的、贼眉鼠眼的	gulën
136	直心眼儿的	xolgun
137	花心的	quokur
138	黑的、心毒的	harë
139	残忍的、残酷的、黑心眼的	harëqi
140	浮夸的、狂妄的	dëwë
141	轻飘的、轻浮的	darbën
142	嘚瑟的	dabgi/dargi/daggi
143	疯狂的、狂暴的	galju

续表

序号	汉语	得力其尔鄂温克语
144	丑的、没法说的	muonkë
145	秃顶的、荒废的	kujigër
146	有用的、管用的	butulqi
147	没出息的、不成器的	butul aaqin
148	没准的、不靠谱的	julë aaqin
149	荒废的、荒芜的	kuoti
150	好的	ayi
151	好的、健康的	abgër
152	好转的、好些的	nanna
153	好的、喜事的	urugun/uruun
154	真诚的、实在的、诚实的	unëñgi
155	母爱的、慈爱的、博爱的	uniñgi
156	实心的、直白的、实在的	guollë
157	正确的、真实的	tëji
158	可信的、信任的、信赖的	itëgëlqi
159	敞开的、豁然的	mialkë
160	直性子、耿直的、直白的	qotor
161	老实的、耿直的、直率的	xolon
162	直直的、十分直率的	qiquur
163	直率的	tondo
164	直的	xiiggën
165	直率的、心眼儿直的	xolgun
166	歪曲的	juligi
167	歪的	morqehe

续表

序号	汉语	得力其尔鄂温克语
168	弯曲的	bokir
169	简单的、一般的	jërgi
170	一般的	jëkin
171	广阔的、辽阔的	ëñgë
172	快乐的、高兴地	sëbjin
173	顺利的	yolukën
174	方便的、容易的、便利的	amëkën
175	顺便的、顺路的	yoqun
176	顺手的	naalëyitë
177	热闹的、欢乐的、阳光的	ilëqi
178	客气的、繁琐的	largin
179	宽的、宽裕的	ëñgël
180	宽裕的、富裕的	ëlëpur
181	宽松的、宽敞的	ëñgëlku
182	宽的、宽大的	awu
183	狭小的	ikqu
184	狭窄的	kabqi
185	窄的	dakqi
186	横的	kundëlën
187	竖的	gualdëlën
188	真的、真实的、忠实的	unën
189	认真的、实在的	unëngir
190	仔细的、细心的	ginqikin
191	细致的、细微的	narin

续表

序号	汉语	得力其尔鄂温克语
192	假的	uolëkë
193	虚假的、虚伪的	kuadël
194	酸性的、酸味的	dasun
195	甜的	amtaqi
196	咸的	dausunqi
197	美丽的、漂亮的、好看的	nannakën
198	漂亮的、美满的	ayikun
199	光亮的、晴朗的、微亮的	gëvën/gëgën
200	亮一点的、微亮的	nëërikun
201	先天的	banjig
202	重要的	uyoňgo
203	重的、沉重的	urgigdi
204	重的	urgi
205	厉害的、不一般的	jike
206	有名的	gërbiqi
207	轻巧的、轻轻的	qimër
208	悄悄的	sëmur
209	悄然无声的、静悄悄的	xomkun
210	寂静的	xemkur
211	宁静的	sëmukun
212	大的	ëgduo
213	小的	niqukun
214	细的	nëmibkun/nënni
215	细的、精细的、细心的	narin

续表

序号	汉语	得力其鄂温克语
216	粗的、魁梧的	barwun/bargun
217	粗壮的	tipan
218	裸体的、一穷二白的	julakin
219	酸的	jusun
220	苦的	guoqin
221	不开朗的、苦闷的	lukur
222	磨难的、苦难的	karxin
223	苦难的	muokxin
224	苦难的、灾难的	muogol
225	灾难的	muogqun
226	艰难的、艰辛的、硬的	katu
227	矛盾的	larginqi
228	发疯的、猖狂的	sule
229	糊涂的	kuudu
230	痴的、痴呆的	mënën
231	迷糊的	dulbën
232	愚蠢的、傻的	xuwulë
233	晦气的、无精打采的	luoggë
234	悔恨的	gëñgun
235	不少的、挺多的	anibaran
236	少的、稀少的	konnë/kondë
237	少的	aqukun
238	老的	nasëqi
239	年轻的	jalu

续表

序号	汉语	得力其尔鄂温克语
240	没有必要的、不必要的	kërgë aaqin
241	懒的、懒惰的	xialkën
242	懒惰的	jalëku
243	不对的	ëqin jukër
244	香的、香味的	waaqi
245	臭的、有味的	waaqikur
246	有智慧的、聪明的	delëqi
247	有心思的	hargëlqi
248	不懂事的	guurul aaqin
249	不喜欢的	duorë aaqin
250	不会的	ësën ëtër
251	不明智的、不通情达理的	ëlëqin
252	半熟的	jukë
253	弱的、次等的	ëbirë
254	弱小的	xibjia
255	结巴的、语言模糊的	këlgi
256	空闲的、松散的	sulë
257	密布的	këqër
258	密的、稠密的、稠的	urkun
259	密实的	jiabtër
260	密切的	dagar
261	不充分的	ëgëri
262	不一般的	jërgentu/jëëkinëntu
263	对面的、对过的	juru

续表

序号	汉语	得力其鄂温克语
264	对面的、对方的、对立的	hësuruwu
265	对立的	ësuru
266	门当户对的	duisël
267	对上的、合适的、吻合的	jukiktër
268	恰好的、不错的	jëëkin
269	多的	bëran/buran
270	太多的	manibëran
271	多的、众多的	walën
272	多余的、多的、其余的	ulukë
273	狠的、毒的	harëqi
274	硬的、坚实的	katë
275	硬的、顽强的	katën
276	刚硬的	ganqi
277	结实的、坚固的	buku
278	坚硬的、坚固的	batu
279	顽固的、固执的	murke
280	孤僻的、固执的	mëljën
281	倔的、倔强的	mëljëñgi
282	倔强的	mulike
283	憨厚的	gulën
284	固执的、偏执的	mëljëku
285	倔强的、顽固的、固执的	morke
286	光溜的、脱光的	bialëhë
287	贵重的、昂贵的	kudaqi

续表

序号	汉语	得力其尔鄂温克语
288	便宜的、容易的	kiannë
289	软的	dëyikun
290	软一点的	dëyiqirë
291	瘫痪的	lipër
292	发蔫的、黏软的、蔫的	lonber
293	软绵绵的	dëyibkun
294	稍微软一点的	dëyiqirëkën
295	瘫软的	lipër
296	涩的	hësun
297	不滑润的、不流畅的	hëluën
298	不怎么样的、不行的	jike
299	麻烦的、多事的	largen
300	厌烦的、腻烦的	akamu
301	有头绪的	madgënqi
302	混乱的、无头绪的	lantan
303	蓬乱的	sërqigër
304	捣乱的、淘气的	xialgën
305	古怪的、厌烦的、不理想的	dajin
306	怪的、不可思议的、多面的	karqin
307	奇怪的、怪异的	gaikëmu
308	多余的	aixial
309	深的、深刻的	suontë
310	浅的	albikun
311	温的、温乎的	bulun

169

续表

序号	汉语	得力其尔鄂温克语
312	暖和的、温暖的	nanëgdi
313	热的	ëkugdi
314	酷暑的、大热的、特热的	ëgduo ëkugdi
315	冷的	inigdi
316	冷清的、冷冷清清的	xiomkun
317	冷淡的	këki
318	辣的	goqiktë
319	有毒的、毒辣的	korqi
320	浓的	urkun/dakqun
321	淡的	bolgun
322	满的	jalun
323	稀的	xiñgën
324	旧的	irëëktë
325	新的	irkin
326	新鲜的	sëwën
327	有营养的	ximëqi
328	慢的	udaan
329	缓慢的	aalibkën
330	快的	turugun
331	利索、利落、麻利	qiakur
332	熟练的	yolukun
333	快速的	diyar
334	利落的、迅速的	xatu
335	迅速的、急速的	kurqin

续表

序号	汉语	得力其尔鄂温克语
336	锋利的	xirqi
337	滑稽的、俏皮的、有意思的	monio
338	有趣的、逗趣的	yëënuqi
339	明显的、光明磊落的	ilëhën
340	清楚的、明白的、明确的	gëtkun
341	清澈的、清纯的、清净的	tuñgu
342	明露的、公开的、明显的	ilkën
343	体面的	dërëñgi
344	英明的	surtë
345	聪明的、伶俐的、机灵的	sërtëgër
346	敏感的、聪明的、机灵的	sërtëku
347	灵敏的、敏感的	kurqi
348	灵活的、灵气的	kurqingi
349	机灵的	moniomku
350	活的	amir
351	死的、全的、圆的	butu
352	敏捷的	sampël
353	能说会道的	wodongi
354	啰唆的、唠叨的	luorxike
355	爱发牢骚的	yërexe
356	赖皮的	laimos
357	厚颜无耻的	piis
358	不要脸的、不知耻的	xilëm
359	狡猾的	jaliñgi

171

续表

序号	汉语	得力其尔鄂温克语
360	诡计多端的	jĕlgi
361	狡诈的	kuaymal
362	狡猾的、诡计多端的	jaliqi
363	没规矩的、过分的	hëmaaqin
364	瞎说的、胡说八道的	qualqike
365	胡说的、瞎扯的	gubxëke
366	说大话的、吹嘘的	kuoruongi
367	小题大做的、虚张声势的	hulgingi
368	眼瞎的、黑的、看不见的	bali
369	模糊不清的	buvan
370	耳聋的、听不见的	koñgo
371	明白的、懂事的	guurungi
372	不听话的、不懂事的	guurulaaqin
373	有技巧的、有知识的	ërdëmqi
374	手巧的、灵巧的	uarën
375	死心眼儿的	kësmël
376	死板的、教条的	jukur
377	无精打采的、垂头丧气的	nëxin
378	半截的、短的	qakatu
379	残疾的、缺少的、断头的	gagtur
380	缺少的、不够的、残疾的	abiltur
381	半截的、一半的、不满的	duolimgu
382	残废的、残疾的	jaddëg
383	可怜的	gujëye

续表

序号	汉语	得力其尔鄂温克语
384	可惜的	hairan
385	口吃的	yëyig
386	没用的、不成的	butëlaaqin
387	长的	guonim
388	方的、方形的	durbëljin
389	圆的	tukurën
390	圆圆的	mokoli
391	椭圆形的	jurgëljin
392	三角形的	gurbaljin
393	长方形的	guonimiljin
394	远的	gorë
395	近的	dawkun
396	近一点的	dawkunqilë
397	急躁的	qutur
398	急性的	hagi
399	急的、爱着急的	uotake
400	瞎忙的	kuatiñgir
401	瞎的	sokor
402	黑暗的、看不见的、瞎的	balikur
403	分开的、岔开的	aqali
404	不同的	adilaaqin
405	不一样的	adilë ëntuo
406	原样的、没有变化的	dadur
407	疯癫的、爱吓一跳的	uolëqin

续表

序号	汉语	得力其尔鄂温克语
408	好搬弄是非的、混淆黑白的	kuoxorqi
409	碎碎的	bijirkun

六　虚词

序号	汉语	得力其尔鄂温克语
1	部分	mëyin
2	笨脚笨手地	përpar
3	笨笨地	bënbëndi
4	将来	amixi
5	以后、将来	uojidë
6	之后	amixigi
7	永远	ëntëgën
8	往后	amiguda
9	再	dayi
10	每	talan
11	差不多	jëëkin
12	一起	ëmëndur
13	一会儿	kiurë
14	一点点	ëmuskun
15	一点也	bailëqi
16	自然而然地	bimbedi
17	稳当地	babudun
18	从前	nuotel/gorëdu

续表

序号	汉语	得力其尔鄂温克语
19	从此	ëridiki
20	或者、也许	ërubiki
21	也许	tarëqinki
22	大约、大概	murxeki
23	大约	murxen
24	不久、马上	ëqëwadë
25	马上、立刻	ëxiktë
26	所以	tuonë
27	然而、然后	tuokqi
28	因此、所以、因而	tannakki
29	自从	tardiki
30	其次	xiarëm
31	再次	dakimë
32	也、再、还	naa
33	还是、仍然	haxi
34	再、又	dakil/dakim
35	又	mëtër
36	反复、重复	dayikqi
37	屡次、反复、没完没了	dakim dakim
38	稍微	nañë
39	稍稍	ëmunquk
40	既然、竟然	harin
41	可是	këxi
42	还	bas

续表

序号	汉语	得力其尔鄂温克语
43	很	lëk/gërën
44	非常	mani/madën
45	特别	diatë
46	多么、极其	uonqi
47	半信半疑地	ëtën tatën
48	三心二意地	kënugi
49	彻底、完整、完全	nexi
50	果断地、对半地	puxir
51	完全、彻底地	arukën
52	原原本本	dadurji
53	干净利索地	tab
54	干脆	qiakë
55	都	guqi
56	彻底	quobtë
57	最低、最坏	ëruki
58	好好地	ayikunji
59	好好地、狠狠地、牢牢地	ayiji
60	狠毒地、狠心地、毒辣地	harëqi
61	直直地	qiquor
62	好一点	ayiqirëji
63	白白地	bailë
64	从这里	taduki
65	突然、偶然、忽然	gëntëkën
66	差一点	gëlmu

续表

序号	汉语	得力其鄂温克语
67	穿透、彻底、透彻	tab
68	彻底地、透彻地	tuobë
69	差点	gël
70	明明地、故意地	quokti
71	曾经、过去、初次	turtan
72	差不多	buqaxin
73	紧紧地	tak
74	紧紧	tiakë
75	紧靠	kam
76	紧急	hadi
77	那么地	tokkiji
78	彻底、很、太	luxi
79	太	mani
80	太、真、极其	tëji
81	经常	gurëbun
82	常常、时常、经常、到处	nëigan
83	整个、完整、完全	lupuji
84	经常、常常	urëkëlji/urëkën
85	时常	dargi
86	往往	gulugun
87	平常、一般	jërgi
88	确确实实地	unëñgir
89	那当然	ëmixe
90	非要、死活要	indi

续表

序号	汉语	得力其尔鄂温克语
91	特意、故意	qokti
92	故意、专门	jurin
93	特别、特意	jurinqi
94	特殊、特别	ënqi
95	专门	tuligin
96	相当	antëg
97	已经	ëmukëyë
98	还未、尚未	unugu
99	紧紧地、牢牢地	kam
100	才	arën
101	更	ëli/ëkë
102	更加、尤其	ëlimti
103	美妙地、优美地	ayikumu
104	好些	ayiqirë
105	更加	ëkëmëgdi
106	完全、彻底、截然	ëmuntir
107	已、早已、已经	bolëg
108	赶快、赶紧	amërkur
109	果断、决断、坚定地	qiakë
110	毅然、决然	qiakënkir
111	终于、好不容易	arën xiarën
112	终究	madënji
113	果然	ëmixe
114	早已	hëjëni

第一部分　得力其尔鄂温克语基本词汇

续表

序号	汉语	得力其尔鄂温克语
115	晚、迟	onni
116	格外	tulgin
117	一样、好似	mëtër
118	原样地	yañjiji
119	照样	tarëji
120	像	nuwan
121	好像	meter nuwan
122	很不容易	uoni ayiji
123	好不容易	arën qirën
124	将将、紧紧巴巴、勉勉强强	jubtab
125	马马虎虎	kallib
126	挺	yosol
127	很早	nuotiyi
128	正好	jëëkin/giabë
129	恰好	jëñgi
130	正、准确	tobkur
131	透彻地	lubëjir
132	一起、共同	ëmundujir
133	同时	jërgi
134	差不多地	jëëkinqilë
135	相当、颇为	ani
136	急急忙忙、慌慌张张	pur par
137	几乎、差一点	gël
138	尽量	ëtërjin

续表

序号	汉语	得力其鄂温克语
139	就是	ëmixe
140	就是、也就是	uotkai
141	还是	harin
142	活该	këtu
143	简直	borooti
144	一点也、简直是	aruukun
145	好不容易、将将	jubkan
146	差一点点、差一点儿	gëlmuqi
147	理所当然、应该	ëmiqe
148	有可能	ërubki
149	有点可能	murqi
150	透彻	tantë
151	力所能及、尽量	ëtërji
152	规规矩矩	tuobëdi
153	无一例外地	ëmundurun
154	死心塌地	lukxin
155	用尽力量、全力地	kuqinji
156	一下子	ëmudadë
157	一闪	gilbur
158	总归	madërkin
159	一直	sou
160	一阵	arqi
161	一把	athu
162	碎碎地	ijir bijir

续表

序号	汉语	得力其尔鄂温克语
163	无意地	gënaaqin
164	尽可能地	julë
165	刚刚	tëlin/ësukunëkti
166	刚刚、刚才	ërtëm/ëtukukti/ësuhukti
167	立刻、当即	dagdër
168	瞬间、马上	kiurdë
169	立刻就、瞬间就	kiurkën
170	放肆地、随便地	doromji
171	随心所欲地、自由地	jalimuji
172	一门心思、我行我素	jalimku
173	虚张声势地	surëgin
174	无影无踪地	or mur aaqin
175	稀稀拉拉地	nirgë
176	当然	ëmi
177	一定	jawël
178	坚决地	qiakëmur
179	肯定	yaayaxi
180	突然	gaitkënji
181	将将	arëmuku
182	先	julëm
183	快速	diyarku
184	加快地	diyarjin
185	一样	adilëmur
186	如同、一样	huwakur

续表

序号	汉语	得力其尔鄂温克语
187	最坏、最末	ërudibki
188	急躁地	uotamji
189	慢慢地、缓慢地	ëñgëlji
190	彻底地	xibkunji
191	根本、完全	takëji
192	完整地、整个地	buhulji
193	但是、尽管如此	tuoqakit
194	虽然	tuoqanyin
195	那么	tuobkin/tuonë
196	是、是的、是那么回事	tannaqin
197	然后、因此	tuokqi

第二部分
得力其尔鄂温克语会话

1. xi ayi ye
你好吗

xi ayi ye?
你 好 吗
你好吗?

bi mani ayi.
你 很 好
我很好。

xini bëyi ayi ye?
你 身体 好 吗
你身体好吗?

mini bëyi mani ayi.
你 身体 很 好
你身体很好。

nuoni bëyin naa mani ayi.
他 身体 也 很 好
他的身体也很好。

严重濒危得力其尔鄂温克语研究

xi ërdë ayi ye?
你 早晨 好 吗
你早晨好吗？

su gub ërdë ayi biqun ye?
你们 都 早晨 好 在 吗
你们都早晨好吗？

gubji bolog ërdë ayi bimun.
大家 都 早晨 好 在
大家都早晨好。

ënniyi ayi iniyi uoqo.
今天 好 天 是
今天是个好天。

tannaqin, ënniyi madën ayi iniyi uoqo.
是的， 今天 非常 好 天 成
是呀，今天天气非常好。

wëyilë bodu ëmu naa tukqi aaqin.
上 天 一 也 云 没有
天上连一片云彩也没有。

ënniyi bikin mani nanndakan iniyi uoqa.
今天 是 十分 美丽 天 成
今天是一个十分美丽的天。

suyi　juuyi　bëyi　gub　ayi　biqin　ye?
你们　家的　人　都　好　在　吗
你们家的人都好吗?

muyi　juuyi　bëyisul　bolog　abgër　biqin.
我们　家的　人们　都　健康　在
我们的家人都安康。

talur　uokën　uom　biqin?
他们　什么　做　在
他们都在干什么?

miyi　yëyë　uokqi　tetewi　juukduwël　ërdëyi　qee　imijirën.
我　爷爷　和　奶奶　家里　早　茶　喝
我爷爷和奶奶在家里喝早茶呢。

talur　uoni　qee　imijirën?
他们　什么　茶　喝
他们在喝什么茶?

ukuryi　ukunqi　qee　imijirën.
牛奶　的　茶　喝
喝的是牛奶茶。

taluryi　bëyiyin　gub　abgër　ba?
他们的　身体　都　健康　吧
他们的身体都健康吧?

muyi　yëyë　uokqi　teteyi　bëyiyin　gub　mani　abgër.
我们　爷爷　和　奶奶　身体　都　很　健康
我们爷爷和奶奶的身体都很健康。

185

xiyi ěnin aminqi juukduwi biqin ye?
你的 妈妈 爸爸 家 在 吗
你父母在家吗？

mini ěninmi juukdu biqin.
我的 母亲 家 在
我母亲在家。

xini aminqi juukduwi aaqin ye?
你的 父亲 家 不在 吗
你父亲不在家吗？

mini amin juukduwi aaqin.
我的 父亲 家 不在
我父亲不在家。

tari ěri ěrdě ilě ěněqě?
他 今 晨 哪里 去了
他今天早晨去哪里了？

mini aminmi ěrdě talan konin adulam ěněrěn.
我的 父亲 早 每 羊 放牧 去
我父亲每天早晨去放羊。

tari ěrdě adi ěrindu koninduwi yaburěn?
他 早 几 时 羊 走
他早晨几点去放羊？

nuoyi ini talan ěrděyi ton ěrindu koninduwi yaburěn.
他 天 每 早晨 五 时 羊 走
他每天早晨五点去放羊。

xini akini bëyi ayi ye?
你的 哥哥的 身体 好 吗
你哥哥的身体好吗？

miyi akini bëyi mani ayi.
我的 哥哥的 身体 很 好
我哥哥的身体很好。

bi xinidu madën banigërjime.
我 你 非常 感谢
我非常感谢你。

baitë aaqin, daki bakildidawël.
事 没， 再 见
没关系，再见。

uodën, daki bakildidawël.
好吧， 再 见
好吧，再见。

2. xiyi juu ilë biqin
   你家在哪里

xiyi juu ilë biqin?
你的 家 哪里 在
你家在哪里？

miyi juu dëlqirdu biqin.
我的 家 得力其尔 在
我家在得力其尔。

187

dĕlqir　　uoni　bo?
得力其尔　什么　地方
得力其尔是什么地方？

dĕlqir　　bikin　ur　bo.
得力其尔　是　山　地方
得力其尔是山区。

tari　bodu　mani　nannakĕn　ur　biqin.
那　　地　　很　　美的　　　山　有
那个地方有非常美丽的山。

dĕlqir　　bodu　bira　biqin　ye?
得力其尔　地　　河　　有　　吗
得力其尔有河流吗？

ĕri　bodu　ĕmun　ĕnin　bira　biqin.
这　　地　　一　　母亲　河　　有
这个地方有一条母亲河。

ĕnin　birawa　gorĕdu　ñĕnin　bira　ĕnĕn.
母亲　河　　　早先　　格宁　　河　　称
早先母亲河就叫格宁河。

ñĕnin　birawa　naa　ñĕni　bira　ĕnĕn.
格宁　　河　　　也　　格尼　河　　说
格宁河也叫格尼河。

aadĕ　bĕyi　ñĕni　birawa　naa　gĕni　bira　ĕnĕn　biqĕ.
一些　　人　　额尼　河　　　也　　格尼　河　　说　　是
一些人将额尼河也直接叫格尼河。

188

tokqi, ënin bira uokqi ñeni birayin gëni bira ënëm juriqa.
因此, 额宁 河 和 额尼 河 格尼 河 是 写
由此额宁河和额尼河都写成格尼河了。

ënin bira ënëqëxi ënin adilë bira ënëqë ujanqi uorën.
母亲 河 说 母亲 一样 河 说 意思 成
母亲河的意思说像母亲一样慈祥的河。

ënin biradu okqon biqin ye?
母亲 河 鱼 有 吗
母亲河有鱼吗?

okqon baran biqin.
鱼 多 有
有好多鱼。

uoni uoni okqon biqin?
什么 什么 鱼 有
都有什么鱼?

murug、quolë、jëbkë yëki biqin.
草根鱼 狗鱼 细鳞鱼 等 有
有草根鱼、狗鱼、细鳞鱼等。

këltëg biqin ye?
鲫鱼 有 吗
有鲫鱼吗?

këltëg uokqi daaki yëki gubji biqin.
鲫鱼 和 鲇鱼 等 都 有
鲫鱼和鲇鱼等也都有。

189

ënin birayi muoyin madën nëërikun.
母亲 河   水   非常   清澈
母亲河有非常清澈的水。

dëlqiryi urdu moo biqin ye?
得力其尔 山   树 有 吗
得力其尔的山上有树吗?

baran moo biqin.
多   树   有
有许多的树。

uoni moo biqin?
什么 树   有
有什么样的树?

jagdë、irëktë、kailasun binqin.
樟松   松树   榆树   有
有樟松、松树、榆树等树。

qaalban moo biqin ye?
白桦   树   有 吗
有白桦树吗?

biqin, qaalban moo urdu mani baran biqin.
有,   白桦   树   山   很   多   有
有,山上有很多的白桦树。

urdu ëntuo naa uondi moo biqin?
山   其他 还 什么 树   有
山上还有其他什么树?

naa olë moo、tiagur、bargas、xirëktë moo yěki biqin.
还 杨 树 黑桦 柳条 红柳 树 等 有
还有杨树、黑桦、柳条、红柳树等。

dělqiryi urdu iñěktë biqin ye?
得力其尔 山 稠李子 有 吗
得力其尔的山上有稠李子吗?

iñěktë、uliktë、jirěktë、guilěs gub biqin.
稠李子 山丁子 都柿 杏子 都 有
像稠李子、山丁子、都柿、杏子等野果都有。

urdu xixiktë biqin ye?
山 榛子 有 吗
山上有榛子吗?

xixiktë naa baran biqin.
榛子 也 多 有
榛子也有很多。

urdu ëntuo uokun biqin?
山 其他 什么 有
山上还有什么?

mañgektë、añgul、gorse biqin.
山葱 山芹菜 野韭菜 有
有山葱、山芹菜、野韭菜。

tari ur bodu bohëktë biqin ye?
那 山 地 木耳 有 吗
那里的山林地带有木耳吗?

191

muyi urdu bohëktë uokqi mëëgë gubji biqin.
我们 山 木耳 和 蘑菇 都 有
在我们的山上木耳和蘑菇都有。

dëlqiryi urdu gurës biqin ye?
得力其尔 山 野生动物 有 吗
得力其尔的山上有野生动物吗？

gurës baran biqin.
野生动物 多 有
有很多野生动物。

uoni uoni gurës baran biqin?
什么 什么 野生动物 多 有
很多都是什么样的野生动物？

ëtërkën、guskë、suoliki、torëki yëki gurës bolog biqin.
熊 狼 狐狸 野猪 等 野生动物 都 有
像熊、狼、狐狸、野猪野生动物都有。

ëntuo naa taoli、huolian yëki biqin.
其他 还 兔子 蛇 等 有
其他还有兔子和蛇等。

jëgrën yëki biqin ye?
黄羊 等 有 吗
还有黄羊什么的吗？

jëgrën、giiqën、kandakan gub biqin.
黄羊 狍子 驼鹿 都 有
黄羊、狍子、驼鹿什么的都有。

dëlqiryi   urdu   dëgi   biqin   ye?
得力其尔   山   鸟   有   吗
得力其尔的山上有鸟吗?

dëgi   baran   biqin.
鸟   多   有
有很多鸟。

ituo、korwël、tëgëlën   yëki   biqin.
沙半鸡 野鸡   乌鸡   都   有
沙半鸡、野鸡、乌鸡都有。

urdu   kugdë   naa   biqin   ye?
山上   飞龙   也   有   吗
山上还有飞龙吗?

urdu   kugdë、jiljimar、saajige、tontuke   bolog   biqin.
山上   飞龙   小鸟   喜鹊   啄木鸟   都   有
山上像飞龙、小鸟、喜鹊、啄木鸟等都有。

dëlqir   arun   boyi   ilëyin   biqin?
得力其尔   阿荣   地区   哪里   有
得力其尔在阿荣旗的哪个位置?

arun   boyi   naji   kotoni   jëëndëlë   biqin.
阿荣   地区   那吉   镇   东侧   有
位于阿荣旗那吉镇东侧。

naji   kotonduki   gore   biqin   ye?
那吉   镇   远   有   吗
离那吉镇远吗?

193

naji　kotonduki　jaan　jakun　ton　guñli　bodu　biqin.
那吉　　镇　　　十　　八　　五　公里　处　　有
位于离那吉镇八十五公里处。

dëlqirdu　ënër　ëgduo　tërgul　biqin　ye?
得力其尔　　去的　　大　　路　　有　　吗
有没有去得力其尔的大路？

mani　ayi　irkin　tërgul　biqin.
很　　好的　新　　公路　　有
有很好的新修的公路。

dëlqir　bikin　ëwënki　bëyiyi　ini　baldiyir　bo.
得力其尔　是　　鄂温克　人　　日子　过的　　地方
得力其尔是鄂温克人生活的地方。

ëwënki　bëyiduki　ëntuo　bëyi　biqin　ye?
鄂温克　　人　　　其他　　人　　有　　吗
除了鄂温克人还有其他民族的人吗？

ëntuo　aimëni　bëyi　naa　biqin.
其他　　民族　　人　　也　　有
也有其他民族同胞。

ëntuo　uoni　aimëni　bëyi　biqin?
其他　什么　民族　　人　　有
其他还有什么民族的人？

naa　niakan、mëñgul、manji、gaoli　bëyi　biqin.
还　　汉　　　蒙古　　满族　　朝鲜　人　　有
还有汉族人、蒙古族人、满族人、朝鲜族人。

xiwë　bëyi　biqin　ye?
锡伯　人　　有　　吗
有锡伯族吗？

jukubtën, naa　xiwë　uokqi　uorqen、dawur　beyi　bolog　biqin.
对，　　 还　锡伯　和　　鄂伦春　达斡尔　人　　都　　有
对，还有锡伯族、鄂伦春族、达斡尔族。

dëlqiryi　ëwënki　bëyi　yokun　uojirën?
得力其尔　鄂温克　人　　什么　　做
得力其尔的鄂温克人都从事什么职业？

nuotir　tarigan　tarijirën.
他们　　田　　　种
他们在种田。

uoni　tarigan　tarijirën?
什么　田　　　种
种什么田？

kanxi、maisë、susu　bolog　tariran.
稻子　麦子　玉米　都　　 种
稻子、麦子、玉米什么的都种。

su　sulgektë　tatirqun　ye?
你们　菜　　　种　　　吗
你们种菜吗？

bu　sulgektë　naa　tarimun.
我们　菜　　　也　 种
我们也种菜。

195

su uoni sulgektë tarirqun?
你们 什么 菜 种
你们种什么菜?

baranyin giltirën sulgektë、luobo、borqo、tudu tarimun.
多 白 菜 萝卜 豆角 土豆 种
白菜、萝卜、豆角、土豆种得多。

kënkë yëki tarirqun ye?
黄瓜 什么的 种 吗
种黄瓜什么的吗?

bu gub kënkë、xiisë、 qesë naa tarimun.
我们 都 黄瓜 西红柿 茄子 也 种
我们也都种黄瓜、西红柿、茄子等。

ëri boyi ëwënki bëyi adus irgërën ye?
这 地方 鄂温克 人 牲畜 饲养 吗
这里的鄂温克人饲养牲畜吗?

dëlqiryi ëwënki bëyi baran adus irgërën.
得力其尔 鄂温克 人 许多 牲畜 饲养
得力其尔的鄂温克人都饲养许多牲畜。

talur ukur、morin、konin bolog irgërën.
他们 牛 马 羊 都 饲养
他们都饲养牛、马、羊。

naa uolgian、gaakë、nonniqian、kakara irgërën.
还 猪 鹅 鸭子 鸡 饲养
还饲养猪、鹅、鸭子、鸡。

dělqirdu taqiku biqin ye?
得力其尔 学校 有 吗
得力其尔有学校吗？

ědu niqukun taqiku uokqi duoligu taqiku gub biqin.
这里 小 学 和 中 学 都 有
这里小学和中学都有。

taqikugyi sěběyin bolog ěgduo taqikuduki yuuqě.
学校的 老师 都 大 学 毕业生
学校的老师都是大学毕业。

dělqirdu naa wénhuaguan uokqi bitig iqiryi bo biqin.
得力其尔 还 文化馆 和 书 看的 地方 有
在得力其尔还有文化馆和图书馆。

uontě hai baran jakě uniir bo biqin.
别的 还 多 货物 卖的 地方 有
其他还有许多商场。

muyi dělqir lanqul mandardu mani grbiqi.
我们 得力其尔 篮球 打 很 名有
我们的得力其尔打篮球方面很有名气。

xini dělqiryi juudu uoni běyi biqin?
你的 得力其尔 家 什么 人 有
在你得力其尔的家有什么人？

miyi juudu niñgun angel běyi biqin.
我的 家 六 口 人 有
我家里有六口人。

197

yěyě、tete、amin、ěnin bi uokqi někun niñgun běyi biqin.
爷爷 奶奶 父 母 我 和 弟弟 六 人 有
有爷爷、奶奶、父母、我和弟弟六人。

yěyě tetewi juukduwi bailě biqin.
爷爷 奶奶 家里 白 待着
爷爷和奶奶在家里白待着。

aminbi albandu grebe uojirěn.
父亲 机关 工作 做
父亲在机关工作。

ěninbi duoligu taqikugyi sěbě uorěn.
母亲 中 学 老师 是
母亲是中学老师。

bi bikin duoligu taqikugyi tatiqin.
我 是 中 学 学生
我是中学学生。

miyi někun bikin niqukun taqikuyi tatiqin.
我 弟弟 是 小 学 学生
我弟弟是小学的学生。

muyi juu bikin ěmun mani jirgalqi juu uoděn.
我们 家庭 是 一个 很 幸福的 家庭 成
我们的家庭是一个很幸福的家庭。

dělqir bikin ěmun mani nannakěn bo uorěn.
得力其尔 是 一个 很 美丽的 地方 成
得力其尔是一个很美丽的地方。

3. xi ilë ënëne
你去哪里

ënniyi xi ilë ënënde?
今天 你 哪里 去
今天你去哪里？

bi urdu ënëme.
我 山 去
我去山里。

xi iri urdu ënënde?
你 哪个 山 去
你去哪座山？

bi amigo tari guogdë urdu ënëme.
我 后 那 高 山 去
我去后面的那座高山。

yokunji ënënde?
怎么 去
你怎么去呀？

morin uoqi ënëme.
马 骑 去
骑马去。

xi awu beyiji ënënde?
你 谁 人 去
你跟谁去？

人口较少民族严重濒危语言抢救性研究（全二卷）
严重濒危得力其尔鄂温克语研究

bi akinji juuri ënëme.
我 哥哥 俩 去
我和哥哥俩去。

urdu yokun ouonam ënëqun yĕm?
山 什么 做 去 是
去山上做什么？

su bëyu uonaqun ye?
你们 狩猎 去 吗
你们去狩猎吗？

ëqimun, ëxi ëwënki bëyi bëyu uorbi udiqa.
不， 现在 鄂温克 人 狩猎 做 不了
不，现在鄂温克人不狩猎了。

tuobki, su urdu yokun uonaqun?
那么， 你们 山 什么 做去
那么，你们到山上干什么去？

bu urni moowa kamgar jarin ënëmun.
我们 山 树林 保护 为 去
我们是为了保护森林而去。

ëmu ini adi tan ënëqun?
一 天 几 次 去
一天去几次？

ëmu ini juurë tan ënëmun.
一 天 两 次 去
一天去两次。

200

xiyi aminqi ilë ënëqë?
你　父亲　哪里　去了
你父亲去哪里了？

mniyi aminbi tariganduwi ënëqë.
我　父亲　农地　去了
我父亲去了农地。

tariganduwi yokun uonaqa?
农地　　　什么　干去了
到农地干什么去了？

tariganduwi giltirën sulgektë ookqi borqo tarinaqa.
农地　　　白　　菜　　和　豆角　种去了
到农地种白菜和豆角去了。

tari ini talan tariganduwi ënërën ye?
他　天　每　农地　　　去　　吗
他每天都去农地吗？

tannaqin, miyi aminbi ini talan tariganduwi ënërën.
对，　　我　父亲　天　每　农地　　　去
对，我父亲每天都去农地。

nuoni sulgektë tarirwa mani ayiwurën.
他　蔬菜　　种植　十分　喜欢
他十分喜欢种蔬菜。

tari ëntuo yokun ayiwuran?
他　其他　什么　喜欢
他还有其他什么爱好？

201

人口较少民族严重濒危语言抢救性研究 （全二卷）
严重濒危得力其尔鄂温克语研究

nuo　naa　morin　irgërbë　ayiwurën.
他　还　马　饲养　喜欢
他还喜欢养马。

xini　aminqi　adi　morin　irgëjirën?
你　父亲　几　马　养
你父亲饲养几匹马？

nuoni　jaan　jakun　morin　irgëjirën.
他　十　八　马　养
他饲养十八匹马。

xini　aminqi　arki　imirën　ye?
你的　父亲　酒　喝　吗
你父亲喝酒吗？

nuoni　ëmun　aqukun　imirën.
他　一　点　喝
他只喝一点。

ëmun　ini　adi　tan　imirën?
一　天　几　趟　喝
一天喝几次？

aminbi　ëmun　ini　ëmun　tan　imirën.
父亲　一　天　一　趟　喝
我父亲一天喝一次。

ëmun　tan　uoki　baran　arki　imirën?
一　趟　多少　多　酒　喝
一次能喝多少酒？

202

nuoni ëmun tan juur lañ arki imirën.
他　一　趟　二　两　酒　喝
他一次能喝二两酒。

xini aminqi nii bëyiji arki imirën?
你　父亲　谁　人　酒　喝
你父亲跟什么人喝酒？

baranduwi ëmukëyë imirën.
多时　　一人　　喝
很多的时候一个人喝酒。

aadë ërinduwi guqiji imirën.
有些　时候　　朋友　喝
有时候跟朋友一起喝酒。

xini aminqi iri ërindu arki imirën?
你　父亲　何　时　酒　喝
你父亲什么时候喝酒？

ini duolin ñu? oreko ñu?
日　中　　呀　晚上　呀
中午还是晚上？

nuoni ini duolin ëmun naa ëqin imirë.
他　日　中　　一　也　不　喝
他中午一点也不喝。

bolog oreyi kuomëduwi imirën.
都　　晚　饭　　　喝
都是在吃晚饭的时候喝酒。

203

ëmun ërin adi lañ imirën?
一　　次　　几　两　喝
一次喝几两？

juur lañlë imirën.
二　　两　　喝
喝二两。

xinia minqi dañgë taanën ye?
你　父亲　烟　吸　吗
你父亲吸烟吗？

dañgë taanënkët taanën, tuoqakit baran ëqin taana.
烟　　吸　　　吸，　但　　多　　不　　吸
抽烟，但抽的不多。

aminqi uoni dañgë taanën?
父亲　什么　烟　吸
你父亲抽什么烟？

yanjol uokqi larqi dañgë gub taanën.
香烟　和　叶子　烟　都　吸
香烟和叶子烟都抽。

baranyin larqi dañgë taanën.
多时　　叶子　烟　　吸
更多的时候抽叶子烟。

yanjol dañgë baran ëqin taanë.
香烟　烟　多　不　吸
香烟抽的不多。

xiyi ëninqi ilë ënëqë?
你的 母亲 哪里 去了
你母亲去哪里了？

mini ëninbi ënëku iqir bodu ënëqë.
我 母亲 病 看的 地方 去了
我母亲去了医院。

tari yodon ënëku iqir bodu ënëqë?
她 为什么 病 看的 地方 去了
她为什么去了医院？

ëninbi ënëkuwi iqukënëqë.
病 看 去了
她去看病了。

nuoni uoni ënëkuqi?
她 什么 病有
她有什么病？

ëgduo ënëku aaqin.
大 病 无
没有什么大病。

tiinu ore ëdin taanqi ëmu aqukun ëkugdilëqë.
昨 晚 风 受 一 点 感冒
昨晚受风有一点感冒。

tuokqi, ënëku iqir bodu ënëqë.
所以， 病 看的 地方 去了
所以去了医院。

205

ëmu aqukun ëmë gaqa.
一   点   药   开了
开了一点药。

ëmu aqukun ëmë imibki ayi uorën.
一   点   药   喝   好   成
吃一点药就会好的。

xini ëkinqi ilë ënëqë?
你   姐姐   哪里 去了
你姐姐去哪里了？

ëkinbi jakë uniir bodu ënëqë.
姐姐   货物 卖的   地方   去了
姐姐去了商城。

tari yokun uonëqö?
她   什么   做去了
她干什么去了？

ëkinbi tëtir tëgsë ganaqa.
姐姐   穿的   衣服   买去了
姐姐去买衣服了。

xiyi ëkinqi jakë gabbë duollarën ye?
你的 姐姐   东西   买   喜欢   吗
你姐姐喜欢买东西吗？

tari jakë gabbë madën duollarën.
她   东西 买   非常   喜欢
她非常喜欢买东西。

xiyidu　unaaji　nĕkun　biqin　ye?
你　　　女的　　弟弟　　有　　吗
你有妹妹吗?

miyidu　ĕmun　unaaji　nĕkun　biqin.
我　　　一　　　女的　　弟弟　　有
我有一个妹妹。

tarini　gĕrbiyin　ilga　ĕnĕn.
她的　　名字　　　伊丽嘎　叫
她的名字叫伊丽嘎。

tari　ilĕ　ĕnĕqĕ?
她　　哪里　去了
她去哪里了?

tari　taquduwi　ĕnĕqĕ.
她　　学校　　　去了
她去了学校。

mini　unaaji　nĕkunbi　mani　nannakan.
我的　女的　　弟弟　　　特别　漂亮
我妹妹长得很漂亮。

tari　bitig　tatirbĕ　mani　duollarĕn.
她　　书　　学习　　　很　　喜欢
她很喜欢学习。

tariyi　tatiryin　madĕn　ayi.
她的　　学习　　　非常　　好
她的学习成绩非常优秀。

207

4. ëri yokun
这是什么

ëri   yokun?
这   什么
这是什么?

ëri   bikin   ëmun   bitig   uodën.
这   是   一   书   成
这是一本书。

tari   yokun?
那   什么
那是什么?

ëri   bikin   ëmun   ganbir   uodën.
这   是   一   钢笔   成
这是一支钢笔。

tari   uoni   bo?
那   什么   地方
那是什么地方?

muni   bitig   tatir   taqiku   uorën.
我们   知识   学习   学校   是
是我们学知识的学校。

dëlqiryi   duoligu   taqiku   uoirën.
得力其尔   中   学校   是
是得力其尔中学。

208

bu ëri taqikudu niakan kërgënji bitig tatimun.
我们 这 学校 汉 字 知识 学
我们在这个学校通过汉字学习知识。

xi ëxi adike banjidu biqinnde?
你 现在 几 班级 在
你现在在几年级?

bi ëxi gaoyidu biqime.
我 现在 高一 在
我现在在高一。

ëri bëyi awu bëyi?
这 人 谁 人
这是什么人?

miyi ayi guqiwi uorën.
我的 好 朋友 是
我的好朋友。

tari uoni gërëbiqi?
他 什么 名字有
他叫什么名字?

mini guqiyi gërëbiyin mërgën ënën.
我 朋友的 名字 摩尔根 叫
我朋友的名字叫摩尔根。

tari bikin ëmun madën ayi bëyi uorën.
他 是 一个 非常 好的 人 成
他是一个非常好的人。

209

ëri　uoni　juu？
这　　什么　　屋
这是个什么屋？

ëri　bikin　ëmun　muoji　uoqa　juu　uorën.
这　是　　一个　　木头　　搭建的　屋　成
这是一个木屋。

ëri　juudu　uoni　bëyi　tëëjirën？
这　屋　　什么　人　居住
这屋子里居住的是什么人？

ëmun　ëwënki　bëyi　tëëjirën.
一位　　鄂温克　人　居住
居住的是一位鄂温克人。

ëri　muo　juu　madën　nannakën.
这　　木　　屋　非常　　漂亮
这个木屋非常漂亮。

xi　muo　juudu　tëëqëxi　ye？
你　木　　屋　　居住过　　吗
你居住过木屋吗？

bi　muo　juudu　ëqu　tëërë.
我　木　　屋　　没　居住过
我没住过木屋。

bi　niqukunduki　lou　juudu　tëëqu.
我　从小　　　　楼　　房　　住
我从小就住楼房。

210

ëri uoni tëgsë?
这 什么 服装
这是什么服装？

giiqëni nannëji uoqa tëgsë uorën.
狍子 皮 缝制的 服装 成
使用狍子皮缝制的服装。

giiqëni nannëji uoqa tëgsë tuwu ini mani nanëgdi.
狍子 皮 缝制的 服装 冬 天 很 暖和
用狍子皮缝制的衣服冬天很暖和。

giiqëni nannëji naa ërki aawën uomë ëëtërën.
狍子 皮 还 裤子 帽子 缝制 能
用狍子皮还能缝制裤子、帽子。

naa bëëli uontë uomë ëtërën.
还 手套 靴子 缝制 能
还能缝制手套和靴子。

ëtë ëlë boyi bëyi bolog nannë tëgsë tëtir biqë.
早先 这 地 人 都 皮 衣 穿 在
早先该地区的人们都穿皮衣。

ëxi ërin nannë tëgsë tëtir bëyi kondë uoqë.
现 时代 皮 衣 穿的 人 少 成
现在这个时代穿皮衣的人少了。

muyi ëri bo ane aneduki ëkugdi uojirën.
我们 这 地 年 年 热 成
我们这个地方一年比一年热了。

211

ëri yokun gurësun uorën?
这 什么 野生动物 成
这是什么野生动物？

tari bikin ëmun torëki uodën.
它 是 一 野猪 成
它是一头野猪。

torëkiyi iiktëyin mani nëëlëmukdi iqiwurën.
野猪 牙 很 可怕 看见
野猪的牙看起来很可怕。

tannaqin, torëki bikin mani dorxin gurësun uorën.
是的， 野猪 是 很 暴躁的 野生动物 成
是的，野猪是很暴躁的野生动物。

dorxilabki bëyiwë kikërën.
暴怒的话 人 咬
暴怒时会咬人。

giiqën bikin mani nomoki gurësun uorën.
狍子 是 很 温顺的 野生动物 成
狍子是很温顺的野生动物。

dëlqiryi urdu giiqën baran biqin.
得力其尔 山上 狍子 多 有
得力其尔的山上有很多狍子。

dëlqir bikin ëmun madën bayin bo uorën.
得力其尔 是 一 非常 富饶 地方 成
得力其尔是一个非常富饶的地方。

bi dĕlqirwĕ madĕn duollame.
我　得力其尔　非常　喜欢
我非常喜欢得力其尔。

附录一
得力其尔鄂温克语词汇索引

A

aakin	33
aali	49, 156
aalibkën	170
aalikët	156
aalixerën	87
aalëwël	156
aamë	50
aamë exerën	143
aamëxirën	143
aaqin	151
aaqurën	106
aasënën	148
aataki	21
aawëlarën	124
aawën	60
aaxi	48
aaxilarën	103, 112
aba/ama/amin	26
abgëgrën	108
abgër	163
abildrën	146
abilrën	139, 146
abiltur	172
abkarën	128
abuki	71
abxirën	121
abëgër	158
abël/abil	160
addër	75
adi	79
adike	40
adiki	78
adilaaqin	173
adilxirën	128
adilë ëntuo	173
adilëmur	181

附录一　得力其尔鄂温克语词汇索引

adirgë	22	aktëqa morin	22
adirgë morin	23	akubrën	84
adsun	18	akuburën	84
adularën	106	akunur	30
aduoqin	55	akurën	84
adus	18	alaqirën	114
adërlarën	129	alar morin	23
agdi/ayë	3	alban bitigë/wënjen	43
agdira	3	alban juu	39
agdërën	102	alban/alban bo	39
agelerën	103	albidërën	138
ageletrën	103	albikun	169
aidar	19	aldur	47
ailë/tuns	38	aldërën	147
ailëda	38	alemu	157
ailëgën	46	alerën	103
aimiji	7	algën/walë	36
aimën	38	aliburën	87
aimënda	38	aligirën	105
aixi	52	alikan	7
aixial	169	alimurën	109
ajen jolë	7	alimë	66
ajirarën	145	aljimgdi	158
aka/akin	27	aljirën	149
akamu	169	aljumu	158
akarën	103	alkurën	109
akqiananën	121	almarën/almatarën	96
akqianën	121	altan oxiktë	2

215

altë	4	amila ëdin	2
altën kuolikan	21	amilakëki/amila	79
alë	69	amilani ëdin	2
alëbtën	140	amindarën	139
alëgdarën	96	amir	34, 171
alëgxirën	110	amisun/uorërun	57
alëgë	72	amixi	79, 174
alëkan	18	amixigi	174
alëkbuxirën	127	amixikilarën	139
alëkxirën	127	amji	70
alëm	64	amqigirën	139
alëm gadën	140	amqirën	131, 139
alëqirën	145	amrakanën	142
alërën	87, 105	amrarën	142
alëxirën	111	amsër	68
amal	157	amtaqi	165
amangër/amanër kuolikan	21	amtërën/antërën	150
amarkun	157	amëji	6
ambasë	67	amëkën	164
amida	79	amëlgirën	131
amigu aba	26	amëlku	161
amigu mëmë	26	amëlkun	161
amigu ëdin	2	amën	36
amiguda	174	amënën	150
amiguti ëdin	2	amërkur	178
amikan	28	amërsë	69
amila bo	9, 39	anag	50
amila jalan	31	anagën añgë	12

附录一　得力其尔鄂温克语词汇索引

anakan	32, 53	aqikqan	20
ane	54	aqikqan añgë	11
ane bee	12	aqikqan paujën	61
ane nirguan	54	aqqiburën	145
anerën	89, 146	aqukun	166
angutanarën	127	aran	7
ani	179	arba	41
anibaran	166	arbun	37
anida/agida	79	arbundarën	119
anir	47	arbuntrën	119
anjiasë	71	arbunxirën	119
annag	51	argë	44
annankakara/aminan kakara	19	argëlarën	134
annarën	87	arildën	147
antan	49	arki	63
antanën	149	arkibtën	87
antaxirën	102	arkidarën	149
antëg	8, 178	arkildirën	87
antëkëxirën	128	arkimurën	138
antëxirën	102	arkinqin	56
anëbtën	146	arkirën	85, 138
anëburën	146	arkën	34
anëku	51	arqi	180
anëkularën	136	arqimarën	105
anërën	119	arukën	176
aowën	79	arun	50
aqali	173	aruukun	180
aqalirën	144	arëbun/baidal	42

217

arëbuñga	42	axirën	82
arëmuku	181	ayan	6
arën	178	ayi	163
arën qirën	179	ayi añgë	12
arën xiarën	178	ayi ini	5, 54
arëxen	5	ayi uorën	93
assëlën	18	ayibtan	112
asëldirën	122	ayibtën	127
asëmarën	122	ayiburën	112
asërën	121, 122	ayihun uorën	116
atakan	27	ayihunqirën	102
athu	180	ayiji	176
atmal	35	ayikanën	112
aulan morin	23	ayikaqirën	130
auljarën	106	ayikti	11
aullikanën	133	ayikumu	178
aullirën	133	ayikun	165
aulrën	106	ayikunji	176
aurlarën	103	ayimagan/guqilën	44
aurë	48	ayimarën	142
auxe	28	ayimu	48
awu	164	ayinqi bëyi	31
awu/nii	153	ayinqin	55
awërën	143	ayiqilarën	111
axe naaqu	27	ayiqirë	178
axe/kukin	29	ayiqirëji	176
axebëyi	25	ayiqirën	89
axike	24	ayiran	112

ayiwun ……………………… 48	babugdarën ………………… 99
ayixi ………………………… 49	babularën …………………… 99
ayixilaldirën ……………… 106	baibuurën ………………… 105
ayixilarën ………………… 106	bailë ………………… 48，176
ayixirën …………………… 118	bailëqi …………………… 174
ayubkan ………………… 32，43	bainaqa …………………… 41
ayërarën/ayërabtën ……… 124	baiqarën ………………… 105
añgerën …………………… 144	baiqirën ………………… 143
añgul ………………………… 65	baitalankë ………………… 58
añgë tiabë ………………… 12	baitë ………………………… 42
añgë/amë …………………… 33	baitë taanëburën ………… 136
añgë/jilë/ane ……………… 11	baitë taanën …………… 108
añgël ……………………… 25，68	baitë uoqirën …………… 143
añgër ………………………… 35	baitëlarën ……………… 151
añkërën …………………… 149	baitëlawurën …………… 151
añurën …………………… 132	baitëqi …………………… 159
añutrën …………………… 132	bajali ……………………… 28
	bajarën ………………… 114
B	bajir ……………………… 159
baa ………………………… 25	bakamnën ……………… 152
baakqian/baaqia …………… 7	bakqilarën ……………… 104
baala ……………………… 63	bakxi ……………………… 41
baalë/baalë inikin ………… 22	bakxim …………………… 55
baanërën ………………… 103	bakë ……………………… 24
baar ……………………… 25	bakëldirën ……………… 133
baatër …………………… 159	bakërën …………… 83，133
babu/babug ………………… 35	bakës ……………………… 57
babudun ………………… 174	baldirën/baldibtën/iqiwurën … 122

219

bali	172	baranji	153
bali bëyi	56	bareqin	41
baligirën	95	bargila	6
baligrën	139	bargirën	114, 142
balikur	173	bargë	61
balingir nëiyim	37	barigirën	95
balirën	95	barkën uorën	82
balitrën	95	barkëntrën	114
ballarën	84	bartagarën	113
balli	37	bartarën	87, 113
ballirën	82	baruxi	67
ballër	43	barwon owu	35
balmat nëiyim	37	barwon suadël	34
balqa	30	barwon xuoluktë	34
balqirën	101	barwun/bargun	166
balubtën	119	barëlqi	60
bangëltërën	146	bas	175
banibkirën	148	baskër	74
banigërën	102	basëmkirën	129
banilarën	129	basërën	129
banin	48	bata	56
banjiburën	104	batlërën	84
banjig	165	batu	168
bantan	63	baudaulërën	146
baoji	43	baudë yuwurën	146
bar añgë/tasag añgë	11	bausë	62
bar/tasag	18	baxi	57
baran tërkënqi juu	74	bayin	161

附录一 得力其尔鄂温克语词汇索引

bayin bëyi	54	bira	5
bee duolin	13	birakan	5
bee madën	13	birgal	33
bee ëki	13	biruñkëdërën	141
beegë	12	bisulërën	127
belrën	125	bitig/biqig	43
beqigrën	100	bitigqen/biqigqen	40
beqilërën	100	bitigqin	55
beqirarën/piqirarën	100	bitigyi bo	41
berdan miisan	61	bitom	67
bi	152	bobiqilërën	90
biagë	1	bodlirën	135
biagëntrën	81	bodom bakërën	134
bialdëm tikirën	94	bodon	44, 45
bialdërrën	93	bodor	48
bialëhë	168	bodoryin tikirën	90
bigar	33	bodorën	83, 134
biggë	60	bodërën	89, 146
biiruñku	67	boga	51
bijirkun	174	boga/bo	1
bijirën	152	bogada	38
bikëlërën	119, 148	bogada takirën	83
biladërën	101	bogakan/barkën	41
bilirën	97	bogtam	10
bilëhu	72	bohoñkur	15
bilëhu bitigë	43	bohëktë	66
bimbedi	174	boiko	43
biqin	152	bojalun	155

221

bokir	164	borularën	112
bokonën	122	borën uodën	3
bokoro	65	bosug	8
bokti	161	bosuku	8
boktigdi	161	bosëktë	33
bolar	8	botalan	155, 156
bole ërin	10	botuol	4
bolgun	170	bowu	18
boligir nëiyim/butugir nëiyim	37	boyi nirugan	39
bolkurën	123	boyon	53
bolo	69	boërutrën/bogaërutrën	124
bolog	153	bu	152
bolqiktë/bëldiryi bustë	36	budrirën	93
boltarin sulugsë	5	budëbun	114
boltokrën	90	budën	82
boltotran	90	bugunirën	101
boltuklarën	127	buhulji	182
bolë	10	buklërën	142
bolë uorën	88	buku	168
bolëg	178	buliukë	65
bolëktë	10	bultirën	116
bomxerën	113	bultuljirën	142
boo	42	bulun	169
boodo	67	bulë akin	29
bor jolë	7	bulë ëkin	29
boro	159	bulëre	29
borooti	180	bulëre akunur	29
borqo	65	bulëri ëkunur	29

buoltirën	104	buwan	159
buona	3	buwantrën	146
buosë	58	buwë	5
buowan	3	buxik tërsë	60
buqaxin	177	buya	159
burgan/bargas	15	buñburirën	101
burgirën	92	bëdër	36, 50
burgu	160	bëdërqi morin	23
burgurën	137	bëiyurën/bëimusrën	82
burgëljirën	142	bëktë	56
burigirën	144	bëldir	34, 35
burtëljirën	142	bëldirdërën	99
buruxerën	103	bëldiryi algën	36
butgërën	84	bëldiryi nintë	36
butrën	84	bëldëg	35
butu	14, 54, 171	bëlgë	53
butul aaqin	163	bëlindërën	119
butulqi	163	bëlqër	9
butulërën	104	bëlëg	8, 34, 36, 44
buturën	104	bëlëkrën	114
butëgërën	143	bëlëkën	160
butëlaaqin	173	bëlëndërën	97
butërën	143	bënbëndi	174
butëëburën	84	bëndërën	114
butëërën	84	bënqën	45
buurgirën	105	bënër	29
buurën	105	bëran/buran	168
buvan	172	bërandrën	146

223

bërgën	28	dagë balqa	30
bërirën	106	dagëkirën	122
bësai/bësai nuwa	64	dagëlarën	111
bëyi	25, 37	dagëlaxirën	122
bëyisul	25	dagëm ëdin	2
bëyiyi irgërën	107	dagëqibrën	111
bëyurën	96	dagëxirën	111
bëëlbëte	21	dahi ini	13
bëëli	60	dahikanan	119
bëëlilërën	124	dai	53
		daidal kurun	75

D

		daixerën	100
da luobo	65	dajin	161, 162, 169
daa bo	39	daki jalën	25
daa tëgën	39	dakil/dakim	175
daaki	21	dakim	159
daban/da banin	48	dakim dakim	159, 175
dabanlërën	89	dakimë	175
dabgi/dargi/daggi	162	dakqi	164
dabkur	157	dakë	59
dabkur kurmuktë	32	dalasu	61
dabkurlarën	119, 145	dale/lamu	7
dabu	58	dalgërën	140
dadur	173	dali	44
dadurji	176	dalibtën	84
dagar	167	dalimarën	112
dagdër	181	dalin	45
dagkerën	111	dalinku/dalinkë	7

附录一 得力其尔鄂温克语词汇索引

dalio	66	dayi	174
dalirën	84, 121	dayikqi	175
daljilarën	115, 121	dañgal	4
dalkirën	114	dañgi tëwërën/dañgi taanën	82
dalë	64	dañgë	53
dami/kanxi jëëktë/dami jëëktë	63	dañgëyi larqi	53
dangun	49	deldë	14
daorkarën	106	delë	31
dapën	74	delë tirirën	136
darbën	162	delëgën	47
dargi	177	delëgëntrën	101
dargunda	20	delëgënën	101
darëg	36	delëqi	167
darëg ënëku	50	denban	51
darëmë	34	dendalrën	108
dasun	165	dendën	51
dasun kënkë	65	denno	51
dasërën	89	denxi	51
dausun	66	derburën	111
dausundarën	140	dianpu	41
dausunqi	165	diarë	157
dawa	7	diarëm	161
dawagan	8	diarëmlarën	146
dawkun	156, 173	diarëmtrën	146
dawkunqilë	173	diatë	176
dawkënqirën	120	diilë	80
dawukanën	86	diiritrën	118
dawurën	86	diisë	40

diixi	……	80	doreñgo	…… 44
dilgun	……	53	doñgirën	…… 101
dilhuon/dilwë	……	22	dualbin	…… 31
dinnërën/jinnërën	……	106	dualbë/duolbën	…… 14
dir	……	158	dualbën duolin	…… 14
dirban	……	158	dualbëntiabë/dualbënku	…… 14
diri	……	161	dualtë	…… 21
diyar	……	170	duangë	…… 66
diyarjin	……	181	duarën	…… 49
diyarku	……	181	duibëlërën	…… 120, 128
diyiki	……	78	duirëburën	…… 131
diyin	……	77	duisi	…… 54
diyin bee	……	12	duisël	…… 168
do unaaji uomële	……	28	duisëlërën	…… 123
do uomële	……	28	dukqin morin	…… 23
dogon/doon/nëëkën	……	69	dulbantrën	…… 104
dokëlën	……	55	dulbën	…… 166
dokëlëntu	……	56	dulëgën	…… 44
dolboturën	……	84	dulërën	…… 86, 110
dor këñkë	……	65	dumbërirën	…… 128
dordon	……	58	dunqi/kuondëg	…… 68
dorgilrën	……	92	dunsë	…… 67
doromji	……	181	dunën morin	…… 23
doron	……	39	duo	…… 5
doron tirirën	……	84	duola bo	…… 51
dorxin	……	158	duolabkirën	…… 84
dorxin banin	……	48	duolaki	…… 33
dorën	……	44	duoligu gurun	…… 57

duoligu taqiku	40	durum	74
duolimdër	8	duruo	70
duolimgu	172	durus	51
duolimnarën	143	durusun	37, 50
duolin	79	dusë	73
duolin jirgë	46	dutëburën	111
duolin uonakan	35	dutërën	111
duollarën	118	duyu	66
duollirën	134	dëbkërën	142
duolë/duola	79	dëbtëgërën	125
duolëgen	6	dëbtërën	125
duolëqirë	79	dëgi	20
duombirën	128	dëilirën	113
duorobi	70	dëjikuntrën	90
duorsërën	83	dëkin	78
duoruotrën	109	dëktër	160
duorë	47	dëlbur	24
duorë aaqin	167	dëlgërën	132, 133
duorëqi	157	dëliburën	144
duorëqirën	146	dëliki	33
duorësrën	135	dëlikërën	120
duoslarën	124	dëllë aaqin	113
duosëldën	124	dëllë gadën	113
duotën	157	dëllë irurën	113
durbë	22	dëllë ëbdërën	113
durbëljin	173	dëllërën	124
durgirën	100	dëlëgen	19
duru/durun	37	dëndërën	139

227

dëng	51		
dërbuki	60	**E**	
dërburën	131	ëbdubtën	95
dërbë/dëllë	58	ëbdurën	95
dërdëki	75	ëbduwurën	95
dërgë	39	ëbirgirën	149
dërgën	120	ëbirqirën	115
dërjë	58	ëbirxirën	136
dërkën	160	ëbirë	167
dërsu	75	ëbkubtën	117
dërëbun	9	ëbkurën	117
dërëburën	127	ëdi	29
dërëdirën	122	ëdimun	2
dërëgi	80	ëdimurën	88
dërël buurën	105	ëdin	2
dërël ëgin buurë	113	ëdin taanën	92
dërël/dëllë	32	ëdinën	88
dërën	6, 52	ëdu	156
dërëñgi	171	ëdëlgë	6
dëwë	162	ëgduo	165
dëwërën	86, 119	ëgduo aba	26
dëyibkun	169	ëgduo akin	27
dëyikun	169	ëgduo banin	48
dëyilëkënën	82	ëgduo gia	38
dëyiqirë	169	ëgduo inigdë	10
dëyiqirëkën	169	ëgduo jalan	30
dëëkin	33	ëgduo jidën	8
		ëgduo juwu	10

ëgduo koton	…………………	38
ëgduo mëmë	…………………	26
ëgduo taqiku/daxe	……………	40
ëgduo uodën	…………………	3
ëgduo uoktë	…………………	51
ëgduo uonakan	………………	35
ëgduo uorën	…………………	116
ëgduo utë	……………………	27
ëgduo yamën	…………………	3
ëgduo ëkugdi	………… 10,170
ëgduo ënin	……………………	26
ëgduobëyi	……………………	30
ëgduogdërën	…………………	116
ëgduokxirën	…………………	116
ëgëri	…………………………	167
ëhugdirën	……………………	118
ëhulihënën	……………………	123
ëidëki/xiwën yuudëki/jëënlë ……	79
ëigën xiinkirën	………………	151
ëjilërën	………………………	85
ëjin	……………………………	55
ëjin tëër bo	…………………	62
ëjirën	…………………………	127
ëjë	………………………………	152
ëkikte	…………………………	158
ëkil/ëkin	………………………	69
ëkilërën	………………………	108
ëkirën	…………………………	136

ëkixirën	………………………	136
ëkqurën	………………………	101
ëktu/ënnë/ëttu	………………	154
ëkugdi	…………………………	170
ëkugdi arëxin	…………………	5
ëkugdib ërin	…………………	10
ëkugdilërën	…………………	92
ëkugdixirën	…………………	92
ëkuldirën	……………………	92
ëkuldën	………………………	92
ëkulgirën	……………………	92
ëkulërën	………………………	92
ëkun	…………………… 34,63
ëkun qee	………………………	63
ëkunkënën/ëkukënën	…………	150
ëkunur	…………………………	30
ëkunën	…………………………	150
ëkurën	…………………………	119
ëkë/ëkin	………………………	28
ëkëmëgdi	……………………	178
ëlbur	…………………………	161
ëlbur añgë	……………………	12
ëlburën	………………………	120
ëletrën	………………………	119
ëlgërën	………………………	121
ëli/ëkë	………………………	178
ëlimti	…………………………	178
ëlirdën	………………………	19

229

ëljig/ëigën	22	ëmu bee	12
ëluoku bëldir	36	ëmu miañgë	78
ëluoku iiktë	36	ëmu tum	78
ëluoku nuuktë	36	ëmudadë	180
ëluorën	140	ëmudur	158
ëlur	153	ëmugsëlërën	88
ëlë	65, 155	ëmuki	78
ëlë tala	156	ëmuki ini	13
ëlëbutën	127	ëmukëkën	152
ëlëbxirën	113, 123	ëmukënji	156
ëlëku	75	ëmukëyë	152, 178
ëlëkumuxirën	131	ëmun wëiki/wëiki	30
ëlëkuqirën	131	ëmundujir	179
ëlëpur	164	ëmundurun	158, 180
ëlëqin	167	ëmunquk	175
ëlërën	150	ëmuntir	178
ëm	50	ëmuoksë ilga	5
ëmbërrën	94	ëmuoksë satën	67
ëmi	181	ëmuoksë/ëmus	5
ëmiqe	180	ëmurën	110
ëmixe	177, 178, 180	ëmuskun	174
ëmixikirën	139	ëmëgël	70
ëmkë	51	ëmëhëji/gooñgu	31
ëmmëmurën	90	ëmëku	72
ëmmënën	90	ëmëkën	72
ëmmëwurën	90	ëmëkëndërën	96
ëmqin	50	ëmëkënën	110
ëmu	77	ëmëndur	174

ëmër añgë	11	ënunkënën	85
ëmërgirën	110	ënunën	113
ëmërën	110	ënëku	50
ëmëwurën	120	ënëku iqirën	92
ënduri	41	ënëkulërën	92
ëndurën	140	ënëkuqin	55
ënikën	28	ënëkuxirën	147
ënnë giiqën	22	ënënmurën	128
ënnëkki	154	ënërën	128
ënnëlë	154	ënërën/gënërën	109
ënnën kakara/ëminan kakara	19	ëqin	152
ënnëqilë	154	ëqin jukër	167
ënnëqin	154	ëqin uodë	152
ënqi	156, 178	ëqiwën	160
ënqilërën	91	ëqsul/ëssul	154
ënquo	153	ëqë	152
ënquoku	156	ëqëwadë	175
ënquolërën	135	ërdë	14
ënquorën	135	ërdëm	47
ënqë	30	ërdëmqi	172
ëntu bëyi	30	ërelërën	113
ëntukitrën	118	ërgi	6
ëntuo	151, 153	ërgibtrën	110
ëntuo gurun	57	ërgidë	80
ëntuorën	135	ërgilë	80, 157
ëntuotil	153	ërgilë bo	1
ëntëgën	174	ërgilëqirë	157
ënuku iqir bo	41	ërginërën	96

231

ërgitrën	86	ërubki	180
ërgixirën	86	ëruburën	109, 134
ërgë	18, 31	ërudibki	182
ërgë irgirën	81	ëruki	176
ërgë suadël	31	ërukkërën	132
ërgëbtërën	102	ërukrën	115
ërgël	31	ërukun	162
ërgëlërën	114	ërukëyë	158
ërgën/ërgëqen	31	ëruldirën	93
ërgënën	114	ërulëtrën	93
ërgëqin	18	ërum	63
ërgërën	99	ërutburën	132
ërgëël	24	ërutrën	93
ëridiki	175	ërutërën	93, 115
ërihë	20	ëruun	72
ërin	9, 11	ëruxirën	93
ëringi	9	ërë añgë	11
ërki	59	ërë ini/ënni	13
ërkë	46	ërëgëqin	9
ërkëlërën	135	ërëlërën	146
ërkëqin	46	ësur	76
ërkëqirën	102	ësurguqirën	108, 136
ërtëm/ëtukukti/ësuhukti	181	ësuru	159, 168
ëru	33, 162	ësurën	99
ëru baitë	42	ëswën	57
ëru jakë	56	ëswëndërën	82, 115
ëru ourën	109	ësëhun	158
ërubiki	175	ësën ëtër	167

附录一 得力其尔鄂温克语词汇索引

ësërën	103	ëwërtëlërën	87
ëtkërërën	116	ëwërën	91, 94
ëtuoku	30	ëwëën	62
ëturën	140	ëwëër	18
ëtë	11, 156	ëxi	14
ëtë jalan	30	ëxi/hëxi/këxi	72
ëtëkrën	85	ëxikti	11
ëtëkuldirën	91	ëxiktë	175
ëtëkën	27	ëxiktën	11
ëtëldirën	140	ëyirën	82
ëtën tatën	176	ëyugu	72
ëtërgërën	140	ëyëlgën	6
ëtërji	180	ëyëmqirën	118
ëtërjin	179	ëyën	6
ëtërkën	18	ëyënën	125
ëtërën	127, 128, 152	ëyëqërën	118
ëtëwurën	148	ëyëximunën	116
ëtëxirën	85	ëërërën	127
ëtëyi	27	ëëtuslërën	115
ëtëñgërën	140	ëñgirën/delëyi ëñgirën	136
ëwubtën	120	ëñgë	164
ëwukënën	120	ëñgël	164
ëwunërën	120	ëñgëlirën	117
ëwëburën	94	ëñgëlji	182
ëwëkënën	119	ëñgëlku	164
ëwënki bëyi	54	ëñgër	59
ëwënërën	91	ëñgërtrën	107
ëwërkërën	106, 127	ëñgërën	82

ëñgëtrën	107	galju	162
exegebtën	142	galjurarën	119
exeldirën	97	ganalqirën	131
exelirën	97	ganpandarën	141
exenarën	97	ganqi	168
exerën	97	gaoli bëyi	54
exurën	97	gaoli gurun	57

F

fu	10

		gargë	61
		gatë	76

G

		gautu	61
gaakë	20	gawurën	85, 90, 99, 102
gaalërën	124	gaxinda	38
gaarëqi	20	gayarën	90
gaas	49	gañbir	43
gadën	104	gañgëlërën	140, 148
gagdun	15	gañjuklarën	127
gagtur	172	gegi	4
gagër	59	geyin	42
gaikëmu	169	gia bo	38
gaikërën	97	gia/auktërrë	38
gaitkënji	181	giaku	72
gajubtën	104	gialan	73
gajuggirën	133	gialërën	145
gajunarën	104	giantu	42
gajurën	104, 133	gianë	47
gakulirën	108	giarëndë/giariñgi/jialiñgi	32
gal barkën	41	gida	61
		gigtirin	162

附录一 得力其尔鄂温克语词汇索引

giinirën	106	goldërën	107
giiqën	22	goljar	68
gikëlërën	131	goljiku	51
gilbaljirën	81	golki	7
gilbarirën	81	golomtë	34
gilbur	159, 180	golqi xaral morin	22
gilbutarën	81	golurën	90
giltirin luobo	65	gonan	24
giltirin morin	23	gonan morin	23
giltirin uorën	116	gongqirën	131
giltirën jëëktë	64	goorën	96
giltirën sulgektë	64	goqiktë	170
gilugsë	5	goqiktëkanën	150
gilugsërën	124	goqiktërën	150
gilugun	5	gorbi	59
gindirën	136	gorenqi/gia utë	56
gingarën	130	gorkoljir	160
ginqi	50	gorsë	65
ginqikin	164	gorë	173
girirën	147	gorë balqa	30
girki	29	gorëkirën	122
girman	57	gorëldën	122
gisan	42	gorëlorën	122
giñgulërën	81, 82	gorëloxirën	122
goderën	148	gotkulirën	128
goilorën	89	gowi	4
goiqi	35	gowurën	130
gokulrën	140	goxi	38

235

goxida	38	guobilërën	123
goñgën	42	guogdë	157
gu	74	guogdë bo	8
guaibëljirën	148	guogdë ur	8
gualdëlën	164	guoli	63
gualënqi	59	guoli jëëktë	63
guangirirën	101	guollë	163
guardërën	100	guolë	5
guargëktë	37	guolërën	115
gub	153	guonim	173
gubdixirën	137	guonim uorën	117
gubxëke	172	guonimdarën	141
gudu	34	guonimiljin	173
gugularën	101	guonimtaibu	76
guilës	16	guoqin	166
guilës moo	15	guoqin añgë	11
gujilërën	85	guorën	141
gujun	17, 65	guotin	78
gujë	34	guoxinën	113
gujënën	89, 118	guoxirën	108
gujëye	172	guqi	31, 153, 176
gulgu/gulgë	22	gurbaljin	173
gulugun	177	gurgulbukënën	115
gulun	45	gurguldirën	92
gulën	162, 168	gurguldrën	92
gulëndarën	86	gurguldën	92
gumdurën	103, 113	gurgulhënën	105
gunsuku	7	gurgulkënën	92

gurgulrën	……	92
gurgulën	……	47
gurgun	……	47
gurlërën	……	115
gurulërën	……	93
gurun	……	38
gurunda	……	38
guruni kuoli	……	47
gurunyi nirugan	……	39
gurëbun	……	177
gurën giiqën	……	22
gurës/gurësun	……	18
guskë	……	18
guumëlërën	……	83
guun	……	75
guurukënën	……	147
guurul	……	45
guurul aaqin	……	167
guurulaaqin	……	172
guuruldirën	……	147
guurungi	……	172
guururën	……	147
guyë	……	26
guñgirirën	……	101
gëgtirën	……	88
gëgë	……	13
gëikiljirën	……	148
gëkti	……	5
gëku	……	70
gëkulian	……	31
gëkur gakur uorën	……	136
gël	……	177, 179
gëlmu	……	176
gëlmuqi	……	180
gëlëëbtën	……	128, 133
gëlëëkqirën	……	129
gëlëënërën	……	133
gëlëërën	……	105
gëlëëñgirën	……	129
gënaaqin	……	181
gëntëkën	……	176
gëntërën	……	88, 131
gënurën/nënurën	……	110
gërbi	……	37
gërbi aaqin uonakan	……	35
gërbidërën	……	135
gërbikrën	……	135
gërbilëbgëtën	……	135
gërbilërëng	……	116
gërbiqi	……	165
gërbitrën	……	116
gërbixirën	……	135
gërbë	……	39
gërbëlërën	……	141
gërbëqin	……	55, 161
gërbërën	……	142

gërqi	44	habxirën	151
gërqilërën	128	hadalarën	109
gërën	95, 153	hadi	177
gërëntërën	93	hadlarën	134
gëtkulërën	142, 147	hadë	7
gëtkun	171	hagarrën	100
gëtërën	149	haggi	158
gëvë	1	haggi banin	48
gëvën	1	hagi	50, 173
gëvën/gëgën	165	hagirën	143
gëvëntuhënën	81	hagër	56
gëvëntërën	81	haiji	73
gëvërërën	81	haijimu	76
gëwën	160	hairan	173
gëxin	74	hairë jolë	7
gëën walirin morin	23	haji juu/hajuu	72
gëëñkërën	83	hakqerën	108
gëñgulërën	103	hakuktë	16, 17
gëñgun	166	hakuktë moo	15
		hakximurën	108
		haler	65

H

haagarën	144	halgin	21
haagin	2	hali	8
haagiran	88	halibin	69
haalgë/haa	74	halibirën	112
haarkërën	132	halkarën	123
habqi	60	halë	80
habxerën	130	halëk	68

238

hamjerën	151	hitarën/yalëbtën	140
hamjikënan	151	hojor	17
hamjilërën/kamqolërën	151	hokxerën	130
hamë	33	holbo/dalji	44
handë	64	holborën	145
hankaxerën	147	holli	72
hankaxirën	119, 151	holëg	71
hanxi	9	hone	73
hao uolgian	19	honesun	32
haqi	69	honisun	54
hargaljirën	108	hono/honor	14
hargi	6	horku	71
hargëlqi	167	horë	70
harin	175, 180	hosëg/hausë	21
harkislarën	91	hoñkerën/koñgerën	94
harqi	80	hoñkër	7
harë	162	huada	26
harëdarën	116	huadagu	26
harëqi	162, 168, 176	huaju	66
has	7	hualë	75
hatë	80	hualëgen	74
hatëlarën	99	hualëhe	68
haudërën	137	hualëkrën	151
haudës	50	hualëkë	56
haxeñku	76	huartë	67
haxi	175	huarën	144
hañge tërgën	69	huaxën	17
hejën bëyi	54	huayilig	57

239

hudalarën	116	hëm	41, 155
huisë bëyi	54	hëmaaqin	172
huixe	161	hëmtan	155
hujigër	56	hëmës	53
hulgingi	172	hëqiburën	109
hunsë	56	hëqirën	137
huolian	18	hërgën/bitig	43
huolirën	108	hësun	169
huolli	59	hësuruwu	168
huolturrën	138	hësërgirën	137
hure	7	hësërwu	159
hurgeltrën	137	hësërën	108
hurgetërën	100	hëtëgë	39
hurgil	6	hëtërën/gëtërën	133
hurëkën	29	hëëlë	64
hutë/huñuul	21	hëëlërën	89
huuñku	60		
huwakur	181		

I

hëdilërën	115	igdurën	123
hëdlëkënën	112	igdën/sannë	76
hëigës	69	iigë	24
hëiji	73	iiktë	33
hëiji juu	40	iiktëlërën	114
hëis këjin	73	iikë	68
hëjëni	178	iili ayi	160
hëlgën	161	iiliëru	160
hëlgëtërën	113	iinërën	110
hëluën	169	iirën	110

240

附录一　得力其尔鄂温克语词汇索引

iisë	76	ilintërën	149
ijilërën	135	iliqirën	136
ijir bijir	180	ilirën	135
ikqu	164	iliwukanën	136
iktoon	154	ilkën	171
iktu	154	ilkërën	149
iktukut	156	ilqan	37
iktuqë	154	ilqarën	123
iktuwëkët	154	ilubtën	129
iktuwël	154, 156	iluktala	63
iktë	16	iluo	66
ikë	70	iluokënën	141
ikërën	124	ilurën	129
ilaan	1	ilë	155
ilaanën	81	ilëgun	62
ilaburën	81	ilëhën	171
ilaganën	81	ilëki	155
ilakqi/ilësë	36	ilëkët	156
ilakqitrën	151	ilëqi	164
ilanqi	159	ilëtrën	102
ilantrën	81	ima	22
ildë/illë	73	imirën	149
ilga	16	imlërën	96
ilga arkirën	145	imuksë	66
ilga këltës	17	inagan	23
ilgalarën	122, 126	indi	177
ilgëburën	122	ingalarën	131
ilikanën	84, 136	ini	14

241

ini amila	13	iqirën	132
ini duolin	13	iqiwun	44
ini julë	13	iqiwurën	91, 132
ini talan/ini ini	14	iqukëhën	132
inidi	13	iraarën	105
inigdi	170	irgiqë utë	27
inigigdë uorën	117	irgirën	81
inikin añgë	12	irgë	24
inikin/inakin	22	irgën	38, 55
initiabë	13	irgënda	38
innë	71	iri bëitiki	156
innëqin	156	iriduki	156
innër	50	irigirën	114
innërën	126	iritki	156
innëyi juu	71	iriwurën	123
inqën/ishë	34	irkekin nëiyim	37
inërlërën	92	irkin	170
iqibkirën	132, 150	irkin añgë	11
iqibrën	147	irkin butgërën	134
iqibtën	132	irkin yuuwurën	134
iqiburën	132	irkin ërin	37
iqikënën	132	irmu	61
iqildirën	132	irmudërën	139
iqilkirën	147	irmukan	56
iqilërën	105	iruoburën	109
iqim bakërën	132	iruon	42
iqinërën	132	irëktë/irëktë moo	14
iqir aaqin	132	irëëktë	170

iskërën	118	jaan jakun	77
isuke	20	jaan juur	77
isuru	159	jaan nadën	77
itqirën	146	jaan niñgun	77
ituo	19	jaan toñgun	77
itëgrën	151	jaan yalën	77
itëgxirën	151	jaan yëyin	77
itëgël/itëgën	44	jaan ëmu	77
itëgëlqi	163	jaandarën	129
itërsë	59	jaannan	49
itëën bakë	24	jabdërën	151
itëën unëgën	24	jabkë	7, 45
itëën/itën/biru	24	jabë	50
iwa	52	jaddëg	172
ixigerën	143	jagdë	14
ixikerën	127	jaka	52
ixilirën	150	jakun	77
ixirën	134	jakun bee	12
ixki	22	jakun bee jaan to	54
ixëmirën	145	jakunrën	78
iñirën	126	jakë uniir bo	41
iñëktë	16	jakë xikkar iisë	76
iñëktë moo	15	jakëdarën	121
		jalanga/jalan	30
J		jalbërirën	83
		jalgërën	145
jaan	77	jalidarën	103
jaan bee	12	jalimku	181
jaan diyin	77		

243

jalimuji	181	jasë	75
jalimurën	86, 102	jaubën	44
jalimuxirën	87	jaukrën	136
jalinkarën	115	jauldirën	95
jaliqi	172	jauloñku ilga	16
jalitrën	87	jaurën	95
jaliñgi	171	jauwurën	95
jalu	27, 166	jawabin	46
jalu bëyi	30	jawël	181
jalun	170	jaxikën	41
jalurën	86	jaxikëni bo	41
jaluwurën/jalukanën	86	jayikanën	120
jalë	32	jayirën	85, 120, 147
jalëktë	16	jañgude	30
jalëku	167	jebëlarën	107
jalën	25	jeelërën	113
jalën abkarën	128	jejilun/dargë	33
jalën añgë	11	jelukanën	92
jalën jalën	25	jelë iirën	134
jamba	47	jelërën	109
jambara	47	jenqayen	47
jan bodorën	151	jiabkë	73
jannarën	129	jiabtër	167
jaoli	67	jiakë	42
jaolidarën	86	jiali	48
jaomëstrën	83	jialibuurën	134
jaotaanën	108	jialidarën	134
jargal	50	jialigan	46

jialikan	49	jiluolarën	122
jialimburën	119	jilë	25
jialimdaldirën	135	jilë iir añgë	12
jialimtrën	134	jinji/danji	76
jialimurën	134	jinjilarën	126
jialimxirën	134	jinjildirën	140
jialir	44	jiqi	80
jiargaltrën	151	jiqilërën	96
jiarë	50	jiqirën	96
jib	4	jirgan	50
jibi	69	jirgë	50
jibkënën	149	jirëktë	16
jibrërën	95	jirëktë moolan	15
jibtën/jibtërën	149	jirëttë moo	15
jibtëwën/jibtëën	53	jismal	74
jidduburën	123	jisuku	63
jiddërën	123	jisurën	141
jidën	8	jiu iirën	117
jiga tañirën	151	jiwolqin/jaoqin	55
jiga/mëñgu	52	jiwoqi	46
jigibtën	141	jixiktë	15
jigirën	141	jiya	50
jiirën	106	jiñge	71
jijarën	126	jiñgë	62
jike	165, 169	jogomurën	98
jiljigë	19	jogorën	98
jiljimar	20	jogrën	118
jiluo	70	jolë	7

245

joohu	68	julilë bo	39
joor	72	julë	11, 181
jorhun bee	12	julë aaqin	163
joru morin	23	julëkëki/julë	79
jorwĕn bee	13	julëm	181
juaktë	160	julërën	105
juanlërën	134	julëxi	79
jubkan	180	julëxilërën	143
jubtab	179	jumlarën	123
juharën	107	jumqildildirën	105
jukiktër	168	jumqildirën	91
jukildirën	108	jumqirën	91, 105
jukilirën	93, 145	jumqixirën	91
jukimurën	108	juoblën	49
jukirën	93	juobërën	132
jukiwurën	93	juogël	49
juku	54	juolëdërën	90
jukubtën	93	juom bakërën	83
jukuktërën	123	juomurën	83
jukuldirën	93	juonildirën	83
jukur	172	juonëm bakërën	134
jukurën/juvurën	123	juonën	83
jukë	167	juorin	52
julakin	166	juorën	103
julibkënën	142	jurgëljin	173
juligi	163	jurin	178
juligurën	143	jurinqi	178
julikurën	142	jurir bitigë/jurin/dëbtëlin	43

jurirën	104	jë unaaji uomële	28
juru	167	jë uomële	28
jurën	39, 44	jë utë	28
jusulërën	146	jëbkë	21
jusun	166	jëgdë	4
jusun sulgektë	64	jëgdërën	140
jusë	48	jëgrën	22
juu	72	jëkin	164
juu horon	73	jëlgi	172
juu jaurën	129	jëlgë	80
juu kurë	39	jëlig	45
juu/ju	39	jëlimtrën	139
juur	77	jëmunën	149
juur baakqi	25	jënal kurun	75
juur bee	12	jërgentu/jëëkinëntu	167
juurki	78	jërgi	164, 177, 179
juurki ini	13	jërkëktë/jakë	59
juurki unaaji	27	jëyi	33
juurki utë	27	jëëkin	168, 174
juuwurën	121	jëëkin/giabë	179
juuyi xirëktë	41	jëëkinqilë	179
juwu	9, 39, 80	jëëktë	62, 66
juwu dulin	10	jëëktëlërën	141
juwu uorën	88	jëëktëyi bo	52
juwu ërin	10	jëëndë/jëëñgidë	79
juwuktë	10, 21	jëërdë morin	23
juwuxel	40	jëñgi	179
jë unaaji	28	jÿÿ unaaji	28

247

jÿÿ utë ……………………… 28

K

kaadirën ……………………… 84
kaagin ………………………… 2
kaalarën …… 91，105，107，117
kaarirën ……………………… 123
kaarën ………………………… 106
kabil …………………………… 18
kabiqi ………………………… 160
kabqi ………………………… 164
kabqiku ……………………… 71
kabqir ………………………… 71
kabqirtu ……………………… 8
kabqirën ……………………… 96
kabqiwurën …………………… 96
kadam ………………………… 26
kadam aba …………………… 26
kadam aka …………………… 26
kadam bërgën ………………… 26
kadam mëmë ………………… 26
kadiburën …………………… 144
kadël ………………………… 70
kadëllarën …………………… 122
kadërën ……………………… 99
kaibëljirën …………………… 148
kailasun ……………………… 14
kaiqi …………………………… 62

kaiqilarën …………………… 144
kakara ………………………… 19
kakara añgë …………………… 12
kakara yaasël ………………… 37
kakarayi ullë ………………… 62
kaklawurën …………………… 106
kakulërën …………………… 130
kalarën ……………………… 96
kalig ………………………… 42
kaliksu/kalisun ……………… 15
kalimsu ……………………… 17
kalin ………………………… 32
kalir/karis …………………… 16
kallib ………………………… 179
kallig ………………………… 161
kalligrën ……………………… 112
kallë ………………………… 42
kaltig ………………………… 160
kalë …………………………… 37
kalëb ………………………… 158
kalëmë ……………………… 32
kam ……………………… 177，178
kanada ……………………… 58
kandarën ……………… 100，123
kandël ………………………… 64
kani …………………………… 74
kantasë ……………………… 59
kanxi ………………………… 64

附录一　得力其尔鄂温克语词汇索引

kaowu	162	katën	168
kapiktë/dilbë	61	katëngirën	129
kaqilirën	103	kaulëktën	112
kaqilën	9	kaulërën	112
kaqilërën	83	kaxigërën	120
kaqin	155	kaxin	72
kaqindur	155	kayali	27
kaqinkël	156	kayali akunur	27
karamlarën	84	kayali ëkunur	27
karamtalarën	84	kayarën	137
kardën/kagi uoroktë	17	kiaji	75
karelarën	114	kialmëljirën	86
karkumlërën	84	kialun	30
karmalarën	109	kialurdarën	116
karqin	80, 157, 169	kiandëkën	157
kartës	55	kiandëlarën	115
kartësun	70	kiannë	169
karularën	146	kianë	17
karuyi gadan	109	kiaramqi	3
karxin	166	kiarë	74
karë	49	kibqialërën	95
kasgërën	119, 142	kikëldirën	149
kasuo	4	kikërën	149
katrarën	111, 112	kilaktë	76
katu	166	kilgan/sergel	17
katuhënën	89	kilgas	24
katuxirën	90	kiminqirën	116
katë	168	kimiqi	46

249

kimnarën	96		konin	22
kimqirën	125		konin añgë	11
kimë/kimën	49		konin loñko	74
kimëqi bëyi	56		konin surgë	25
kiqëmnrën	148		koniqin	55
kiqërën	122		koniyi ullë	62
kirgarën	103		konkor bo	8
kirëdëburën	126		konkër	157
kirëdërën	99		konnë/kondë	166
kirëkë	8		konnër uodën	3
kitluorën	117		konnërin	162
kiurdë	181		konnërin dañgë	53
kiurkën	181		koonerën	130
kiurë	174		korduburën	85
kobilburën	116		kordurën	85
kobko	8		korkirarën	149
kobkorerën	94		korkirrën	101
kobtërën	117		korlorën	132
koimël	162		korlowurën	132
kojoor/ojoor	25		korqi	170
kokër/kokë	35		korwul	7
kolbor	53		korwël	19
kolgin	32		koterën	138
kolian añgë	11		koton/koton bo	38
koltukrën	94		kotonda	38
koluñku/kuadus	59		kotonyi këjin	40
kondarën	94		kotrën	117
kondëxirën	90		kouxige	159

kowiburën	139	kujumu	33
kowëg	8, 157	kujurgu	68
koñge	67	kukerën	115, 119, 148
koñgo	30, 172	kukirën	115, 139, 149
koñgo bëyi	56	kuktë	15
koñgor	40	kukurërën	126
kua	73	kukë jolë	7
kuadël	165	kular morin	23
kuadërrën	119	kuldur/ëru/sëlun	72
kuaimali	44	kulqu	56
kualinbë	64	kulqubrën	149
kualtërrën	126	kulëqirën	107
kualërtërën	125	kulëërën	107
kuarën/kuarën bo	57	kulëëxirën	136
kuarënlërën	82	kumbil	17
kuatiñgir	173	kumlërën	112
kuaymal	172	kumuktë	72
kuaymarën	102	kumë	8
kubërën	113	kundulërën	81
kuda	52	kundëlirën	114
kudaqi	168	kundëlën	164
kudir	51	kungëlërën	117
kudë	1	kungën	161
kudë bo	1	kunturën	87
kugdë	20	kuntuwën	57
kujigër	163	kuntuwërën	82
kujiktë	17	kuo	68
kuju	34	kuobi/kuobir	67

kuobilërën	115	kuorëgan	51
kuodë	9	kuorëldirën	101
kuodërën	89	kuorën	150
kuodës	34	kuorëqi ëm	56
kuohi	31	kuorërën	101, 150
kuokiburën	149	kuosurërën	125
kuokilarën	135	kuoti	163
kuokqën	49	kuotë	17
kuoli/papon	47	kuoxorqi	174
kuolikan	20	kuqi	45
kuoltës	24	kuqiburën	141
kuolëdën	121	kuqigun	45
kuolërën	106	kuqilkirën	141
kuolësë	17	kuqilërën	141
kuomë	33, 66	kuqinji	180
kuonesë	59	kuqiqin	55
kuoqirën	145	kuqirdrën	141
kuoqë/kuoqë tërgën/tuo tërgën	69	kurbukënën	137
kuorbëkhanën	85	kurbuljirën	137
kuorgel	31	kurburën	137
kuorkurën	105	kurbë	22
kuorrën	149	kurbë loñko	74
kuorum	6	kurbëkqi	24
kuoruongi	172	kurdë	59
kuorurën	125	kurgeel/kurgel	6
kuorë	56	kurkurën	140
kuorëbtën	115	kurmuktë	32
kuorëg	6	kurqi	171

kurqin	170	këirë morin	23
kurqingi	171	këitirën	89
kurun	75	këjin	40
kuruñgugir nëiyim	37	këki	170
kurë	51, 64	këkë	19
kurëktë	14, 59	këkërërën	114
kurëlërën	145	këlbëljirën	148
kurëm	59	këlbëlxirën	148
kusëm	37	këlgi	31, 167
kutam	27	këlterën	117
kutlërën	112	këmjë/hëñgër	46
kutëlëqin	55	këmjëg	46
kuudu	166	këmjëlërën	134
kuudurarën	104	këmki/hëmki	46
kuukan	27	këmun	46
kuwë	75	këmë	45
kuwën	58	këngilërën	83
kuxe	51, 60, 73	kënkë	65
kuxilërën	107	kënkërrën	97
kuñkë	21	kënkërërën	149
kë/hë	46	kënnërën	129
këbxeldirën	128	kënugi	176
këbxerën	128	kënuglirën	98
këdkëkëqin	55	këqi	80
këdëqir	69	këqi/këxi	6
këdërënkë	59	këqër	167
këdërërën	142	kërgë aaqin	167
këhë	73	kërjë	73

253

kërluo	21	laibër	159
kërsu	56, 66	laibërtrën	117
kërëg	42	lailërën	100
kërëkë	73	laimos	171
kërën	73	laimosdarën	100
kësmël	172	lajo	65
kësëgërën	120	laka/nëktë	157
këtrërën	119	lam	41
këtu	180	lamëqilërën	146
këtës	36, 50	lanlërën	89
këwurën	137	lantan	169
këwër	9	lantanlarën	90
këwër/hëvër	1	lantu	71
këxerën	113	larberën	117
këxi	175	largelërën	85
këërsë	59	largen	169
këñgirërën	150	largibtan	128
këñgër	33	largin	42, 164
		larginqi	166
		largirën	89

L

la	51	larkiburën	148
laaba ini	12	larkilarën	148
laasi	68	larkirën	148
labdun	158	larqi dañgë	53
ladrarën	100	larqi/nabqi/nambar	16
ladër	162	lartarën	102
ladërrën	94	larturën	112
lagurën	136	lartëgarën	111

lartërën	111	luoggë	166
lata/bojigër	157	luokurën	123
lau añgë/muduri añgë	11	luorxike	171
lau/mudur	18	luosë	22
lawa	16	luote	63
laxibtën	96	lupu	153
laxilakanën	96	lupuji	177
laxilarën	96, 124, 148	lurgelërën	129
laxirën	96	lurgen	49
laxiwurën	96	lurgirën	101, 109
liakëburën	94	lurgëre	10
lina	16	luxi	177
lipër	169	lëhëdërën	94
liuxidërën	131	lëk/gërën	176
lokurën	87	lëkë	71
lonber	169	lëmbë	17, 76
lontë	70	lëmbërrën	94
lontëlarën	122	lënpën	40
loñko	74	lërigin	156
luaqi	57		
luaqi bëyi	54	**M**	
lubëjir	179	maanu	4
lukur	166	mabu	58
lukxin	180	madar	69, 79
lumur bo/numur bo	8	madar ini	13
lungulërën	85	madgën	68
lungur	71	madgënqi	169
luobo	65	madëgën	52, 55

madëgënën	127	mani/madën	176
madën	80	manibëran	168
madën amila	9	manixirën	87
madënji	178	manji bitigë	43
madënën	127	manjibëyi	54
madër	2	mantu/mantu ëwëën	63
madërkin	180	manurën	106
maima uor bëyi	54	manën	3
maiman	42	manëntrën	124
maimanlarën	91	marërën	126
maisë	64	masu	67
majilërën	142	mata	67
makëqin	160	mataar	70
makëqirën	86	materën	138
mala kurun	75	maturën	126
malaquanku	75	matërën	117
malqin	55	maxin	42
maltuku	72	mayin	72
maltur	72	mayindarën	133
malturën	125	mañge	57
maluku	61	mañgektë	65
mana	71	mañgetrën	82
manarën	106	mañgil	31
mandakarën	99	mañgëxirën	116
mandaldirën	99	mañka	4
mandarin/mundarin	99	mañkerën	131
mandawurën	99	mañku yaasël	36
mani	80, 177	melqerën	94

附录一 得力其尔鄂温克语词汇索引

meme/ëmë/ënin	26	moguburën	88
meter nuwan	179	moji	38
miagan	33	mojida	38
miagan aldërën	87	mojin/majin	56
miagan gurguldën	114	mokoli	173
miagandarën	87，118	mokqun	161
miaganlarën	87，118	mokun	25，37
miagantrën	114	mokunda	38
miagën aaqin	159	mollo	72
miagënqi	159	monio	171
mialkë	163	monio añgë/sarañagë	12
miartë	18	monio/saraën	18
miarëkëren	131	moniodarën	103
miarëldirën	101	moniomku	171
miarërën	130	moo	14
miañgë	78	moo juu	40
miiqian	61	moo oxiktë	2
miiqiandarën	98	morgin	9
miirdërën	126	morin	22
miirgën	46	morin añgë	11
miiri	34	morin loñko	74
miiridërën	121	morin paujën	61
miirën	99	morin surgë	25
miisul	43	morin tërgën	69
milkurën	111	morintorë uoroktë	17
mindulërën	87	morke	168
mindun	66	morkildibrën	118
mitarën	139	morkildiburën	117

257

morkildirën	86	muodërën	126
morkilku	72	muogol	166
morkilërën	108	muogqun	166
morkirën	113	muoji	32
morqehe	163	muoktë	75
morqekkërën	117	muokxin	166
morqerën	117	muolërën	126
mowurën	118	muonkë	163
mowërën	103	muoqirë	162
moñgo	70	muorkirën	103
moñgël bitigë	43	muorë	69
moñgël jëëktë	64	muorëkëren	131
moñirën	141	muorërën	101
muduri dialë ugirir ini	9	muowërën	143
mujilërën	144	muqurën	110
mukerën	141	mur	44
mukrurën	141	muraxin	118
mukulën	40	murgil/kualin	64
mukurën	136, 138	murguldirën	136
mukuñ yaasël	54	murgurën	136
mukërrën	150	murgërën	83
mulankanën	89	murke	168
mulanën	89	murqi	159, 180
mulike	168	murug	21
mundur	3	murxeki	175
muo	4, 162	murxen	175
muo oxiktë	2	murëlgën	6
muodil	6	murën	5

musu/juuru	79	mërdën	5
musë	52	mërdërën	102, 132
muudëburën	126	mërgirën	86
muulëkë	67	mërgën bëyi	55
muwën somo	68	mërikerën	109
muñkërirën	83	mërëgën	47
mëdël	44, 45	mëti	153
mëgtërën/anabrën	85	mëtilë	153
mëgëji	19	mëtër	175, 179
mëiguo	57	mëtërë/taaqin	151
mëimëgër	55	mëwën	4
mëitërën	95	mëyikirën	86
mëjëre	153	mëyin	80, 174
mëljiirën	138	mëëgë	66
mëljirën	86	mëëgë/murigqi	20
mëljëku	168	mëërë	69
mëljën	168	mëërë matërën	126
mëljëñgi	168	mëëyi/mëyi	152
mëllirën	83	mëñgu	52
mëmëdi	155	mëñgul	57
mëngiji	152	mëñgulbëyi	54
mënkënqi morin	23		
mënlirën/mëljirën	128	**N**	
mënën	166	naa	175
mënëntrën/gërëntrën	104	naajil	27
mërbun	45	naajil tete	26
mërburën	129	naajil yëyë	26
mërdirën	113	naaktën	133

naalë	35	namëktë	32
naalë iha	35	nanda uorën	146
naalë iirën	130	nanna	163
naalë uonakan	35	nannakën	165
naalë uxiktë	35	nannarën	150
naalë xirëktë	41	nannauorën	93
naalëdarën	95	nannaxirën	150
naalëwën	35	nannë	24, 33
naalëyitë	164	nanqirën	85
naaqilarën	111	nanqirën/naxirën	85
naaqqilarën	91	nanëgdi	170
naaqqildiarën	91	naqilarën	127
naaqu	27	naremë	64
nadën	77	naribkundërën	142
nadën bee	12	narin	164, 165
nadën oxiktë	2	narji bo	8
nadënrën	78	narmëktë/garmëktë	22
nagël utë	27	narwurën	126
naidërën	115, 128	nasë	25
nainë	26	nasëlarën	116
nainëba	26	nasëlërën	81
naitarën	151	nasëqi	166
namaaji	78	naurës	17
namaaji añgë	11	nawën	6, 30
namaajitum	78	naxiqilërën	133
namira	6	nayirën	98, 143
namira uodën	3	nayiwurën	98, 144
namtun	48	nañë	175

neensë	32	niqukun bëyi	30
neensëyi kujur	33	niqukun inigdë	10
nene	26	niqukun jagal	10
nexi	176	niqukun jalë	9
niakan bitigë	43	niqukun mëmë	26
niakan bëyi	54	niqukun taqiku	40
niakan kërgën	43	niqukun uodën	3
nialërën	143	niqukun yamën	3
niarërën	89	niqukun ëkugdi	10
niimtë	16	niqukunjuwu	10
niintë/undus	17	niqukën kalimsu	17
niis	58	niqë/naali	34
nijëlë	155	nirgë	181
nikqia	19	nirgës	64
nikëqa	14	niro/niro bëyi	25
nilon	159	niroqirën	98
nimalërën	91	nirugan	39
nimëqirën	130	niruo	73, 76
niqerën	94	nixirën	99
niqia	21	nixiwuldirën	99
niqilërën	100	nixiwurën	99
niquhun gujë	34	niyirën	130
niquhun jalan	30	niyiwurën	144
niqukudërën	116	niñgun	77
niqukun	165	niñgunrën	78
niqukun aba	26	niñirën	150
niqukun akin	28	niñubtën	150
niqukun birakan	5	niñuburën	150

niñun bee	12	nuotiyi	179
niñuqirën	113	nuoyin	39
niñurën	150	nurgirën	107
nnënrqirën	138	nuwan	179
nokurën	141	nëigan	177
nomoxirakanën	115	nëigëlën	45
nonniki	20	nëigën	156
nonniqian	20	nëiyiñgir nëiyim	37
noohan	23	nëktë bëyi	30
nor/norn	61	nëktë ur	7
norgërën	94	nëktëkun	157
noyirën	139	nëktëkënën	130
nuglërën	85	nëktëmuxirën	129
nuhuñkë/nuhuktë	16	nëktërën	129
nukerën	86, 111, 119, 139	nëktëxirën	129
nulërën	86	nëkun kukin	28
nuo	73, 152	nëkun kurëkën	28
nuodabtën	90	nëkun/urkëkën nëkun	28
nuodarën	90	nëlkë	9
nuodawurën	90	nëlkë duolin	9
nuode	11	nëlkë uorën	88
nuokte	11	nëlkë ëdin	9
nuokte nëiyim	37	nëlkë ërin	9
nuoktë	31	nëlkëktë	9
nuoktëdërën	121	nëmibkun kalisun	60
nuokul	31	nëmibkun/nënni	165
nuoquku	74	nëmirën	124
nuotel gorëdu	174	nëmërën	139

nënimkun/nënni	161
nërbuorën	93
nërbërën	125
nërqërën	82
nërë	68
nëxi	49
nëxiku	160
nëxin	172
nëëki	6
nëëlukënën	109
nëëlëke	159
nëëlëmu	160
nëëlëmugdi	160
nëëlërën	97
nëëlëwukënën/nëëlëkënën	97
nëëlëwurën	97
nëërikun	159, 165
nëëril	13
nëërin	3
nëërin muo	5
nëërin uorën	81
nëërinlërën	125
nëërën	107
nëëxin	36
nëëxinmurën	118
nëëxintrën	118
nëëxinën	118

O

obo	57
obo takirën	83
obolarën/xikqilërën	143
oboljirën	92
obolërën	96
ogë	36
ogëni	35
oimarlarën	104
oka/uka	45
okalan	45
okaltu	45
okawën	45
okqon/olo	21
okxerën	103
olgerën	125
ollo/oldo	80
ollodini	80
olloxin	72
olë/olë moo	15
omula	59
omularën	124
omëktë	66
onji	14
onni	179
or	46, 51
or mur aaqin	181

263

ore	14		
oreko	14	**P**	
orerën	111	paagirën	125
oriakqin	20	paatijirën	125
orloqirën	91	pabulrën	106
orlorën	91	pabulërën	84
orokan/oroon	57	pabun	44
oronkërën	91	pabën	53
oroolarën	83	pagen	47
oroon/kuomakan	18	pagun	47
orun	44, 78	paisë	39
oudungi	158	pakgeldirën	131
oumun	35	palkurën	133
owungo morin	23	panbu	58
oxihëktë	16	panqirën	103
oxiktë	2	paqirën	106
oxin bee	12	paqukirën	92
oyin	45	paquldirën	92
oñgerën	144	paqulirën	92
oñgor	41	paqurën	92
oñgortburën	109	paquwëldirën	91
oñgoxirën	83	paransë	58
oñgë/sabë/tëkku	35	pardarën	143
oñgëggarën	144	pargildirën	100
oñpur	16	pargirën	128
oñpur moo	15	patkarë	162
oñurën	135	paujën	61
		payan	47

peeldarën	101	pur par	179
pekqirën	137	pusërën	82
peltan	63	puus	41
pelterën	102	puxir	176
pelë	160	pëiji	69
pelëgrën	102,137	pëkqirën	89
pelërën	141	pëkxirën	99
pergërën	131	pëli	45
piargën	46	pëlëgrën	94
piis	171	pënjulërën	134
piisdërën	86	pënkuan dëgi	20
piislërën	131	pënnëldirën	133
pijaku	75	pënnërën	133
pinguo	66	pëns	74
piqian	47	pënsë	67
piqiandarën	115	pëntu	19
piqilarën	85	përpar	174
piqiluorën	117	pësëglërën	119
pisëkë	64		
pole	43	**Q**	
pologrën	94	qaalban	15
pootul	56	qaaquku	68
porgibtën	91	qaasë	43
porgong	158	qaañkur	15
puge	6	qagdan	48
puojin	71	qakatu	172
puoltirën	104	qalimun	52
puqilërën	110	qalin/salin	39

265

qantë	53, 67	qiañgëlrën	143
qarkirarën	130	qigalarën/salrën	96
qarqirën	99	qigin	76
qatanën	121	qihërrën	137
qee	63	qikami	60
qektë	36	qikën	36
qeliyan	76	qikën aldërën	148
qelqig	42	qikënën	150
qerpelë	23	qilqigen	42
qerqikun	21	qiman julidë ini	13
qerëntrën	147	qimaqin	13
qesë	65	qimaqin saawu ini	13
qia	70	qimër	165
qiabqiku	72	qingatkanën	111
qiaklërën	117	qingatrën	111
qiaktu	80	qinjian/jiaëyu	66
qiakur	170	qinjo	65
qiakë	176, 178	qintanën	111
qiakëlërën	145	qiqabaqa	158
qiakëmur	181	qiqirmu	157
qiakënkir	178	qiqirrën	115
qiakërrën	145	qiqirën	126
qianbir	43	qiqirën/saxirën	96
qianbo	52	qiqog	71
qiandasun	52	qiquor	176
qiankar morin	23	qiquur	163
qiarkirarën	100	qira	49
qiawë	43	qiran	50

qirburërën/xirburën	139	quanqirën/quanqim tëërën	107
qirqalë	20	qulpugrën	142
qirqiku	71	qulpulërën	130
qirqikudarën	126	qulqirën	101
qirquku	61	qulë/sulë	45
qirëg	55	qulëgën/sulëgën	45
qirën	71	qumilërën	146
qisë	64	quni	70
qokti	178	qunsë	60
qoku	31	quobtë	176
qokër morin	23	quokti	177
qolbokanën	95	quoku	33
qolpogrën	95	quokuorën	86
qolpokkonën	144	quokur	162
qolpolërën	138	quokëqi	68
qolpororën	138	quolë	21
qolpotrën	95, 138	quoqikan	42
qomilërën	145	quoqikan uyirën	120
qorbo	22	quorin	162
qorsë	65	quorën	3
qotor	163	quorërën	138
qoñkërën	111	qurgen	67
qu	66	qurqu	19
quahë	9	qurun	162
qualqike	172	qurën/kuotëgan	15
quanga	69	qutur	173
quanku	74	quuqi	71
quanku tigë	74	quuqidërën	125

267

quñgur	34		sagaarën	129
quñgur/uqir	35		sagag	64
quñgurrën	137		sagde	30
qërgënqi	15		sagde bëyi	30
qÿdën	62		sagde uorën	116
			sagderarën	116
			salgën	46

S

saaga	48		salë	55
saagdërën	147		salëbikërën	112
saagunën	124		salëbirën	112
saajige	19		salëdarën	107
saajigenga	20		salëmkë	69
saakanën	146		samalarën	109
saaman	48		saman	48
saamburën	147		samiktë	32
saankanën	147		sampël	171
saarqi	63		sannarën	123
saarëgin	48		saranlarën	148
saarën	147		sarbë	68
saatagarën	147		sargil	159
saatarën	100, 103, 147		sarmiktë	32
saatë	49		sarsërën	88
saatëgarën	128		sartal	5
saawu ini qiawuli	13		saruñku	75
saawuli/qiawuli	13		sarxirën	88
saawurën	91		sarënlarën	149
saawën	48		satën	66
saañgë	48		sawi	60

附录一 得力其尔鄂温克语词汇索引

sawon	18	sou	180
sawurën	133	soudër	53
saxikirën	95, 134	soudër taanën	146
sayi	60	souji	32
sayi turu	60	sourërën	107
sayi wuxi	60	sousë	16
sañaal	7	su	43, 153
sañkë	61	suadallarën	104
sañën	4	suadël	31
sañënën	125	suadëlqi uoroktë	17
sokor	173	suadën	65
sokto	56	sualdërën	107
soktorën	149	suallërën	107
solakrën	117	sualë nëërën	107
solduk	79	suandalarën	127
solgelrën	102	suanna	65
solon	41	suaral morin	23
solëm ëmurën	121	suarë	20
solërën/solëbtën	121	subtërën	121
some/xiañ	38	sudun	1
somo	68	sugelërën	102
sompon oxiktë	2	suggarën	121
somëda	38	sugubqi	8
sonja bee	12	suibi	60
sonja bee jaan toñgun	9	suiburën	144
sor/suom	61	suidus uonakan	35
sorbi	68	suigal	21
sorqilarën	111	suilëdërën	100

suilërën	85, 88	suohulërën	132
suirburën	95	suola	161
suitërën	88	suoliki/suolki	18
sujarën	106	suolirën	105
sukmërën	119	suolugun jëëktë	64
suku	71	suolukë	63
sukudërën	126	suomul	32
sukunqi	71	suonirën	106
sule	166	suontë	169
sulerarën	93	suowëlërën	132
suletrën	104	suowërën	130
sulgektë/nuwa	64	sur	41
sulgi ëdin	2	suraqilërën	132
sullu	57	surbo	76
sullë	55	surnërën	94
sulugsë	5	surqi	160
sulugsërën	124	surtë	171
sulë	167	surë	42
sulëlërën	90	surëgin	181
sumsu	63	surëqi/sulëqi	160
sumsu/sumsun	57	susu jëëktë	64
sumultu	34	suugin	3
sumuslërën	82	suunku	76
sun	59	suwan	18
suntburën	148	suwërën	109
suntgërën	88	suye ëdin	2
suobaikë/suobëktë	21	suyë ëdin	2
suobtërën	110	sëbgen/sëggen	6

sëbjilërën	102, 110		sëtëgrën	144
sëbjin	164		sëtërrën	144
sëbjirën	102		sëwxirën	83
sëbtëg/sëttëg	58		sëwën	170
sëbtërën	124		sëwërgirën	102
sëbë	40		sëwërxirën	102
sëhukrën	98		sëëjilërën	114
sëjiglërën	122		sëërirën	86

T

taadkanën	135
taagdëlqirën	135
taagdën	135
taagdërën	135
taaklarën	111
taakqa aba	26
taakqa mëmë	26
taakëlërën	120
taalërën	118
taami yuuwurën	121
taamuldirën	98, 121
taamulkirën	143
taamunarën	138
taamurën	98, 121
taanaldirën	121
taanaqirën	98
taanën	121
taara	29

sëjigrën	122
sëkin	6
sëksë	34
sëktëg	162
sëku/sëmu	61
sël	4
sëlgin	45, 46
sëlgirën	131
sëlun	72
sëmirën	89, 139
sëmukun	165
sëmur	165
sërikënën	147
sërirën	147
sërqigër	169
sërqirën	99
sërtëgër	171
sërtëku	171
sërum	161
sëtlërën	99

271

taara akin	29	talerën	81, 125
taara bërgën	29	talkirën	121
taara nëkun	29	talur	153
taara unaaji nëkun	29	talë	15, 57
taara ëkin	29	talëgan	52
taarale	29	talëgirën	82
taarale akunur	29	talëqi	159
taarale ëkunur	29	tame	68
taaraleqin	29	tamem	75
tab	176, 177	tamgën	53
tab arkirën	138	tamnaktë	3
tabbuurën	142	tamqiku/turimqi	56
tablarën	130	tamunën	89
taduki	176	tamën/tamun	2
taibë	73	tamërrën	94, 100
taibën	157	tan	80
taibëtrën	108	tanna	154
tak	24, 177	tannakki	154, 175
takerën	145	tannalë	154
takin	57	tannaqilë	154
takirën	83	tannaqin	154, 182
taklarën	91	tannaqinki	155
taktokki	155	tannëqikal	155
takurrën	151	tannëqil	155
takëji	182	tanqul	49
takën	40, 69	tantë	180
talan	174	tantërrën	125
talen	3	taoli	18

taqin	47	taurë	66
taqin/tatin	40	taxen	45, 54
taqsul/tassul	154	taxerarën	147
tardiki	175	taxignarën	112
tari	152	tayidala	155
tarigan	52	tayidalë	154
tarigan tal	52	tañgegrën	141
tarigan tarir ërin	10	tañgerën	141, 145
tarigaqin	55	tañgur	68
tarirën	126	tañiran	97
tarjiggin	154	tañtaka	157
tarkëndu	156	telparën	97
tarkërën	98	tete	25
tarë	152	tiagur	15
tarëji	179	tiakë	177
tarëqin/tobki	154	tiamur	14
tarëqinki	175	tiañgë añgë	11
tarëqinlë	154	tibkërën	91
tatigarën	104	tibkësu	70
tatikanan	104	tigë	76
tatiku/taqiku	40	tihin	155
tatirën/tatiran/taqirën	104	tiimiqirën	98
tatiwën/tatigal	49	tiimtërën/tiintërën	97
tatiwërën	104	tiimuldirën	98
tatëku	75	tiimurën	98, 107
taulalka	47	tiinkënën	98
taulan ukur	24	tiinu	13
tauli añgë	11	tiinu julidë ini/tiyan ini	13

273

tiinëldirën	98	tontuke	20
tiinën	98	toogën	41
tijike	18	tooxerën	135
tikirën	90, 94	topur	71
tikiwurën	94	torbi	70
tikukënën	90	torgoku	72
tipan	166	tortorën	138
tiribtën	136	tortërën	130
tirim iirën	137	tortëwën	46
tirirën	136	torëki	19
tiriwurën	136	tosërën	81
tirërën	144	toufu	10
tiyan julidë ini	13	touqilërën	87
tobdolin	80	tourë	45, 68
tobkin/tobki	44	toñguki	78
tobkur	179	toñgun/ton/to	77
tokkiji	177	toñgurën	78
tokkixirën	83	toñkolrën	137
tokorën	127	toñkoqirën	143
tokqaklarën	99	tuallë	4
tokqian	24	tuallëg	69
toktukun	158	tuallëtrën	118
toktun	158	tualëg	40
tomin	34, 36	tualëgër	76
tominën	150	tualëldirën	137
tondo	163	tualërën	136
tondokanën	129	tuandë/tondo	158
tongkurën	139	tuasë	49

tuasëlqirën	131	tungë tangë	158
tubosë	46	tunku	43
tubugurën	109	tuo	4
tudu	65	tuo bodorën	151
tudulërën	111	tuo oxiktë	2
tugsëlërën	124	tuobkin/tuonë	182
tuiban	71	tuobor	61
tuibandarën	125, 143	tuobë	177
tuigë	24	tuobëdi	180
tuimër	4	tuoki/kandakan	18
tukqi/tugsë	2	tuokqi	175, 182
tukqiburën	93	tuokë	75
tukqirën	93, 113, 148	tuokërën	106
tuksalarën	108	tuolkëqirën	134
tuksanën	108	tuollë juurën	150
tuktëlirën	112	tuollë yuur bo	74
tukul	4	tuoluorën/duilërën	122
tukul juu	40	tuolur	52
tukul oxiktë	2	tuolëge	59
tukurën	173	tuolëgelërën	124
tulgin	179	tuomburën	120
tuligin	178	tuonë	175
tulka	63	tuoqakit	182
tullë	79	tuoqanyin	182
tulma	67	tuoregën	53
tulërën	124, 144	tuoreku	53
tumën tumën	78	tuorgan	58
tumën/tum	78	tuorganka	61

275

tuorqi	59	tuwu	10
tuorqilarën	124	tuwu duolin	10
tuortëlërën	110	tuwu uorën	89
tuorën	110	tuwu ërin	10
tuosarën	137	tuwuktë	10
tuosën	53	tuwuxel	40
tuotërën	138	tuxanën	139
tuoworën	84	tuñga ini	5
tupi	73	tuñgalrën	125
tuqiqi ini	5	tuñgu	171
turbi	16	tuñgu muo/tuñga	5
turen	52	tëberërën	83
turimkirën	85	tëbigë	16
turo	24	tëbigë moo	15
turqirën	97	tëbxelërën	97
turtan	78, 177	tëgëlën/tëglën	20
turugun	170	tëgën	39
turugun uodën	3	tëhërrën	137
turuqirën	85	tëisëlërën	134
turërën	105	tëji	163, 177
turëwurën	104	tëkku	59
turëëbtën	130	tëkqi	158
turëërën	130	tëkqikun	158
turëëwurën	130	tëkqilërën	89
tusë/qurgi	21	tëkqilërën	96
tuttumëlirën	111	tëkur	58
tuuna	4	tëkxi/tëqqi	160
tuurërën	126	tëkënën	96

tëlin/ësukunëkti	181	tëñgëlë/janni	69
tëlërën	92, 113, 150	tëñkilirën	149
tëmilërën	133	tëñkirën	123, 140
tëmqilërën	87	tëñkërën	140
tëmqirën	88		
tëmulerën	133	**U**	
tëmë	24		
tëmëgën loñko	74	uadarën	139
tënqi	70	uadërën	139
tënurën	107	ualën	153
tëqigun	51	ualënji	153
tërgën	69	uarën	172
tërkën	40	ubaxigrën	108
tërkënqi juu/dabkur juu	73	ubaxirën	100, 108
tërsë/tëgsë	59	udaan	170
tërsëqin	54	ugqëmëxirën	128
tërëërën	140	ugqënën	128
tësërën	145	ugë/uyi	46
tëtikënën	124	ujan	44
tëtirën	123	uka	44
tëwënërën	87	ukalarën	119, 135
tëwërën	87	ukaldrën	147
tëxirën	84	ukararën	147
tëëgëltrën	106	ukaxirën	120
tëëkënën	107	ukuli	58
tëëre	157	ukulikë	58
tëërën	107	ukulirën	145
tëëwurën	107	ukur	24
		ukur añgë	11

ukur loñko	74	ultuk	7
ukur paujën	61	ultuklërën	95
ukurqin	55	ultukrën	95
ukurtërgën	69	uluhudrën	146
ukuryi ullë	62	uluhëxirën	90
ukëqën inikin	22	uluku	153
ulerën	115	ulukudërën	100
ulibkënën	110	ulukuqirën	100
ulibtën	110	ulukë	168
uligëqirën	110	ulëbtën	4
ulike	20	umilë	19
uliktë	16	umirërën/giannarën	108
uliktë moo	15	unaaji bënër	29
ulikënën	110	unaaji nëkun	28
ulin	52	unaji uomële	28
ulin hëtëg	52	unaji/kutë	27
ulin jiga	52	unduslërën	82
ulinbun	52	uniilën	106
ulinburën	148	unim gadën	104
ulintë	52	uniirën/durrën	104
uliqirën	110	uniñgi	163
ulirën	110	unugu	178
ulliqi	160	unëgën	24
ullir uonakan	35	unën	164
ullirën	144	unëngir	164
ullë	62	unënxirën	138
ullëqi uorën	117	unëqirën	138
ullër morin	23	unëñgi	163

unëñgir	177	uolëkërën	138
uobtën	152	uolëqin	173
uodikarën	135	uolërën	138
uodirën	135	uomële	28
uodongirën	90	uonakan	35, 68
uodoro/kuoruolë	33	uonarën	141
uodën	3, 152	uoni ayiji	179
uodënën	124	uoni/uokun	155
uojidë	174	uonibo	155
uojirën	134	uonikët	155
uoke	155	uoniqi	155
uokedu	155	uono	34
uokkun	70	uonomgirën	84
uokonkët	155	uonqi	176
uokto	75	uonqukgirën	145
uoktë	24, 51	uonqulërën	145
uoktë/uogul	21	uontrën	135
uoktëlirën	112	uontë	60
uoktën	116	uonuktun	61
uokurën	114	uonuktë	62
uolgian	19	uonëkënën	88
uolgian añgë	12	uonën/mogirën	88
uolgian baktë	19	uonën/uonëxirën	140
uolgian ullë	62	uonërën	88, 91
uolubkun	161	uopën	39
uolurën	126	uoqarën	144
uolëgëqirën	127	uoqikanën	145
uolëkë	165	uoqirën	143

279

uorkularën	105	ur taanën	88
uoroktë	17	urbun	47
uoroktë aawën	60	urburën	112, 148
uoroktë juu	40	urgi	165
uoroktë sawi	60	urgigdi	165
uorowurën	126	urgil	46
uorqen bëyi	54	urgillërën	129
uortë	61, 70	urgilërën	143
uorubtën	97	urirën	136
uorum	36	urirën/gaxin	38
uorurën	96	urka/urga	51
uorë	39	urku	74
uorën	127, 141	urkun	159, 167
uotake	173	urkun/dakqun	170
uotamji	182	urkëkën/nono	27
uotarën	114	urlërën	126
uotkai	180	urni kojor	8
uotoktë	17	urni oroon	8
uotë	33	urqian	20
uowën/kirë	71	urqëlërën	120
uoxerën	118	urtrën	88
uoxiki	156	urugun baitë	42
uoñgirën	140	urugun/uruun	163
uoñgër	63	urukun banin	48
uoñkurën	86	urukuntaibu	76
uqilërën	110	urumkun	160
uqëkën	67	urumkuntrën	141
ur	7, 53	urë	34, 64, 71

urěkělji/urěkěn	177	**W**	
urěl/niqukur	27		
urěrěn	125	waa	49
utuněn	116	waahu	20
utě	27	waaldirěn	85, 87
uukqilěrěn	120	waalěrěn	109
uunurěn	125, 133	waalěxirěn	109
uuněn	133	waaqi	167
uuněrěn	133	waaqi ullě	62
uurgě/iñibgě	46	waaqikur	167
uurirěn	129	waar	73
uuxil/uukqil	59	waarěn	82
uxiktě	35	waatrěn	109
uyi	25, 32	waaxirěn	109
uyi/garě	17	wahalurěn	127
uyidě	80	wajali	30
uyilě	80	waji	36
uyimurěn	138	wajimarěn	112
uyiněrěn	120	wakxerěn	103, 118
uyiqirěn	120	waldě/wallě	58
uyir	6	walhu	9
uyirěn	102, 120, 123, 140	waliběljirěn	140
uyiwěn	42	waligan	1
uyoñgo	165	walildirěn	100
uyěle	28	walirin	161
uyěle akunur	28, 29	walirin hěiji	73
uyěle ěkunur	29	walirin ilga	16
		walirin luobo	65

walirin morin	23	woqirën	108
walirin satën	67	wuliki	20
walirin uorën	116	wëhulën	9
walirën	100	wëibël	60
walirën ëru waaqi kuolikan	21	wëidërë	67
walugu	19	wëiqirën	122
walë ëkun	63	wëitë	60
walëbun	49	wëkkërërën	131
walëgën	47	wëlu	60
walën	168	wënhuaguan	41
wanagan	23	wënjirën	97
wargë	61	wënjitrën	139
wargëlabtën	122	wënqin	157
wargëlarën	95	wënqin ut	31
warkiraldiran	130	wërën	32
warkirarën	130	wëyilë bo	1
warpatrën	99		
warqarën	137	**X**	
watgirën	97	xagaarën/sagaarën	84
watër	70	xalgirën	89
wayal	28	xaliglarën	89
wilërën	144	xalkëndarën	131
wixikënën	144	xargël	73, 76
wixirën	144	xarku	73
wodongi	171	xarkërrën	85
wodërën	98	xatu	170
wodëwurën	98	xañgë iisë	76
wolorën	97	xeenë	32

附录一　得力其尔鄂温克语词汇索引

xeenëyi kalisun	32	xiatularën	142
xeenëyi larqi	32	xiañ	22
xekarën	129	xiañgërën	161
xelbin	62	xiañjo	66
xemkur	165	xiañqi	43
xenë ëwëen	62	xiañrin	66
xerërën	123	xiañëktë	21
xewu	17	xibdirën	114
xi	152	xibjia	167
xiabëg	16	xibkunji	182
xiabëktu	15	xidër	70
xiahurën	137	xidërlërën	122
xiaktë	70	xiibkëburën	108
xialgën	169	xiibkëwurën/xiikëwurën	99
xialgëndarën	128	xiidësë	75
xialkën	167	xiiggën	163
xiallëgrën	94	xiimurën/xiirkirën	101
xialëburën	127	xiinkirën	151
xialëgëndarën	100	xiinkërën	123
xiamalrën	117	xiiran	3
xiamlarën	142	xiirsë	75
xiantë	17	xiisë	43, 65
xiantë xirëktë	62	xiitë	75
xiarbalirën	102	xijinlërën	107
xiargël	74	xiktëg	58
xiarku	40	xilan	161
xiarëm	175	xilbarën	130
xiarërën	145	xilbërën	88

283

xiliktë/tiyilë	33	xiomkun	170
xilirën	93	xiorgan	3
xilkarën	123	xiraktan	4
xiltag	42	xirañku	4
xiluktala	63	xirbaran	148
xilë	63	xirbëlërën	133
xilëm	162, 171	xirbërën	133
xilëmdërën	112, 142	xirga inikin	22
xilëqi	4	xirgatrën	124
xilër ënëku/xilëku	50	xirgirën	90, 91
ximirën	114	xirgixirën	134
ximë	66	xirigjirën	93
ximëglërën	89	xirkë	5, 67
ximëqi	170	xirokqirën	101
xina	70	xirqi	171
xingurën	87	xirtal	4
xinëg	57	xiruorën	131
xinëglërën	82	xirë/xir/irë	67
xinëgrën	93	xirëktë	15, 62
xinën	78	xirëktë/denhua	41
xinën diyin	79	xirëmong bo	10
xinën jaan	79	xiuji/xouji	51
xinën jaan toñgun	79	xiuwërtrën	118
xinën juur	79	xiwu/muri	19
xinën toñgun	79	xiwunërën	101
xinën yalën	79	xiwurën	88
xinën ëmu	78	xiwë bëyi	54
xiogxior	161	xiwëkqi	36

xiwĕn	1	xorkirĕn/suurkirĕn	101
xiwĕn juurĕn	81	xoruku	76
xiwĕn kurĕlĕrĕn	81	xorĕldirĕn	95
xiwĕn kĕibirĕn	81	xorĕn	68
xiwĕn tikirĕn	81	xorĕqi	160
xiwĕn tikĕdĕki/sulĕkĕki	79	xoñgurĕn	113
xiwĕr	36, 50, 54	xuargirĕn	115
xixiktĕ	16	xudis	62
xixiktĕ gadar ĕrin	10	xudis xirĕktĕ	62
xixikur	15	xulkudrĕn	97
xiñgulĕrĕn	139	xulus/xulusun	36
xiñgĕlĕrĕn	142	xulustrĕn	151
xiñgĕn	170	xuodĕs	53
xiñgĕn jĕĕktĕ	63	xuoluktĕ	34
xiñgĕrĕn	150	xuolĕ	39
xolbo	76	xurkul	57
xolgun	162, 163	xurkultrĕn	82, 114
xolgĕrrĕn	94	xurĕ	62
xolog	60	xuuggĕrĕn	117
xolon	62, 163	xuugirĕn	115
xolĕ jĕĕktĕ	66	xuwulĕ	166
xomkun	165	xĕbjil	158
xomoor	53	xĕlgirĕn	130, 137
xomorĕn	114	xĕrkĕtrĕn	97
xondlirĕn	103	xĕĕsĕ	53
xonĕtrĕn	118		
xoorkalrĕn	88	**Y**	
xorgirĕn	87	yaagĕ	16

yaasël	32	yarberën	129
yaasël gu	77	yari	49
yaasël julë	14	yaulunku	67
yaasëlburën	103	yañjiji	179
yaaxi	48	yañqiglarën	101
yaayaxi	181	yañëktë	24
yabag	57	yañëktë bir	43
yaburën	110	yerirën	131
yadan	161	yinqi	157
yadgëlarën	109	yiñni	33
yadgën	48	yodan	154
yadërën	93	yodaya	154
yalgërën	138, 145	yokonkët	153
yalgëwërën	138	yokonkët biyin	153
yalë	47	yokoyim	154
yalëki	78	yokun	8
yalëki ini	13	yokënlërën/yokëlërën	127
yalën	77	yolukun	170
yalën bee	12	yolukën	164
yalën oxiktë	2	yolëmarën	105
yalëqi bëyi	56	yolërën	105
yalëqin	56	yoni	153
yalër muo	62	yonikët	153
yalërën	115, 140	yoniqi	153
yamën	3	yoorrën	105
yamënën	125	yopon	58
yanjikan	19	yoqun	164
yanjol	53	yor	46, 49

附录一 得力其尔鄂温克语词汇索引

yorurën ……………………… 98
yorëldirën …………………… 98
yorëqirën/irëran ……………… 98
yorërën ……………………… 97
yosol ………………………… 179
yosug ………………………… 51
yosë ………………………… 44, 47
yosëlarën …………………… 105
yosëlorën …………………… 82
yuunërën …………………… 120
yuurën ……………………… 121
yuuwurën …………………… 120
yuwurën …………………… 125
yërexe ……………………… 171
yërërën ……………………… 149
yëyig ………………………… 173
yëyin ………………………… 77
yëyin bee …………………… 12
yëyinrën …………………… 78
yëyë ………………………… 25
yëënulërën ………………… 102
yëënuqi …………………… 171

287

附录二
汉语词汇索引

A

哀求 …………………………… 129
挨打 …………………………… 99
挨批、挨整 …………………… 99
挨揍 …………………………… 99
唉声叹气 ……………………… 87
矮的 …………………………… 157
矮个子 ………………………… 30
矮山 …………………………… 7
矮小的 ………………………… 157
艾蒿 …………………………… 17
爱发牢骚的 …………………… 171
爱好、喜好、兴趣 …………… 49
爱惜、珍惜、舍不得 ………… 89
安抚 …………………………… 84
安静 …………………………… 84
安乐的 ………………………… 158
安排 …………………………… 83

安全的、平安的 ……………… 158
安慰 ……………………… 84，142
安稳的 ………………………… 158
安稳的、正派的、率直的 …… 158
安装 …………………………… 87
犴达罕、驼鹿 ………………… 18
按摩 …………………………… 88
暗的、浑浊的 ………………… 159
暗算 …………………………… 84
暗中跟随 ……………………… 131
凹进去 ………………………… 97
凹进去、陷进去 ……………… 138
凹凸不平的 …………………… 158
敖包、土包 …………………… 57
熬夜 …………………………… 84
傲慢的 ………………………… 160
懊丧、懊悔、悔恨 …………… 113

B

八 ……………………………… 77

288

八十 …………………… 78	摆放、整理 …………………… 96
八月 …………………… 12	摆开、劈开 …………………… 120
八月十五、中秋节 …………… 54	摆弄、作弄 …………………… 135
巴拉狗 ………………… 22	摆谱、讲排场、瞎讲究 ……… 85
笆篱墙 ………………… 76	摆手、甩 …………………… 96
把儿、把手 …………… 72	摆手走路、摇头摆尾 ……… 148
霸道 ………………… 115,140	败走、走下坡路 …………… 86
白白地 ………………… 176	拜访 ………………………… 127
白鼻梁马 ……………… 23	拜访、探访、去看、看望 …… 132
白菜 …………………… 64	拜年 ………………………… 146
白的、白色的 ………… 162	拜托、托付、追债 ………… 115
白肚花马 ……………… 23	拜托、委托、托付、嘱咐 … 128
白矾 …………………… 66	斑点 ………………………… 36
白给 …………………… 105	斑青马 ……………………… 23
白桦树 ………………… 15	搬弄是非、讨好 …………… 102
白萝卜 ………………… 65	搬迁、搬家、搬 …………… 107
白马、白肚花马 ……… 23	板筋 ………………………… 70
白米、大米 …………… 64	板条 ………………………… 70
白内障 ……………… 36,54	办、办事、收拾 …………… 143
白天 …………………… 14	办、弄、处理 ……………… 142
白尾枣红马 …………… 23	办法、策略、对策 ………… 44
白尾枣红马 …………… 23	办公室、办公地点 ………… 39
百 ……………………… 78	办喜事 ……………………… 148
百合花 ………………… 16	半截的、短的 ……………… 172
百年、世纪 …………… 11	半截的、一半的、不满的 …… 172
百日咳 ………………… 151	半熟的 ……………………… 167
百万 …………………… 78	半信半疑地 ………………… 176
摆荡、颠簸、摇摆不定 … 148	半夜、深更半夜 …………… 14

289

拌嘴	90	暴风、大风	2
绊脚、脚绊一下	148	暴风雪	3
帮助	106	暴跳	114
绑、捆绑、拴	123	暴性	48
膀胱	34	暴躁的	158
傍晚	14	暴躁的、暴怒的	158
包	58，145	背	126
包、包装、包起来	145	背孩子	126
包庇、辩护	113	杯子、盅	68
包袱	58	悲观伤心的	160
包含、包容	113	悲伤	49
包扎	117	悲伤、哀伤、忧伤	113
包子	62	北	79
饱、吃饱	150	北、后	79
宝座、皇帝席位、主人座位	62	北斗七星	2
保存、存、储存	109	北方	9
保存、收藏、保管	134	北方的风	2
保护	108	北风	2
保卫	109	北极	2
保证	84	北炕	75
报酬	52	备马鞍子	127
报答、回报	146	备马鞍子、铺褥子	106
报道	146	背风处	8
报复	109	背后的风	2
报纸	43	背阳、阴面	10
抱	112	被打开、开窍	144
抱歉	118	被毒害、受伤害、中毒	85
抱怨	113	被发现、暴露	91

被发现、看到、出生	132	本性、生性、性格	49
被发现、看清	133	本子	43
被锋利的冰凌划破的伤口	54	笨笨地	174
被击中、被打	90	笨脚笨手地	174
被夹住	96	绷线	107
被教育	104	蹦跳	108
被看见	91	鼻翘、鼻尖	33
被拉、被拖	98	鼻涕	36
被落下、被掉队	90	鼻子	32
被批评、被怒斥	104	比高低、比强弱、对峙	132
被迫、无奈	102	比较	128
被抢	98	比赛	138
被扔掉、落下	90	比赛、争高低、比量	86
被使用、被录用	151	比什么、比哪个	156
被收拾、挨打	99	彼此认识	135
被甩	96	彼此之间	153
被说、被批评、训斥	130	闭眼睛	133
被吓唬、被恐吓、被威胁	97	箅子	76
被压、被欺压	136	边、旁边	80
被整、被陷害、受打击	85	边沿、边	75
被子	58	蝙蝠	19
辈、辈分、世代	25	蝙蝠草	17
辈分	25	鞭炮	61
辈分、世代	30	鞭炮、爆竹	71
镔子	71	鞭子	71
本历年	12	贬低、贬损	115
本事、能力	45	贬低、丑化	93
本性、本质	48	扁扁的	160

扁担	76	变化	116
扁的	160	变坏	109
变	115	变坏、变质、衰退	95
变暗黑、变得模糊不清	95	变坏、腐烂、发臭、变味	93
变白	116	变换、交替	105
变扁	102	变浑浊	146
变扁平、变蔫吧	102	变紧	111
变长	117	变辣	150
变长、弄长	141	变褴褛、撕烂	100
变潮湿、浸透、淋透、渗透	125	变老	116
变成	116	变老、衰老	116
变成扁的、被压扁、发胖	137	变老实	118
变成两半、断了	94	变老头	116
变成魔鬼	82	变冷	117
变成碎片	100	变平安	108
变大	116	变浅	138
变得热闹、变得热火朝天	92	变青	113
变得隐隐约约、模糊不清	142	变轻松	117
变得永恒、永垂不朽	83	变热	118
变短、弄断	141	变热	92
变鬼、成鬼、变成鬼怪	114	变软	90
变好	116	变松、变得松散、变得松软	107
变好、好转	146	变馊	109
变黑暗、变黑	95	变太平	108
变红	116	变歪	117
变厚	146	变弯曲	126
变糊涂	104	变味	109
变糊涂、变傻、变愚蠢	104	变味的、变坏的	162

变细、弄细 …………… 142	别的他 …………… 153
变小 …………………… 116	别的他、其他 ………… 153
变圆、成团、变成一团 … 146	别人 …………………… 30
变远 …………………… 122	别样的、不同的 ……… 156
变脏 …………………… 117	瘪嘴人 ………………… 55
变糟糕、变坏 ………… 134	鬓角 …………………… 33
辩护、袒护 …………… 108	冰 ……………………… 5
辩论 …………………… 108	冰川 …………………… 5
辫子 …………………… 37	冰河上的流水 ………… 6
标点、痞子 …………… 53	冰花 …………………… 5
标记 …………………… 127	冰凉的 ………………… 161
标准 …………………… 51	冰凿子 ………………… 71
标准的、整齐的 ……… 158	兵、军人 ……………… 55
表白 …………………… 119	饼 ……………………… 62
表达 …………………… 119	病 ……………………… 50
表弟 …………………… 29	病情复发 ……………… 93
表哥 …………………… 29	玻璃 …………………… 74
表姐 …………………… 29	玻璃球、弹球 ………… 49
表妹 …………………… 29	菠菜 …………………… 64
表嫂 …………………… 29	脖子 …………………… 34
表示 …………………… 119	脖子抽筋 ……………… 121
表示怀疑 ……………… 122	驳斥 …………………… 109
表现 …………………… 119	驳回 …………………… 109
表扬、赞美 …………… 118	薄的 …………………… 161
表扬、赞美、夸奖 …… 129	薄膜 …………………… 60
憋气 …………………… 147	薄雾 …………………… 3
憋气、憋闷气 ………… 151	补充 …………………… 109
别 ……………………… 152	补丁 …………………… 61

293

不 ……………………………… 152	不一般的 …………………… 167
不备马鞍子骑马 ………… 127	不一样的 …………………… 173
不充分的 …………………… 167	不怎么样的、不行的 ……… 169
不懂事的 …………………… 167	不知何时 …………………… 156
不断膨胀 …………………… 150	布料 ………………………… 58
不断撒娇 …………………… 102	布鞋 ………………………… 60
不对的 ……………………… 167	步行 ………………………… 110
不给面子 …………………… 113	步行 ………………………… 127
不好的、不顺心的、荒凉的 … 162	部分 ………………………… 174
不好意思 …………………… 149	部落、族根 ………………… 25
不滑润的、不流畅的 ……… 169	部落首领 …………………… 38
不会的 ……………………… 167	
不讲理、强词夺理 ………… 114	**C**
不久、马上 ………………… 175	擦 …………………………… 143
不开朗的、苦闷的 ………… 166	擦亮 ………………………… 143
不论何时 …………………… 156	猜、猜测、猜想 …………… 134
不论如何 …………………… 156	猜测、猜谜语 ……………… 134
不论怎样 …………………… 154	才 …………………………… 178
不论怎样、反正 …………… 156	财产、财富、命运 ………… 53
不满、不接受 ……………… 140	财迷 ………………………… 52
不明智的、不通情达理的 …… 167	裁缝、做衣服的人、服装师 … 54
不少的、挺多的 …………… 166	彩虹 ………………………… 3
不是 ………………………… 151	彩虹 ………………………… 3
不听话的、不懂事的 ……… 172	彩礼 ………………………… 53
不同的 ……………………… 173	踩、踏 ……………………… 136
不喜欢的 …………………… 167	菜 …………………………… 64
不行 ………………………… 152	菜板子 ……………………… 67
不要脸的、不知耻的 ……… 171	菜刀 ………………………… 67

菜墩子 …………………… 67	层层的 …………………… 160
菜园子 …………………… 52	蹭破皮、破皮 …………… 94
参与、管闲事 …………… 121	叉腿 ……………………… 145
餐、饭 …………………… 66	叉子 ……………………… 69
残废的、残疾的 ………… 172	插、刺、插入、刺进 …… 87
残疾的、缺少的、断头的 … 172	插手 ……………………… 130
残忍的、残酷的、黑心眼的 … 162	插手、管闲事 …………… 115
蚕 ………………………… 21	茶 ………………………… 63
仓房 ……………………… 72	茶奶 ……………………… 63
苍蝇 ……………………… 22	查看 ……………………… 105
藏、躲 …………………… 85	查看、审查、检查 ……… 147
藏起来、隐藏起来 ……… 120	查找、找、寻找 ………… 105
操心、操劳、苦恼 ……… 103	差不多 …………………… 174
操心、操劳、往心里去 … 134	差不多 …………………… 177
操心、苦恼、伤心 ……… 118	差不多地 ………………… 179
草 ………………………… 17	差点 ……………………… 177
草甸子、草地 …………… 9	差一点 …………………… 176
草房 ……………………… 40	差一点点、差一点儿 …… 180
草根鱼 …………………… 21	钗 ………………………… 71
草率的 …………………… 158	柴火 ……………………… 75
草帽 ……………………… 60	馋嘴 ……………………… 118
草莓 ……………………… 17	缠绵、缠恋、纠缠不休 … 89
草耙子 …………………… 61	产量 ……………………… 53
草鞋 ……………………… 60	产生困意、产生睡意 …… 143
草原勒勒车 ……………… 69	产生矛盾 ………………… 93
厕所 ……………………… 74	产生想法、产生坏主意 … 134
侧面 ……………………… 80	产生想法、计划 ………… 134
参差不齐的 ……………… 158	忏悔、自责 ……………… 103

颤抖、哆嗦	97	车掌子	70
长布衫	59	车辐条	69
长的	173	车轱辘花	70
长方形的	173	车轱辘圆木料	69
长胡须	37	车前草	17
长毛短皮衣	59	车头	69
肠	34	车辆	69
尝	150	车小楔子	69
尝试	150	车楔子	70
常常、时时、经常、到处	177	车辕子	69
敞开	144	车轴	69
敞开、打开、想开	144	彻底	176
敞开的、豁然的	163	彻底、很、太	177
唱、唱歌	129	彻底、完整、完全	176
抄近路走、直走	111	彻底地	182
抄写	96	彻底地、透彻地	177
朝鲜	57	尘土、飞尘	4
朝鲜人	54	沉淀、沉底、变清	125
嘲笑、看不起	129	沉淀下来、沉下来	97
潮湿的	161	沉默	47
吵吵	100	闯进	110
吵吵闹闹、熙熙攘攘	128	称	106
吵架、吵闹	100	称霸	82
吵架、打家、斗殴	131	称心、如意、心安	86
吵嚷	131	趁机	151
吵嚷、喧闹	100	成	84
炒菜	140	成、完成、成功、弄成	143
车	69	成鬼、变鬼	82

成立、建立、立起来、竖立	136	抽筋、抽动	98
成天、整天	13	抽屉	75
成灾、受灾	95	仇恨	49
承担、接受	87	仇人	56
承认	87	绸子	58
承认、接受、继承	140	稠李子	16
城墙	40	稠李子树	15
城市	38	稠粥	63
城镇	38	筹备、准备、预备	114
程度	46	筹划、筹备	142
逞能、逞强、显能	116	丑的、不好意思的、内疚的	158
吃	149	丑的、没法说的	163
吃撑、发胀、鼓出来	150	丑陋的、难看的	158
吃干饭	141	臭虫	21
吃奶	150	臭的、有味的	167
痴的、痴呆的	166	臭肉	62
痴癫	119	出、嫁给、出发	121
迟到、晚到	139	出洞、出孔	138
尺寸、尺度、程度	46	出汗	118
尺度、能量、程度	45	出脚气	118
尺度、限度、能力、程度	41	出漏洞、出口子	95
尺子	43	出缺口、破损	94
翅膀	24	出生	122
冲进去、压下去、进攻	137	出现暴乱、发生战乱	91
虫子	20	出现破绽、出现漏洞	95
宠爱的	157	出现烟雾	124
抽出来、拉出来、揪出来	121	初	78
抽风病、疯癫病	50	初春	9

297

初春的风	2	传统	49
初冬	10	传言、流言蜚语	46
初二	79	船	69
初立夏	10	船夫	55
初秋	10	船桨	69
初乳	63	椽子	76
初三	79	椽子、挂烟杆子	74
初生婴儿	27	喘气、呼吸	114
初十	79	串门、拜访、去问好	111
初四	79	串烟叶	145
初五	79	疮	50
初一	78	疮、癞疮	36
除夕	14	窗户	74
锄头	61	窗框	74
处暑	10	窗框、边框	74
处暑节气	10	窗台	74
揣怀里、怀抱、拥抱	87	床、床铺	51
揣袖子里	120	创造、创立、建立	143
穿	123	吹	115
穿肉木杆	62	吹鹿哨	115
穿肉条	139	吹牛、炫耀、自夸	149
穿透	138	垂死挣扎、拼命努力	133
穿透、彻底、透彻	177	锤子	61
穿透、打穿	142	春	9
穿透、捅透	95	春分	9
穿针眼	139	春风	9
传开、传遍、议论纷纷	131	春季	9
传来传去、流传、流言蜚语	131	春节	54

附录二　汉语词汇索引

春雨	9	粗的、魁梧的	166
纯白马	23	粗高瓶子	74
词典	43	粗线	62
次、次数	80	粗心的	159
次女	27	粗制炕席	75
次日	13	粗壮的	166
次子	27	醋	66
刺	138	催促、催要	115
刺鼻	85	村	38
刺激	85	村长	38
刺激、调拨	138	搓绳子	139
刺木果	17	搓线、搓细绳	139
刺杀、拼刺刀、相互刺激	87	搓烟卷	139
刺透	138	错事、错误	54
刺透、刺穿	138	错误、缺点、污点	45
刺猬	21	错误的、相反的、反面的	159
从此	175		
从哪里	155	**D**	
从哪里	156	打	99
从前	174	打、揍、开枪	98
从心里亲近、从心里接近	122	打扮	89
从心里疏远、从心里远离	122	打扮、添色	146
从这里	176	打扮、装扮	89
葱	65	打扁、弄碎、打碎	100
聪明的、伶俐的、机灵的	171	打断、弄断、折断	117
粗矮瓶子	74	打嗝	114
粗布	58	打哈欠	151
粗大腿	35	打鼾	149

299

打呼噜	101	大湖	6
打架	99	大家	153
打架、打战	85	大家、大伙儿	153
打开、摊开、展示	132	大家伙	153
打雷	124	大家伙儿、大伙儿	153
打拳、挥拳	99	大街	38
打扫、收拾	96	大舅	28
打碎	117	大舅妈	28
打听	111	大浪、大潮	6
打听、了解	132	大料	66
打针	139	大萝卜	65
大坝	7	大麦	64
大鞭炮	61	大门、院门	74
大冰雹	3	大米饭	63
大肠	34	大年三十、除夕夜	54
大城市	38	大娘	26
大道	51	大娘、伯母	26
大的	165	大瓶子	75
大儿子、长子	27	大坡、大山岭、高大的山峰	7
大风呼呼地吹	115	大气、傲气	48
大风呼啸	101	大前天	13
大夫、医生	50	大人	30
大哥	27	大声喊叫	130
大姑、大姨	26	大声喊叫、大声呼叫	130
大姑夫、大姨夫	26	大声叫喊	130
大寒	10	大暑	10
大河	5	大水缸	74
大后天	13	大水沟子	7

大水勺	67
大铁锤	61
大铁锹	72
大腿	36
大腿部分	35
大柁	76
大象	22
大学	40
大雪	3
大雁	20
大爷、伯父	26
大雨	3
大约	175
大约、大概	175
代代	25
代替、代表	91
带动起来	112
带来、拿来、拿过来	110
带领、率领、引领	112
带走、代管	127
待遇	53
袋子、衣袋	59
戴帽子	124
戴手套	124
戴孝	82
担当、责任、任务	46
单数	79
耽误、耽搁	147

耽误、阻碍、干扰	100
胆	33
胆小的、胆怯的	159
胆小怕事的	159
但是、尽管如此	182
淡的	170
弹弓	49
当初	156
当回事、认真对待	143
当今、现代	11
当然	181
当天	13
当心、留意	148
当真、当回事	143
挡住、隐藏、掩盖	84
刀	67
刀割	99
刀鞘	67
刀刃、刃	67
岛屿、海岛	7
捣乱	100
捣乱的、淘气的	169
捣碎、打碎、弄碎	100
倒放	87
倒酒、倒水、倒垃圾	86
倒立	94
倒满、弄满	86
倒塌、塌方	94

倒下	94	低洼地、洼地	8
祷告	42	低一点的	157
到处	155	滴漏、漏水、滴水	138
到处、各处、随处	156	敌人	56
到处、四处	156	抵挡	106
到处都是	155	抵赖、诬赖	100
到达、达到、够了	97	底下的	157
到结尾、到末尾、到结束	127	地	1
道理	47	地方、地区、地址、天地	51
道理、规律、纪律	44	地窖	72
稻子	64	地垄	52
得到、获得	83	地图	39
得到、找到、获得	133	地位、位置、岗位、职位	46
得劲	146	地狱	56
嘚瑟、炫耀	119	弟弟	28
嘚瑟的	162	弟媳	28
德国	57	第二	78
灯	51	第二天	13
等待	114	第几	78
瞪眼、瞪眼看	116	第三	78
瞪眼耍赖	86	第三天	13
瞪眼珠子、瞪眼	104	第四	78
低矮的	157	第五	78
低处的、低洼的、洼地的	157	第一	78
低头	136	第一次、首次	78
低头、鞠躬	141	第一天	13
低洼处、洼地	8	颠沛流离	108
低洼的	157	点火、点燃	123

附录二　汉语词汇索引

点名	135	钉子	70
点头	136	顶	136
点头哈腰	136	顶、顶住、支撑	136
点缀、装点、打扮	89	顶针	61
电棒	51	顶撞、冲突、打战、打架	137
电灯	51	顶撞、相撞、碰上	136
电话	41	订婚宴	53
电脑	51	定、确定、定下来	138
电视	51	定亲礼	53
店铺	41	定亲马	53
垫子、垫褥子	58	定亲牛	53
钓鱼	96	定亲食物	67
钓鱼竿	72	丢、丢失	90
调查、调研、查看、检查	105	东	79
调皮、玩耍、玩闹、闹腾	128	东西	52
调去	105	东西、物品、物质、商品	42
掉、掉下来	90	东西摇摆	148
掉膘	109	冬	10
掉颜色	90	冬季	10
跌跟头	93	冬眠的昆虫	9
跌下、下跌	91	冬天的柴火	75
跌一下、摔跟头	93	冬营地	40
叠骑（双人骑马）	127	冬至	10
叠起来、捆	119	动、活动、震动	92
盯梢、蹲守、窥视	133	动静、声音	47
盯着看、看守	147	动脉	31
钉钉子	91	动身、出发	92
钉铁掌	91	动物	18

303

动物角 …………………… 24	赌博 …………………… 140
动员、挪动、启动、推动 …… 92	肚脐 …………………… 34
动作 …………………… 47	肚子 …………………… 34
冻 …………………… 88	妒忌 …………………… 116
冻、霜冻、白露 …………… 5	度、度量、界 …………… 46
栋梁 …………………… 76	度量、海涵、气魄 ………… 46
都 …………………… 153，176	渡河处 …………………… 6
都、全都 ………………… 153	短的、断头的、短小的 …… 160
都柿 …………………… 16	短距离猛跑、短距离疾跑 … 112
都柿树 ………………… 15	断、中断、间断 ………… 145
都柿树林 ……………… 15	断绝、完结 ……………… 128
斗争、争取、拼命努力 …… 88	缎子 …………………… 58
豆角 …………………… 65	锻炼 …………………… 112
豆油 …………………… 66	堆放 …………………… 143
逗笑 …………………… 130	堆放、堆 ………………… 96
嘟囔 …………………… 128	堆积、堆起、堆起来 ……… 96
嘟囔、发牢骚 …………… 131	堆起来 …………………… 96
毒、毒品、毒素 ………… 56	对、正确 ………………… 123
毒药 …………………… 56	对比 …………………… 128
独木槽子 ………………… 70	对付、应付 ……………… 120
独自 …………………… 156	对付、应付、琢磨、思量 …… 135
独自一人、单独 ………… 152	对抗 …………………… 108
读 …………………… 127	对立、对斗、对战 ……… 137
读书、出声 ……………… 126	对立的 …………………… 168
堵、堵塞 ………………… 104	对联 …………………… 54
堵住、堵、不通 ………… 143	对面的、对方的、对立的 …… 168
堵住、塞住、蒙住、遮盖 …… 84	对面的、对过的 ………… 167
堵住、阻止 ……………… 84	对面的、对立的、反方向的 … 159

对上、合适、吻合 ……	123
对上的、合适的、吻合的 ……	168
对质、对问 ……	122
对质、对证 ……	122
对峙 ……	86
蹲下 ……	107
多半 ……	153
多层楼 ……	74
多的 ……	168
多的、众多的 ……	168
多么 ……	155
多么、极其 ……	176
多少 ……	155
多少次 ……	155
多余、变多 ……	146
多余、过剩、剩余 ……	100
多余的 ……	169
多余的、多的、其余的 ……	168
哆嗦、颤然、恐慌、恐惧 ……	97
躲避 ……	109
躲藏、藏起来、隐瞒 ……	120
剁子 ……	72
跺脚 ……	97

E

俄罗斯 ……	57
俄罗斯人 ……	54
俄式步枪 ……	61
鹅 ……	20
鹅卵石 ……	7
额头长发 ……	31
恶霸 ……	57
恶兆、厄运 ……	46
饿 ……	149
鄂伦春人 ……	54
鄂温克人 ……	54
恩情 ……	48
儿马 ……	23
儿子 ……	27
耳边轰鸣 ……	101
耳垂 ……	32
耳朵 ……	32
耳鼓膜 ……	32
耳环 ……	61
耳聋的、听不见的 ……	172
耳屎 ……	32
耳语、私语 ……	101
二 ……	77
二茬烟叶 ……	53
二十 ……	78
二岁的公马 ……	23
二岁的牛犊 ……	24
二岁的小马 ……	23
二岁公牛 ……	24
二岁母牛 ……	24
二月 ……	12

F

发白、变白 …… 147	发热、发烫 …… 92
发臭、变味 …… 133	发傻 …… 139
发出臭味 …… 109	发傻、变糊涂 …… 104
发出嘹亮的声音 …… 101	发烧、感冒 …… 92
发出臊味 …… 109	发生打斗、出现打闹 …… 91
发出声响 …… 101	发生混乱 …… 91
发出味道 …… 133	发声、出声 …… 101
发出嗡嗡的声音 …… 101	发酸、累 …… 93
发呆、发蒙、发傻 …… 104	发芽、长牙 …… 114
发疯、发飙 …… 119	发哑、变哑 …… 101
发疯、患狂犬病 …… 93	发蔫的、黏软的、蔫的 …… 169
发疯的、猖狂的 …… 166	发言、讲话 …… 130
发干、变干燥 …… 124	发淫、放荡、调戏 …… 89
发红、变红 …… 140	法官 …… 47
发红、变红、脸变红、吵架 …… 100	法规 …… 47
发狂、猖狂 …… 119	法规、规矩、教养、素养 …… 44
发狂、猖狂、疯癫 …… 119	法国 …… 58
发懒、偷懒 …… 131	法律 …… 47
发牢骚 …… 101	法院 …… 47
发亮 …… 81	帆布 …… 58
发绿、变绿 …… 126	翻、翻过来 …… 137
发麻 …… 93	翻地、使翻过来 …… 137
发明 …… 134	翻跟头 …… 137
发木、麻木 …… 93	翻滚、大浪淘沙 …… 137
发怒、生气 …… 103	翻老底、算老账 …… 137
发胖、发福 …… 137	翻腾、瞎折腾 …… 137
	翻译、翻页、翻东西 …… 137
	翻转 …… 137

矾 …………………………… 56	房顶 …………………………… 73
烦恼 ………………………… 103	房梁 …………………………… 73
烦恼、苦闷 ………………… 131	房柁 …………………………… 73
繁殖 …………………………… 82	房檐 …………………………… 73
反的 ………………………… 159	放、放走 …………………… 98
反对 ………………………… 108	放开、松开 ………………… 107
反对、抵抗 ………………… 136	放慢、放宽、变得宽松 …… 117
反复、重复 ………………… 175	放木排 ……………………… 107
反复的、没完没了的 ……… 159	放牧 ………………………… 106
反复的、再次的 …………… 159	放屁 ………………………… 150
反复换 ……………………… 105	放肆地、随便地 …………… 181
反过来、掀开 ……………… 137	放松、散放 ………………… 107
反面的 ……………………… 159	放盐 ………………………… 140
反应、知觉 …………………… 48	放置、放下、放 …………… 107
返回 ………………………… 110	放纵、耍赖 ………………… 112
犯病 ………………………… 93	飞 …………………………… 113
犯错误 ……………………… 136	飞机 ………………………… 69
犯迷糊、犯傻 ……………… 104	飞龙 ………………………… 20
犯人 ………………………… 56	飞鼠 ………………………… 20
饭 …………………………… 62	非常 ………………………… 176
饭店、饭馆、食堂 ………… 52	非常忙 ……………………… 100
饭局 ………………………… 53	非要、死活要 ……………… 177
方便的、容易的、便利的 … 164	肥的 ………………………… 160
方的、方形的 ……………… 173	肥胖的 ……………………… 160
方面 ………………………… 80	肥皂 ………………………… 76
方向 …………………… 39，80	肺 …………………………… 33
房侧 ………………………… 73	分给、分配 ………………… 144
房椽 ………………………… 73	分给各自份额 ……………… 139

分骨节	144	孵化	82
分开的、岔开的	173	伏	10
分离、离开	144	扶起、建立、立起来	129
分手、分离、分开、离婚	144	拂晓	3
坟地、坟墓	57	拂晓、天蒙蒙亮	81
坟坑	57	浮夸、夸夸其谈	149
粉色的	162	浮夸、狂喜、狂妄	86
奋力、奋斗	142	浮夸的、狂妄的	162
奋勇前行、卖命拼搏	142	浮肿	137
愤怒	103	浮肿、肿胀	50，137
粪、屎	36	抚摸	133
丰收年、吉年、好年	12	斧子	71
风	2	腐败、腐化堕落	109
风势	2	父亲	26
封闭、封盖、封住	104	负债	88
封闭式大水桶	67	附近	156
封建社会	37	富的	161
疯癫的、爱吓一跳的	173	富人	54
疯狂的、狂暴的	162	富裕的	161
锋利的	171	富裕年	12
缝	144	覆盖	84

G

缝隙、机会、空当	45	改变、改动	107
缝衣边	144	改变、更新	91
缝衣扣	144	盖、遮盖、捂住、挡住	84
缝衣扣、佩戴	144	盖被子	124
缝有布面的毛皮长袍	59	盖房顶、封屋顶	129
凤凰	20		
凤仙花	16		

盖房子	129
盖章	84
盖子	68
干脆	176
干爹	26
干净的	159
干净利索地	176
干娘	26
干牛粪	75
干肉	63
干羊粪	24
肝脏	33
泔水	63
赶得上、追上	131
赶快、赶紧	178
赶牲畜	121
赶趟	151
赶趟、趁机、抓住机遇	151
赶趟、来得及	139
赶在前头	139
赶走、驱赶	121
感触、关系到、产生关系	145
感到费劲、遇到困难	141
感到新鲜	102
感恩	129
感想、想法、思考、思量	44
感谢	102
感兴趣	102
感兴趣、爱好	146
感应、感知、感觉	48
擀面	141
擀面杖	67
刚刚	181
刚刚、刚才	181
刚刚出生的小马	23
刚硬的	168
钢笔	43
高处、高点、上方	80
高的	157
高低不平的床腿或桌腿	56
高高的河岸	6
高山	8
高寿	81
高兴	102
高原	8
睾丸	35
搞买卖、搞交易	91
镐头	61
告、告状	130
告诉、指出、教育	130
戈壁	4
疙瘩、疮疤	50
疙瘩汤	63
哥哥	27
胳臂肘	34
胳膊	34

搁浅	136	更换、换掉	105
割、割草、打草	99	更加	178
歌	49	更加、尤其	178
格外	179	工资	39
隔壁、邻家、邻居	40	工作、劳动、干活	141
隔间	73	工作、劳动、活儿	39
隔开、隔离、分离	145	弓	61
隔开、间隔起来	145	公布、告知	130
各一个	155	公告、广泛告知、宣布	45
各种	155	公狗	22
各种各样	156	公鸡	19
各种各样的	155	公家、机关、单位、工作	39
各自	155	公狍	22
给	105	公野猪	19
给报酬	148	公猪	19
给孩子穿衣服	124	功劳、功臣	42
给马套笼头	122	巩固、加强、努力	142
给马套马嚼子	122	共同达到、够得着、足够	97
给马系马绊子	122	沟子	7
给面子	105	钩子	70
根	17	狗	22
根、根源	17	狗惨叫	130
根本、完全	182	狗惨叫、狗哀嚎	130
根据、理由、道理、理儿	44	狗吠、狗叫	101
跟随、尾随、相应	112	狗交尾	131
跟着走	127	狗年	12
更	178	狗讨好	131
更换	117	狗鱼	21

310

狗崽	22	鼓出来	113
够	134	鼓出来、凸出来	104
够得着	97	鼓动、跳动	115
估计、估摸	83	鼓励、勉励	148
姑表亲	29	鼓起来	113
姑表亲、姐弟的孩子	29	固执的、偏执的	168
姑夫	26	故事、问题	46
姑姑	26	故土、原籍	39
姑舅姐妹	29	故乡	39
姑舅兄弟	29	故意、专门	178
姑娘	27	顾虑	83
孤独的、单一的	157	雇佣者、卖苦力者	55
孤独一人、单身	31	瓜蔓	65
孤儿	31	刮暴风	88
孤僻的、固执的	168	刮暴风雪	88
古怪的、厌烦的、不理想的	169	刮暴风雪（风力强大）	117
古时候、早期	11	刮大风、大风呼啸	115
谷	18	刮风	88
谷雨	9	刮走、随风而去	88
谷子、谷物	64	寡妇	30
骨缝	32	挂、挂起来、往上挂	87
骨节、骨架子	32	挂、脱	123
骨膜	32	挂掉、剃头、打草	100
骨盆	32	挂满霜	124
骨瘦如柴的、皮包骨的	160	挂衣绳	71
骨髓	35	拐杖	76
骨头	32	怪的、不可思议的、多面的	169
鼓	43	关、关掉、压	144

311

关节	32	国家	38
关联	44	国家地图	39
关系	44	国家法律	47
关心	134	国家首脑	38
关注、意识、注意、心眼	48	果、水果	16
官	39	果断、决断、坚定地	178
光滑的、闪光的	159	果断地、对半地	176
光亮的、晴朗的、微亮的	165	果酱	66
光溜的、脱光的	168	果然	178
光明、光亮	1	果仁	16
光线、光、阳光	1	果树	15
光照、照亮、照耀	81	过、经过、越过、超过	86
广阔的、辽阔的	164	过分	119
龟	18	过分、嘚瑟	119
规规矩矩	180	过分、过火、过度、过量	139
规则、规定	44	过分、过头、越过、超过	86
诡辩	103	过分、翘尾巴、自以为是	149
诡计、阴谋	49	过分兴奋、非常幸福	139
诡计多端的	172	过年、拜年	89
鬼	57	过去、经过	86
贵重的、昂贵的	168	过去时间	11
跪下	107	过头、过火、过分寸	86
滚、滚动	137	过头、越过	86
滚石	7		
锅	68	**H**	
锅盖	68	哈腰	136
锅刷子	76	孩子	27
锅台	68	海	7

海边、海岸	7	好一点	176
害羞	149	好转	93
害羞的、不好意思的	158	好转的、好些的	163
憨厚的	168	号脉、把脉、检查、研究	104
含笑	129	喝、抽烟、吃药	149
寒露	5	喝酒	149
喊叫	130	喝酒喝高的人	56
汉人	54	喝醉	149
汉文	43	合并、合伙	106
汉字	43	合身、合适	93
汗脚	50	合适、正确、对	93
汗流浃背	118	合作	106
汗水、汗	36	何时	155
旱	5	和好	108
壕沟	7	和睦	108
好搬弄是非的、混淆黑白的	174	和睦、团结、友好	145
好不容易	179	河	5
好不容易、将将	180	河岸	6
好的	163	河边	6
好的、健康的	163	河汊	6
好的、喜事的	163	河对岸	6
好好地	176	河流、流水	6
好好地、狠狠地、牢牢地	176	河流石	7
好朋友	30	河水暴涨	138
好天、晴天	5	河套	5
好像	179	河源	6
好些	178	河源处	6
好性格	48	赫哲人	54

313

黑暗的、看不见的、瞎的 …… 173	猴年 ……………………………… 12
黑背土灰马 ……………………… 22	后 ……………………………… 79
黑的 …………………………… 162	后背 …………………………… 34
黑的、心毒的 ………………… 162	后背、脊背 …………………… 34
黑桦 ……………………………… 15	后代 …………………………… 31
黑柳树 …………………………… 15	后方 …………………………… 39
黑马 ……………………………… 23	后悔、伤心 …………………… 103
黑心眼、毒心、坏心眼 ……… 49	后来刮起的风 …………………… 2
很 ……………………………… 176	后面、里头 …………………… 79
很不容易 ……………………… 179	后脑勺 ………………………… 31
很早 …………………………… 179	后天（单纯词） ……………… 13
狠的、毒的 …………………… 168	后天（复合词） ……………… 13
狠毒地、狠心地、毒辣地 …… 176	后退、猥琐、退让 …………… 139
恨 ………………………… 46，116	厚的 …………………………… 161
横的 …………………………… 164	厚颜无耻的 …………………… 171
横杆 ……………………………… 76	厚颜无耻的、脸皮厚的 ……… 162
红的 …………………………… 161	呼啸而来的大风 ………………… 2
红花 ……………………………… 16	狐狸 …………………………… 18
红柳树 …………………………… 15	胡扯、瞎说、瞎编 …………… 101
红萝卜 …………………………… 65	胡闹、折腾、捣乱 …………… 108
红马、青马 ……………………… 23	胡说八道、胡言乱语 ………… 101
红松 ……………………………… 14	胡说的、瞎扯的 ……………… 172
红糖 ……………………………… 67	胡须 …………………………… 37
红霞、晚霞 ……………………… 1	壶 ……………………………… 68
红砖 ……………………………… 73	葫芦 …………………………… 17
喉结 ……………………………… 33	蝴蝶 …………………………… 21
喉咙、食道 ……………………… 33	糊涂的 ………………………… 166
猴 ……………………………… 18	虎 ……………………………… 18

虎年	11	桦皮桶、水桶	67
互换	91	桦树皮	15
互相帮助	106	桦树皮簸箕	68
互相承担	140	怀疑	122
互相骂	130	怀孕	82
互相咬、相互揭发	149	踝骨	32
护理	132	坏	95
护卫、维护	108	坏的、不好的	162
花	16	坏家伙	56
花瓣	17	坏事、不好的事	42
花费	53	獾子	18
花椒	66	还	175
花开、鲜花盛开	122	还给	105
花生	17	还是	180
花心的	162	还是、仍然	175
花招、花样	44	还未、尚未	178
铧子	71	缓慢的	170
滑冰	94	换、调换	105
滑倒	94	换、改变	91
滑动、滑了一下	93	换掉	105
滑动木排	112	患病	92
滑稽的、俏皮的、有意思的	171	患抽风病	92
滑溜的、软绵绵的	159	患麻疹病	151
划船	112	患者、病人、残疾人	55
划分、分配	145	荒草	17
话柄	46	荒废、作废、浪费	102
话语、语言	46	荒废的、荒芜的	163
桦皮盒	67	荒火、大火、火灾	4

315

荒原	1	混战、混乱、混杂	92
黄的	161	豁出来、拼命	89
黄瓜	65	和面、揉面、和泥	141
黄昏	10	活的	171
黄米	64	活动、动作、运动	47
黄皮疮	36	活动的土层、尘土	4
黄羊	22	活该	180
黄油	66	活下来、成活、复活	114
晃动、摇摆、摇头	148	火	4
灰、火灰	4	火柴	62
灰色的	161	火车	69
灰鼠	20	火棍	68
灰心、死心	114	火化	82
挥霍、浪费、耗费	95	火炕	75
恢复、反过来	110	火盆	74
回来	110	火石	7
回去、回家	110	火炭	4
回声	47	火星	2
回族人	54	火药	61
悔恨	103	或者、也许	175
悔恨的	166	获得利益、赚	134
汇报	146	祸害	95
会、能	128		
晦气的、无精打采的	166	**J**	
毁坏、弄碎	100	（马）疾走、颠跑	111
毁灭	95	讥笑	129
毁灭、毁掉	84	饥荒的	161
混乱的、无头绪的	169	机会	50

机会、机遇	45	集聚、集合	97
机灵的	171	嫉恨、嫉妒	116
机器	42	几个	79
鸡	19	几乎、差一点	179
鸡蛋	66	几时	156
鸡冠	19	虮子	21
鸡叫	101	脊梁	34
鸡年	12	计谋、谋略	44
鸡肉	62	计算、算数	151
积极、奋发	149	记号、印记	44
积雪、雪堆积	143	记住、记	127
基础、底子	40	季节	9
基础粮食	66	既然、竟然	175
激动、兴奋	115	继父	26
激流	6	继母	26
级别	39	祭奠	57，82
极北处	9	祭灵魂	82
急病	50	祭祀	57，83
急的、爱着急的	173	祭祀敖包	83
急急忙忙、慌慌张张	179	祭祀上天	83
急性	48	祭祀天神	83
急性的	173	寄送、寄出	120
急性的、急怒的	158	寄托	120
急雨	3	寄走、推进、进行	110
急躁的	173	寂静的	165
急躁地	182	稷子米	64
疾走	110	加、加上去	139
棘手、困难	103	加工好的木板	70

加工好的皮褥子	58	坚持、忍耐、挺住	145
加厚	146	坚决地	181
加紧、加快速度	142	坚硬的、坚固的	168
加快地	181	间断、空间、空隙、期间	45
加拿大	58	间隔、间断、中间	80
加热、弄热、烫热	123	间隙	73
加重	143	间隙、空隙	45
夹、夹住	96	肩膀	34
夹子	71	艰难的、艰辛的、硬的	166
家、房子	39	犍牛	24
家里的电话、座机	41	检察院	47
家雀、麻雀	20	剪、剪掉、裁缝	144
家人	153	剪碎	144
家业	39	剪子	62
家园	39	减轻、减负	117
家族长	38	简单的	157
价格	52	简单的、容易的、舒服的	161
假的	165	简单的、一般的	164
假发	36	简直	180
假脚	36	见喇嘛、让佛医瞧病	146
假期	39	见面、见到	133
假牙	36	见外、排外	135
尖、尖头、尖头物	68	建坟地、立坟墓	82
尖角、山峰、角、角度	74	践踏、糟蹋	136
尖叫	100	箭	61
尖头、顶头、顶尖、顶端	68	江	5
尖头的	160	江河水转弯处	5
尖头木杆	62	江流	6

将将	181	脚气	54
将将、紧紧巴巴、勉勉强强	179	脚印	36
将就、对付	120	搅拌、搅动	105
将来	174	搅和、捣乱	105
讲解、解释	128	搅乱、搅和、煽动	105
讲民间故事	129	叫唤、喊叫、怒斥、怒吼	130
讲明白、解释、说服	147	叫停	84
酱油	66	叫停、禁止	136
交叉	107	叫醒	147
交换、换	91	较量、比	128
交流、商量、探讨	128	教养	40
交流、谈话、会话	101	教义	55
交往、往来、来回走动	110	教育、教	104
浇水	126	接上、连接	145
骄傲	148	接上头、使相见	133
胶水	43	接生员	41
角落	74	接受	105
角落、墙角	73	揭掉	130
狡猾的	171	揭露	130
狡猾的、诡计多端的	172	街、街道	38
狡诈的	172	节气	9
饺子	62	节日	54
脚	35	节约、节省	95
脚板、脚掌	36	结巴、口吃者	31
脚板、脚掌、脚底、脚印	36	结巴的、语言模糊的	167
脚背	36	结冰	88
脚汗、手汗	36	结冰碴儿	88
脚后跟	36	结婚	82

319

结伙	135	紧紧	177
结实的、坚固的	168	紧紧地	177
结束	127	紧紧地、牢牢地	178
姐弟的孩子	29	紧靠	177
姐夫	28	紧靠、贴上、靠上	111
姐姐	28	紧随、跟踪	112
姐妹	30	尽可能地	181
解除	106	尽力而行	142
解放、解脱、解救	90	尽量	179
解开、开	106	尽量靠近一些	120
解开、松开、解除	90	尽情享受、心情快乐、乐观	102
解散	106	尽头	68
解手、出外头	150	进	110
介绍	135	近处	120
借	105	近的	173
借贷、借债	105	近亲	30
借故	112	近视眼	37
借光	112	近一点的	173
借口	42	浸泡	125
借来	105	浸湿	125
今年	11	禁止	84
今天	13	经常	177
金黄毛色的马	23	经常、常常	177
金星	2	经过、经验、过程	44
金子	4	经过、路过、经历	110
筋	32	经验	44
筋骨、筋节、青筋	34	惊蛰的日子	9
紧急	177	精通	147

精子	34	舅哥	26
井	51	舅舅	27
警察	48	舅母	27
敬礼、鞠躬	82	舅嫂子	26
敬送、呈送、赔礼	105	鞠躬	82
敬烟	82	局势、局面	42
敬重	82	沮丧	114
镜子	72	举起、抬	136
纠缠	89	拒绝	146
纠缠、揪住不放	95	锯	71,99
纠结	42	锯末子、木末子	56
揪肩膀、扛肩上	121	锯下来、割掉	126
揪头发	121	聚拢	146
揪衣领	121	卷缩	141
九	77	卷袖子	142
九十	78	噘嘴生气	103
九月	12	决定	130
韭菜	65	决定、决策	46
韭菜花	65	绝代	128
酒	63	倔的、倔强的	168
酒杯	68	倔强的	168
酒鬼	56	倔强的、顽固的、固执的	168
酒醒、醒来、睡醒	149	嚼	150
旧的	170		
就那些、就那样	154	**K**	
就是	180	卡、阻碍、限制	106
就是、也就是	180	卡上、卡住	106
就这些、就这样	154	卡住	106

321

开、打开	98	炕	75
开、打开、睁眼	143	炕头柜	75
开车	122	炕沿	75
开车、驾车、赶车	121	考虑到	134
开大口、睁大眼	144	拷打	85
开放、被打开	98	烤火、火上烤	123
开花、花开	126	烤肉	123
开荒	144	靠背	111
开口、张口	144	靠近	111
开枪	98	靠近、接近、亲近	111
开始	127	磕头	83
开始出汗	118	瞌睡	143
开锁	136	咳嗽	151
开玩笑	120	可爱的	157
开玩笑、逗笑、逗趣	102	可怜的	172
开小口、出小洞	144	可怕的	160
开展	110	可气的、气人的	157
刊登	146	可是	175
砍	99	可惜的	173
看	132	可信的、信任的、信赖的	163
看病、就诊、行医	92	可以、行	152
看不起、瞧不起	115	渴	149
看得起	135	渴望、期盼	83
看法、观点	44	客气	146
看护、管理	132	客气的、繁琐的	164
看护、护理、照看	132	客人	55
看见、看到、发现	132	客人、游客、远方的客人	31
扛	126	肯定	181

肯定、相信、确信	138
啃	150
坑	7
空间、间隙、边沿	7
空气	1
空闲、清闲	45
空闲的、松散的	167
空心柳	15
空心树	15
恐怖	57
恐怖的	160
控制、约束、克制	95
口吃的	173
口水	36
扣扣子	124
扣网、甩网	72
扣子	59
枯竭、干涸	90
哭	130
哭灵	82
窟窿	7
苦、痛苦	49
苦的	166
苦难	49
苦难、辛苦	49
苦难的	166
苦难的、灾难的	166
苦恼	118

裤腿	60
裤腰	60
裤子	59
酷暑的、大热的、特热的	170
夸耀	119
夸张	119
跨过去	109
快的	170
快乐、狂欢	102
快乐的、高兴地	164
快跑	111
快速	181
快速的	170
快速划船	112
筷子	68
宽的、宽大的	164
宽的、宽裕的	164
宽松的、宽敞的	164
宽裕的、富裕的	164
捆（一捆）	80
捆草	99
困、犯困、想睡觉	143
困意、睡意、睡眠	50

L

垃圾	56
拉	121
拉、拖	97

拉扯	98	老的	166
拉扯、扯动、拉动	98	老家、家乡、原来住的地方	39
拉紧	111	老婆	27
拉脸、丧气	113	老人	30
拉屎、大便	150	老师	40
喇嘛	41	老实的、耿直的、直率的	163
腊八	12	老太婆	27
腊月	13	老太太	30
蜡	51	老头	27
辣的	170	老头子	30
辣椒	65	老鹰	20
来	110	姥姥、外祖母	26
来迟、来晚	139	姥爷、外祖父	26
来回走、走动	127	烙印	44
来年	11	雷	3
赖皮的	171	雷鸣	3
蓝的	161	垒墙、垛墙	84
懒的、懒惰的	167	垒墙、垒砖头	129
懒惰的	167	泪水	32
狼	18	冷淡的	170
狼叫	101	冷的	170
榔头	71	冷敷	136
浪花	6	冷清的、冷冷清清的	170
劳动、干活	142	离婚	144
劳动者、工人、劳力者	55	离开	122
劳累	143	梨	66
唠叨	128	黎明	13
老百姓	55	篱笆	73

礼节	47	连锁	51
礼节、习惯、习俗	47	脸	32
里面	79	脸耷拉下来、失望、翻脸	99
里面一点	79	脸皮厚的、贼眉鼠眼的	162
里屋门	74	凉的	161
理、道理、原理、礼节	47	凉快的、凉爽的	161
理解力、智商、知觉意识	45	凉棚、夏季棚式厨房	40
理所当然、应该	180	粮囤	76
理由	42	粮炕	75
力气、力量、能量	45	粮食、饭、食物	66
力气、力量、体力、力	45	两岁	25
力所能及、尽量	180	两姨姐妹	29
厉害的、不一般的	165	两姨亲、姐妹的孩子	29
立春	88	两姨兄弟	29
立冬	89	亮一点的、微亮的	165
立刻、当即	181	量、测量、计量	134
立刻就、瞬间就	181	聊天、商量	128
立秋	88	了解、掌握	147
立夏	88	烈性子马	23
利落的、迅速的	170	猎场	51
利索、利落、麻利	170	猎刀	67
利息	52	猎人	55
利益	52	猎鹰	19
利益、福利、作用、好处	49	裂开、撕开、裂口	144
利益、效益	49	裂破、裂碎	100
连接、结合、串联、联系	145	林中小鸟	20
连襟	28	淋巴	36
连上、连续、惩前毖后	145	淋巴病	50

檩子	76	柳树	15
吝啬、吝惜	84	柳树墙、柳树园子	73
吝惜	84	柳树扫帚	76
吝惜、可惜、爱惜、喜欢	89	柳条	15
灵	57	六	77
灵床	57	六十	78
灵魂	57	六月	12
灵活的、灵气的	171	六月的夏季	10
灵敏的、敏感的	171	龙	18
铃	40	龙年	11
凌乱、蓬乱、散乱	99	聋子（单纯词）	30
零散小雪、小雪	3	聋子（复合词）	56
岭、关口	8	垄沟	52
领口	59	垄脊	52
领子	59	垄田	52
另外的他们	153	楼房	73
溜须	131	漏斗	67
溜须拍马、厚脸讨好	131	芦苇	17
留下	138	炉子	68
留下、落伍	138	鹿	18
流鼻涕	151	鹿棋	42
流动、流、漂浮	125	鹿茸、鹿角	19
流口水	151	鹿哨	47
流浪、游荡	107	鹿胎	19
流浪汉	56	鹿崽	19
柳编园子	51	路、道路、道、公路	51
柳编院子	73	露水	5
柳蒿芽	17	驴	22

驴叫	131	麻疹、天花	50
旅游、旅行、游玩	110	马	22
旅游、去玩	120	马鞍镫脚	70
旅游、散步	137	马鞍肚带	70
屡次、反复、没完没了	175	马鞍子	70
绿色的	162	马绊子	70
卵	34	马车	69
卵巢	35	马蜂	21
乱闹、兴奋	131	马叫	131
乱套、极其腐败、腐烂	89	马嚼子	70
乱套、乱了阵容	100	马嚼子缰绳	70
乱阵	92	马嚼子铁圆圈	70
乱撞、乱跑、莽撞	99	马笼头	70
萝卜	65	马马虎虎	179
啰唆的、唠叨的	171	马年	11
骡子	22	马群	25
螺丝刀	72	马赛跑	111
裸体的、一穷二白的	166	马上、立刻	175
骆驼	24	马勺、中等水勺	67
落灰	118	马嘶叫	101
落下、掉队	90	马藤鞭	70
		马铁嚼子	70
M		马尾鬃	24
麻	17	马鬃	24
麻布	58	玛瑙	4
麻烦的、多事的	169	码头	69
麻绳	70	蚂蚁	21
麻线	62	蚂蚱	21

骂	130	矛盾的	166
买、采购、购买	104	冒黑烟	125
买卖	106	冒浓烟	125
迈步走、快步走	127	冒泡、冒水泡	125
麦穗	64	冒失鬼	57
麦子	64	冒烟	125
卖	104	帽子	60
蛮横的、暴力的	158	没	152
馒头	63	没出息的、不成器的	163
满的	170	没法看	132
满了	86	没规矩的、过分的	172
满文	43	没脸	113
满意	102	没完没了地嘟囔	131
满族人	54	没完没了地啰唆	131
慢的	170	没用的、不成的	173
慢慢地、缓慢地	182	没有、无	151
慢性病	50	没有必要的、不必要的	167
牤牛	24	没准的、不靠谱的	163
芒种	10	眉毛	32
忙乱	92	媒人	55
忙乱、乱阵、忙乱	92	媒语、说亲话	46
猫	19	每	174
猫头鹰	19	每天、天天	14
毛	24	美国	57
毛笔	43	美丽的、漂亮的、好看的	165
毛巾、头巾	60	美妙地、优美地	178
毛毛雨	3	妹夫	28
矛盾	42	妹妹	28

门 …………………………… 74	敏感的、聪明的、机灵的 …… 171
门当户对 ……………………… 123	敏捷的 ……………………… 171
门当户对的 …………………… 168	名字 ………………………… 37
门槛儿 ………………………… 74	明白、理解 ………………… 147
蒙古国 ………………………… 57	明白的、懂事的 …………… 172
蒙古人 ………………………… 54	明露的、公开的、明显的 …… 171
蒙文 …………………………… 43	明明地、故意地 …………… 177
梦 ……………………………… 44	明年 ………………………… 11
迷糊的 ………………………… 166	明天 ………………………… 13
谜语 …………………………… 47	明显的、光明磊落的 ……… 171
糜子、稷子米 ………………… 64	命名 ………………………… 116
米粒 …………………………… 64	摸 …………………………… 133
米汤 …………………………… 63	摸索、探索、瞎摸 ………… 133
密布的 ………………………… 167	模仿、效仿 ………………… 96
密的、稠密的、稠的 ………… 167	模糊不清的 ………………… 172
密切的 ………………………… 167	模样 ………………………… 50
密实的 ………………………… 167	模样、长相 ………………… 37
蜜蜂 …………………………… 21	模样、形象、表情 ………… 48
棉布长袍、大棉袍 …………… 59	摩擦 ………………………… 123
棉花 …………………………… 58	磨蹭、蹭、搓、搓澡 ……… 123
面粉 …………………………… 63	磨刀 ………………………… 94
面片 …………………………… 63	磨坊 ………………………… 71
面色光滑的、有面子的 ……… 159	磨米 ………………………… 126
面条 …………………………… 63	磨难的、苦难的 …………… 166
灭、熄灭 ……………………… 88	磨破 ………………………… 94
灭绝 …………………………… 88	磨石 ………………………… 71
灭亡 …………………………… 148	磨损 ………………………… 94
民族 …………………………… 38	磨子 ………………………… 71

329

蘑菇	66	木桩房	40
魔鬼	57	木桩墙	73
抹泥	97	目标	39
末日	13	目的、目标	44
末尾	69	牧草、草料、干草	17
墨水	43	牧场、放牧地	9
母爱的、慈爱的、博爱的	163	牧马人、放牧人	55
母狗	22	牧民	55
母鸡	19		
母鹿	18	**N**	
母狍	22	拿出来	120
母亲	26	拿过来、带来	120
母狮	18	拿下、弄下、弄掉	90
母猪	19	拿下、取消、取缔	119
拇指	35	拿走、带走	120
木板	55	哪儿也	156
木耳	66	哪个方向	156
木房	40	哪里、哪儿	155
木盒	75	哪能	154
木灰、木炭	16	哪样	156
木匠	56	那边	155
木耙子	72	那当然	177
木排	55	那个程度	154
木排桨	69	那么	154，182
木碗	68	那么地	177
木楔子	70	那么一点	154
木星	2	那么一点点	155
木制水桶	67	那么一些	155

那面、那边	154	能够包容、能原谅	113
那时、当时	156	能说会道的	171
那些	154	呢子	58
那些、那些人	154	你	152
那样	154	你们、您	153
那样的	154	腻、腻烦	118
那样的话	155	腻烦、烦	119
那种、那程度	155	年	11
奶干	63	年画、画	54
奶酪	63	年轻的	166
奶奶	25	年轻人	30
奶皮子	63	鲇鱼	21
奶子、乳汁、乳房	63	黏上、黏合、偎依、靠近	111
男孩	27	念咒语	91
男人、丈夫	25	娘家	27
男性生殖器	35	鸟	20
南	79	尿	36
南方	39	尿、小便	150
南炕	75	尿裤子、吓得屁滚尿流	148
难受、忧伤	98	宁静的	165
脑门、额头	31	拧	113
闹别扭、不痛快、耍性子	86	拧住、扭动	117
闹腾、折腾	128	拧着来	108
内地	51	牛	24
内疚、惭愧	87	牛车	69
内脏	33	牛低声叫	131
能、会、能够	152	牛犊乱跑	99
能、会、胜任、经得起	115	牛倌	55

牛叫	101	弄完、弄尽、搞完	106
牛奶面片	63	弄稀	142
牛年	11	弄直、纠正	129
牛皮	59	弄走、赶走、送走、弄出	121
牛肉	62	怒吼、大声批评、训斥	129
扭动、摇摆、扭曲	118	怒气、气愤	48
农民	55	女长袍	59
农奴社会、黑暗社会	37	女儿	27
农田	52	女人	25
农作物枝干	52	女人戴的帽子	60
浓的	170	女萨满	48
弄成	84	女萨满跳神	109
弄成、弄明白	143	女性生殖器	35
弄出漏洞、捅出口子	95	女婿	29
弄错、搞错	147	暖和的、温暖的	170
弄倒	94	挪开、移开、调离	92
弄到一半、走到半途	143		
弄得时间长、把时间拉长	139	**O**	
弄断、截断、打断	145	呕吐	150
弄酱、弄果酱	87		
弄乱、乱翻东西	89	**P**	
弄明白、搞清楚、核实	147	爬上去、攀登	120
弄偏	102	爬行	111
弄清楚、搞明白、询问	142	耙地	126
弄热	92	耙子	72
弄碎、打碎	117	怕、害怕	97
弄通、打通	142	牌子	39
弄弯曲	117	盘腿	107

旁边	80	屁股	35
胖得一身肥肉	137	偏的、缺的	160
胖的	160	偏离、偏向	117
刨树皮	125	偏斜、晃荡	148
刨子	71	便宜的、容易的	169
狍皮	59	骗人、撒谎	131
狍皮毛靴子	60	漂亮的、美满的	165
狍子	22	撇嘴、咧嘴	129
跑、快跑	112	拼搏、奋斗	142
跑、逃跑、跑掉	112	拼命、使劲、卖力	141
配合	145	拼命跑	112
盆	74	品味	149
盆子	67	品味、欣赏	102
朋友	31	品味、意味、美味、气味	49
蓬乱的	169	平常、一般	177
碰、碰见	133	平坦的洼地	8
碰见、遇见、碰到	133	苹果	66
批评、指正、指出错误	103	瓶口、口子	69
皮	24	瓶塞子	75
皮、树皮、水果皮	15	瓶子	74
皮带子	59	破的	162
皮肤	33	破坏、弄坏	95
皮绳	71	破皮	94
皮套裤	60	破碎、变成碎末	100
皮箱	75	破碎的	162
啤酒瓶子	74	破晓	13
脾	33	破一点的	162
脾气、性子	48	扑过来、冲过来	137

333

铺上、铺床、铺褥子 …… 124
蒲公英 …… 17
瀑布 …… 6

Q

七 …… 77
七十 …… 78
七月 …… 12
七月的夏季 …… 10
七嘴八舌议论、吵嚷 …… 131
妻子 …… 29
欺负、小看、看不起 …… 93
欺负、小看、折磨 …… 85
漆黑的 …… 162
齐的、整齐的 …… 158
其次 …… 175
其他 …… 156
奇怪、惊奇 …… 97
奇怪的、怪异的 …… 169
祈祷 …… 83
骑 …… 127
旗、县 …… 38
旗长、县长 …… 38
乞丐 …… 56
启明星 …… 2
起步、开头、起头 …… 69
起毛边、脱絮 …… 107
起名 …… 116

起名、命名 …… 135
起头 …… 127
起云、乌云密布 …… 124
器官 …… 33
恰到好处、贴身 …… 93
恰好 …… 179
恰好的、不错的 …… 168
千 …… 78
牵车人、牵马人、车夫 …… 55
牵挂 …… 135
牵挂、惦记、思念 …… 83
牵手、牵手走 …… 112
铅 …… 4
铅笔 …… 43
谦让、让步、退让、忍让 …… 146
谦虚、谦和、谦顺 …… 48
前进、进步、向前 …… 143
前世 …… 11
前天 …… 13
钱、货币 …… 52
钱包 …… 52
钱财 …… 52
钱袋子 …… 52
钳子 …… 72
钳子、夹子 …… 71
浅的 …… 169
浅黄色马 …… 23
浅滩 …… 6

欠债	88	侵占	85
枪	61	亲家父	26
强盗	56	亲家母	26
强求	129	亲近、靠近、临近	111
墙	73	亲戚	30
墙、墙壁	40	亲吻、吻	134
墙上抹泥	97	勤快的	161
抢、掠夺、夺取、抢夺	98	勤劳的	161
抢苏（民间游戏活动）	43	青的	161
悄悄的	165	青花马	23
悄然无声的、静悄悄的	165	青椒	65
锹	72	青马	23
荞麦	64	青年	27
荞麦米	64	青石	7
荞麦皮	64	青蛙	20
荞面	64	轻的	161
荞面饭	64	轻飘的、轻浮的	162
桥	6	轻巧的、轻轻的	165
瞧病、看病	132	轻轻划船	112
瞧不起、贬损	86	轻松的	161
瞧不起、小看	136	清澈的、清纯的、清净的	171
瞧不起、小看、看不起	115	清澈的水	5
切	141	清晨、清早	14
切面、切肉	141	清楚的、明白的、明确的	171
茄子	65	清理	42
侵害	132	清明	9
侵略	85	清水	5
侵扰	132	情况	42

情绪、兴趣	48	去要	133
晴天	5	去迎接、去接应	121
请、邀请	121	去找	133
请来	121	去植物皮	96
请求、提出愿望	129	去做	141
请坐、种植	107	圈、牲畜圈、园子	51
穷的	161	圈套、计谋	51
穷竭的、穷尽的、穷乏的	161	权利	46
穷酸的、穷样的	161	权利人	46
秋	10	权威、权势	46
秋季	10	全部、都	153
秋天的狍皮	59	泉	8
求、请求	128	泉水	5
求婚	129	拳打	99
区别开来、区分开	135	拳头	35
曲棍	43	劝说	130
曲棍球	43	缺、不够、差	139
驱鬼	121	缺、缺少	146
蛆虫	21	缺口的	162
取暖	123	缺少	146
取消	119	缺少的、不够的、残疾的	172
去	109	缺少的、短缺的、不全的	160
去骨头肉	96	缺心眼	139
去拿	104	瘸子	55
去拿、拿回	104	雀斑	50
去年	11	确确实实地	177
去皮	96	裙子	60
去取、去拿	104	群羊咩咩叫	101

R

然而、然后 …………………… 175
然后、因此 …………………… 182
燃烧、起火 …………………… 140
染色 …………………………… 146
嚷嚷、吵嚷 …………………… 128
让放 …………………………… 98
让回来 ………………………… 110
让煮饭 ………………………… 141
绕行走 ………………………… 111
惹事 …………………………… 108
热的 …………………………… 170
热闹的、欢乐的、阳光的 …… 164
热闹起来 ……………………… 102
人 ……………………………… 25
人口 …………………………… 25
人们 …………………………… 25
人民 …………………………… 38
人民领袖 ……………………… 38
认、认识 ……………………… 135
认生 …………………………… 135
认识、相识 …………………… 135
认为相当 ……………………… 128
认真的、实在的 ……………… 164
认真对待 ……………………… 138
任务 …………………………… 46
任性、随心所欲 ……………… 139

扔、扔掉 ……………………… 90
扔掉、丢弃 …………………… 90
扔石头、扔 …………………… 90
日本 …………………………… 58
日出、太阳出来 ……………… 81
日落 …………………………… 81
日食 …………………………… 81
日斜 …………………………… 81
容易的、便宜的 ……………… 157
容易的、省心的、省事的 …… 157
溶解 …………………………… 140
熔炼 …………………………… 88
融化 …………………………… 140
融化、解冻 …………………… 88
蹂躏 …………………………… 141
鞣制熟皮 ……………………… 142
肉 ……………………………… 62
肉汤 …………………………… 63
如同、一样 …………………… 181
蠕动 …………………………… 92
乳房 …………………………… 34
乳牛、母牛 …………………… 24
乳头 …………………………… 34
入九 …………………………… 117
褥子 …………………………… 75
若干、几个 …………………… 155
软的 …………………………… 169
软绵绵的 ……………………… 169

软一点的	169	三星	2
闰年	12	三月	12
若是那样、既然那样	155	散步、走	127
若是那样的话	154	骚动	89
若是这样的话	154	扫	99
弱的、次等的	167	嫂子	28
弱小的	167	扫帚	76
		色彩、色	48

S

		涩的	169
撒	96	杀	82
撒癫	97	沙半鸡	19
撒娇	135	沙包	49
撒野	93	沙坡、半沙化的小山坡	7
洒水、泼水	126	沙丘、沙岗、沙坨	4
萨满	48	沙子	4
萨满祈祷、祈祷	109	筛子	67
萨满跳神	109	晒干、弄干	125
腮帮子	33	山	7
三	77	山地拐弯处、山地弯处	9
三从亲	27	山丁子	16
三从亲姐妹	27	山丁子树	15
三从亲兄弟	27	山顶	8
三股皮条	59	山根	8
三角形的	173	山沟	8
三十	78	山谷	8
三岁的马	23	山脊	8
三岁的牛	24	山尖	8
三心二意地	176	山里红	16

山里红树 ……………… 15	上当、上套 ……………… 88
山岭 …………………… 8	上当、受伤害、受伤 …… 131
山麓 …………………… 8	上吊 …………………… 82
山墙 …………………… 40	上面 …………………… 80
山芹菜 ………………… 65	上年纪 ………………… 116
山丘 …………………… 8	上天、天神 …………… 57
山神 …………………… 41	上头、上边 …………… 80
山羊 …………………… 22	上午 …………………… 13
山腰 …………………… 8	上衣 …………………… 59
山阴面 ………………… 8	上游 …………………… 6
煽动 …………………… 114	捎来、带来 …………… 110
闪电 ………………… 3，125	烧 ……………………… 140
闪电、打闪 …………… 81	烧柴、柴火 …………… 62
闪光、闪亮 …………… 81	烧掉、烧毁 …………… 140
闪闪发光、嘚瑟 ……… 81	烧坏、烧伤、烧损 …… 140
闪烁、闪光 …………… 81	烧火 …………………… 140
闪耀、照耀 …………… 81	烧火棍 ………………… 75
闪一下 ………………… 125	烧起来、燃烧 ………… 140
苫草 …………………… 17	稍稍 …………………… 175
骟过的马 ……………… 22	稍微 …………………… 175
伤、伤痕、外伤 ……… 49	稍微变歪、稍微变斜 … 117
伤疤、皮伤 …………… 49	稍微软一点的 ………… 169
伤寒 …………………… 50	少的 …………………… 166
伤心 …………………… 102	少的、稀少的 ………… 166
伤心、委屈 …………… 113	猞猁 …………………… 18
商场、商店 …………… 41	舌头 …………………… 33
商人 …………………… 54	蛇 ……………………… 18
上当、吃亏 …………… 135	蛇年 …………………… 11

339

社会主义	37	生活	81
射击	98	生命	18, 31
射中	98	生命、命运	31
涉水	126	生气	103
麝	19	生气、批评	103
麝香	50	生相、出生	37
伸开、伸直	106	生锈	95
伸直、弄直	106	声音	47
伸直、伸长、伸展	106	牲畜、牲口	18
身体、身材、体貌	37	绳子	70
呻吟	113	省	38
深的、深刻的	169	省长	38
深绿的	162	盛饭、倒茶	86
什么	155	剩下	138
什么地方	155	剩余、富余	146
什么样也	155	失去、失手、失掉	147
什么也	155	失去信心、没有勇气	87
神父	41	失去知觉	147
神灵、灵魂	41	失望	99
神气的、傲气的	160	虱子	21
神志、神意	41	狮子	18
神主	41	施暴、实行强暴	91
神柱、听天之柱	41	湿气	36
婶	26	湿透	125
肾、腰子	33	十	77
升天、成佛	82	十八	77
生	82	十二	77
生根	82	十二月	12

附录二　汉语词汇索引

十九	77
十六	77
十七	77
十三	77
十四	77
十五	77
十五	79
十一	77
十一月	12
十月	12
石墙	73
石头	7
时常	177
时间	11
实心的、直白的、实在的	163
食道	33
食指	35
使爱惜、使珍惜	89
使变辣	150
使打、使揍	99
使过火、使过头、使过分	86
使坏、歧视、凌辱	109
使痛	85
使眼色	103
使用、花钱	151
使走到、使达到、使够得着	97
使坐、任命	107
驶去	111

氏族	37
市长	38
市场、买卖	42
事	42
事多的、有事的、麻烦的	159
事情	42
事先准备、预先配备	114
试换、试交换	91
视线模糊	142
是	151
是、是的、是那么回事	182
逝世	114
收拾、办理、处理、处置	127
收拾、惩罚、处分	108
收缩、缩紧	121
手	35
手机（单纯词）	51
手机（复合词）	41
手闷子	60
手巧的、灵巧的	172
手套	60
手心	35
手掌	35
手杖	68
手指	35
手指甲	35
手镯	61
受苦、受难	132

341

受灭顶之灾、毁灭	88	树包、树疙瘩	16
受伤、拧伤	85	树杈	16
受灾、遇到难题	88	树疮	16
受折磨、受磨难	88	树墩	16
狩猎、打猎	96	树根	16
瘦、变瘦	137	树节	17
瘦的	160	树皮	16
书	43	树叶	16
书人、文化人、知识者	55	竖的	164
叔伯姐妹	29	数钱	151
叔伯兄弟	28	数数、数	97
叔叔	26	漱、漱口	123
梳辫子	123	耍猴儿、戏弄	103
梳头	123	耍花招	102
梳子	76	耍赖	86
舒服的	161	耍赖、霸道	115
舒心、舒服、舒畅	142	耍赖、抵赖	100
疏远、远离	122	耍赖、耍嘴皮	112
输	148	耍赖皮	86
输、亏	140	耍脾气、耍性子、闹腾	103
熟	149	耍心计、玩心计	115
熟练的	170	耍心眼	134
熟皮工具	59	耍心眼、对付、应付	119
鼠	20	耍心眼、耍鬼注意	87
鼠年	11	耍性子、自以为是	148
鼠疫	50	耍嘴皮子、没完没了叨叨	101
曙光、黎明、亮光	1	衰落、低落、变坏	132
树、木	14	摔跤、相互拉扯	95

甩掉、甩开	96	顺水而流、顺水漂流	125
甩脑袋、甩头	148	顺序、规矩、秩序	47
甩绳、大粗绳	71	瞬间、马上	181
甩手、甩动	96	说、讲	128
拴、系、捆	102	说、讲话、诉说、叙述	128
拴在马鞍上	127	说、吱声、批评、训斥	130
双的、重复的、双重的	157	说大话的、吹嘘的	172
双数	79	说疯话、瞎说八道	101
双眼皮	32	说人坏话、欺负、贬损	93
霜	5	丝	62
霜层	5	丝绸	61
霜冻	88	丝线	62
霜雪	3	私生子	27
谁	153	思念、怀念	83
水	4	思索、思考、计算	134
水开、烧开	140	思想、思考、思量	45
水面	6	撕开、划开	99
水泡瞬间冒出来	125	撕开、裂缝、裂开	144
水勺、小水勺	67	撕破脸	113
水獭	21	死	82
水桶	67	死板的、教条的	172
水位下降	138	死的、全的、圆的	171
水星	2	死亡	114
水灾	6	死心塌地	180
睡觉	148	死心眼	45
顺便的、顺路的	164	死心眼儿的	172
顺利的	164	四	77
顺手的	164	四不像、驯鹿	18

343

四方形铁锹	72	碎碎地	180
四十	78	孙女	28
四岁的马	23	孙子	28
四眼狗	22	损坏、打破、受损	95
四月	12	缩手缩脚	143
松鼠	20	缩水	151
松树、落叶松	14	所以	175
松下手、松开	107	锁头	51
送、送行	105		
送行	106	**T**	
送行、送走	145	他、她	152
搜集、收集、积累	96	他、她、它（老年人）	152
苏醒、醒悟、明白事理	147	他、她、它（青年人）	152
苏子	63	他们	153
酸菜	64	他们、她们、它们	153
酸的	166	塌出凹地	94
酸奶	63	塌进去、塌出窟窿	94
酸性的、酸味的	165	塌下	94
蒜	65	塌陷	94
算计、出鬼主意、搞阴谋	134	塔头墩子	4
算账	151	踏实的	161
虽然	182	台阶	40
随处、四处	156	抬举、鼓励、勉励、使兴奋	115
随心所欲地、自由地	181	太	177
岁数	25	太、真、极其	177
岁数、年龄	25	太多的	168
碎掉、破碎	100	太平的	157
碎碎的	174	太阳	1

太阳落山	91	讨好、献殷勤	130
太阳穴	31	讨厌	115
贪婪、贪图、自私	86	讨厌、恶心	90
贪婪的、贪得无厌的	160	讨厌的	157
瘫倒	94	套车	106
瘫痪的	169	套车、赶车	121
瘫软的	169	套近乎	102
坛子	68	套住	122
痰	36	套住、用套马杆套马	95
叹气	114	套子、套马杆	61
蹚水、涉水	126	特别	176
堂姐妹	29	特别、特意	178
堂兄弟	29	特大冰雹	3
糖、糖块	66	特殊、特别	178
糖冰	67	特意、故意	178
躺下	107	疼、痛	113
躺下休息	136	剔肉、刮	141
躺着休息	107	梯子	40
烫	123	踢	119
烫伤	123	提拔、扶持、扶正	129
烫熟	123	提价、讲价、定价	116
掏出、挖出	125	提箱	75
逃脱	110	蹄子	24
逃走	112	体面的	171
桃	66	剃头、剃须	123
淘气、乱跑	100	替代	91
讨好	102	天	1
讨好、巴结	127	天、地	1

天变得干净、天晴	125	贴上、粘上	112
天变阴	124	铁	4
天鹅	20	铁链	71
天亮	81	铁料、铁石、铁	4
天晴	124	铁丝	71
天神、神	41	铁掌	24
天王、神、佛	41	听	134
天下之王、天帝、天皇	38	停、停止	135
天灾	10	挺	179
田野、野地、野外	1	挺胸	145
甜菜疙瘩	65	通报、呈报、报告	147
甜的	165	同辈	30
甜瓜	65	同伙	31
舔	149	同时	179
挑拨离间、使分开、隔开	144	铜	4
挑刺	83	捅开、捅透、穿透	95
挑担	126	痛得哼哼	113
挑逗、挑刺、挑拨	84	痛苦、难受、吃力	118
挑衅	83	偷	151
挑选、选择	145	头	31
挑战	83	头发、辫子	31
条件、原因	42	头伏	10
条理	42	头皮屑	32
跳	108	头饰	61
跳板	69	头胎	79
跳动、跳跃	108	头绪	45
跳舞、狂舞	109	头绪	68
跳蚤	20	头旋	31

附录二　汉语词汇索引

投奔	112	腿肚子	36
投降	94	退后	139
透彻	180	退缩	87
透彻地	179	退缩、退却	87
凸起来	97	吞	150
秃顶的、荒废的	163	屯	38
秃头、秃子	56	屯长	38
突然	181	托带	126
突然、偶然、忽然	176	拖后、拖延	143
图画、图案、地图	39	拖延、时间拉长	139
图书馆	41	脱开、逃开、避开、回避	113
涂灰、涂锅灰	89	脱落、剥落、掉渣、崩落	138
涂脂抹粉、涂颜色、涂抹	89	脱落、花落、摆脱	90
土、土壤、土地	4	驮带	144
土包子、无能者	46	驼背者	56
土豆、马铃薯	65	椭圆形的	173
土房	40		
土坑	4	**W**	
土块儿	4	挖坟坑	82
土坯	73	洼地、凹地	8
土墙	73	瓦	73
土星	2	歪的	163
吐痰	150	歪曲的	163
兔	18	歪斜、塌斜	94
兔年	11	外国	57
推	119	外壳	24
推托	87	外面	79
腿	34	外甥	28

347

外甥女	28	危机、危险	55
外孙女	28	危险的、可怕的	160
外孙子	28	威风、气派、气质	41
外屋	72	微小的浪花、宁静的浪花	6
弯曲	138	微笑	129
弯曲的	164	微醉	149
弯腰	138	为难、作难	89
豌豆	65	围脖、围巾	60
完全、彻底、截然	178	围攻	145
完全、彻底地	176	围拢	145
完整地、整个地	182	围裙	60
玩	120	卫生	50
玩捉迷藏	120	未处理的荞麦皮	64
顽固的、固执的	168	尾巴	24
挽袖子、挽裤腿	117	为何	154
晚、迟	179	为什么	154
晚、夜晚时间	14	味道、美味	49
碗	68	畏惧	97
碗架子、餐具	76	胃	34
万	78	喂饭、让吃、请吃	149
万万	78	喂奶	150
往后	174	温的、温乎的	169
往后退、撤退、退	139	温泉	5
往回走、回去	110	瘟疫	50
往里吸、吸烟、大口吸	114	文化馆	41
往往	177	文件	43
忘	135	闻	133
望远镜	76	蚊子	22

吻合 …………………………… 108	五岁的公马 ………………… 23
吻合、对上、和睦相处 ……… 93	五岁的公牛 ………………… 24
吻合、适合 …………………… 93	五月 ………………………… 12
稳当的 ………………………… 158	五月初五、端午节 …………… 9
稳当地 ………………………… 174	武术 ………………………… 57
稳的、稳当的、稳妥的 ……… 158	捂 …………………………… 144
稳重的、稳定的 ……………… 158	舞蹈、狂欢 ………………… 129
问 ……………………………… 132	舞蹈、舞 …………………… 49
嗡嗡叫、大吵大闹 …………… 100	误解、误会 ………………… 140
窝儿、草房 …………………… 39	痦子 ………………………… 36
窝棚、简易土房 ……………… 39	雾 …………………………… 2
我 ……………………………… 152	
我们、俺们 …………………… 152	**X**
乌鸡 …………………………… 20	
乌拉草 ………………………… 17	西 …………………………… 79
乌鸦 …………………………… 20	西北风 ……………………… 2
屋、房子 ……………………… 72	西窗 ………………………… 75
屋里的地 ……………………… 73	西瓜 ………………………… 66
无精打采的、垂头丧气的 …… 172	西红柿 ……………………… 65
无理取闹 ……………………… 103	西炕 ………………………… 75
无聊、发懒、烦恼 …………… 103	西南风 ……………………… 2
无名指 ………………………… 35	吸、慢慢吸 ………………… 114
无望、渺茫 …………………… 118	吸引、依恋 ………………… 121
无一例外地 …………………… 180	希望 ………………………… 83
无意地 ………………………… 181	希望、愿望、请求 …………… 45
无影无踪地 …………………… 181	稀的 ………………………… 170
五 ……………………………… 77	稀饭、稀粥 ………………… 63
五十 …………………………… 78	稀罕、新奇 ………………… 102
	稀奶油 ……………………… 63

349

稀稀拉拉地	181	细制炕席	75
锡伯人	54	细致的、细微的	164
习惯	49	瞎的	173
媳妇	29	瞎忙的	173
洗	123	瞎说的、胡说八道的	172
洗衣板	69	瞎子	56
喜爱	89	峡谷	8
喜爱、爱慕	118	狭小的	164
喜欢、感兴趣	118	狭窄的	164
喜欢、溺爱、宠爱	118	下、下来	120
喜欢的	157	下巴	33
喜鹊	19	下垂	117
喜事、好事	42	下毒手、伤害	132
系皮带	124	下颌	33
系腰带	124	下贱的	159
细长鞭炮	61	下降、投降、下来	91
细长瓶子	74	下来	94
细的	165	下来、落下、落、掉下	91
细的、精细的、细心的	165	下流的、肮脏的	159
细嚼	150	下露水	124
细看、认真对待	133	下毛毛雨	124
细鳞鱼	21	下面	80
细木桩子	76	下坡	7
细听、偷听	134	下手、用手抓	95
细细琢磨、认真琢磨	83	下霜	124
细小的柳树	15	下榻、住宿、留宿、过夜	97
细心琢磨	138	下头、下边	80
细雨	3	下午	13

附录二 汉语词汇索引

词条	页码
下雾	89
下小雨点	124
下雪	125
下一代	25
下渔网	96
下雨	124
下雨点	124
吓唬	109
吓唬、恐吓、威胁	97
吓人的、恐怖的、威严的	160
吓一跳	93
吓一跳、惊吓、受惊、吃惊	97
夏	9
夏季	10
夏营地	40
夏至	10
先	181
先辈	30
先前	11
先天的	165
掀开	98
咸的	165
嫌多、嫌多余	90
嫌贵	90
嫌麻烦、添麻烦	90
嫌弃、唾弃、厌恶、讨厌	90
嫌亲近、嫌接近	122
嫌热	92
嫌少	90
嫌疏远、嫌远离	122
显得多余、显得麻烦	100
显灵	109
显能	140
显示辈分、摆谱	116
显威	140
现成的	160
现代	11
现在	14
限度、界限、界定	46
限制	106
限制、阻挡、捂住	84
线	62
线结	62
馅饼	62
羡慕	118
乡	38
乡长	38
相当	178
相当、颇为	179
相互刺杀、战斗	87
相互拉扯	98
相互明白、互相理解	147
相互抢	98
相互抢夺	98
相互思念	83
相互推扯	121

351

相互玩心眼	135	向前磨蹭、举步维艰	143
相互依靠	91	向前推进	142
相互追赶	122	向上	80
相互揍	99	向上爬、攀登	111
相见、碰见	133	向外想、排外、陌生	118
相碰	133	向这里	156
相同的	158	相貌、模样	50
相同的、一模一样的、双的	157	象、大象	18
相信	151	象棋	43
相依为命、变成好朋友	135	像	179
香草	17	橡皮、涂改液	43
香的、香味的	167	橡子	16
香瓜	65	削	141
香蕉	66	削薄片	141
香蒲草	76	消耗、损耗	106
香烟	53	消化	150
香皂	76	消极	149
香樟	14	消失、消气	147
箱子	75	消失、消亡	147
饷、俸薪、俸禄	52	消瘦	137
想、考虑、疼爱	83	小辈	30
想办法、出主意、策划	134	小鞭炮	61
想到	134	小冰雹	3
想法、意思、计谋	45	小锤子	71
想法、注意	44	小的	165
想念	107	小肚子	34
想起来	83	小方形瓶子	74
向南	79	小斧子	71

小哥	28
小鬼、小妖精	57
小寒	10
小河	5
小黑桦树	15
小湖、泡子	6
小鸡	19
小脚	35
小舅子	29
小看、欺负	115
小绿鸟	20
小骆驼	24
小卖部	41
小满	9
小满节气	10
小米	64
小拇指	35
小木排	69
小木楔子	70
小鲇鱼	21
小鸟	20
小跑、急速小跑	112
小人	30
小山羊	22
小勺、羹匙	68
小声说	101
小暑	10
小水沟子	7

小水桶	67
小题大做的、虚张声势的	172
小铁盒	68
小偷	56
小柁	76
小喜鹊	20
小细河、小流河	5
小心、谨慎	122
小学	40
小雪	3
小眼渔网	72
小羊	22
小姨子	29
小鱼	21
小渔船	72
小雨	3
孝	57
孝服	60
孝帽	60
笑	129
协商、沟通、洽谈	101
协商、商榷、议论	128
协助、协调	141
斜眼看、斜视	116
斜眼者	30
鞋帮	60
鞋带	60
鞋面	60

353

鞋子	60	行动、出发	92
写	104	行礼	105
写、创作	104	形成洼地	94
卸下来、弄下来	120	形体、形状、形象	37
卸下来、弄下来、免职	120	形象、模样、模式	51
心烦、不耐烦	103	醒	147
心烦、烦心、烦闷	119	兴趣、爱好	48
心思、意念、意识	45	杏树	15
心跳、心慌、慌张	114	杏子	16
心胸开阔的	159	幸福	50
心虚、胆怯、灰心	118	幸免	121
心血管	31	性格、脾气、态度	48
心脏、胆量、胆略	33	姓	37
辛苦、劳累、受苦	143	兄弟	30
新创	134	兄弟的孩子、叔伯的孩子	28
新的	170	胸脯	33
新年	11	胸前戴艺术品	124
新社会	37	雄壮、强大势力	45
新时代	37	熊	18
新鲜的	170	休息	142
信件	41	修理、整理	107
信赖	151	羞愧、不好意思、害羞	149
信任、指望	44	袖子	59
信息、消息、传闻、流言	47	绣花、刺花	145
信心不足、失去信心	118	锈、铁锈	4
兴安岭	8	虚假的、虚伪的	165
兴奋、吹牛	115	虚张声势地	181
星星	2	许多牲畜	18

宣布	45	鸭子	20
宣传	127	牙	33
宣读	127	亚麻	17
旋风	2	烟	4
漩涡	6	烟草、大烟	53
选、选择	138	烟袋	53
选拔	138	烟袋油垢	53
炫耀、翘尾巴	148	烟袋嘴	53
炫耀自己的名声	135	烟卷儿	53
靴子	60	烟筒	72
学、学习	104	烟雾	3
学识、学问、技能、智慧	47	烟叶	53
学校	40	淹没、被整、被打、被收拾	102
学者	40	岩山	7
雪	3	盐	66
血	34	颜色、气色	48
血脉、脉络、血管	31	掩盖、隐瞒	136
血缘	30	眼睛	32
寻衅、滋事	136	眼睛骨碌碌转	142
驯服、驯化	115	眼镜	77
训练	104	眼眶	32
迅速的、急速的	170	眼眉	32
		眼皮	32
Y		眼前、当下	14
		眼瞎的、黑的、看不见的	172
压、欺压、镇压、关押	136	眼珠	32
压价、降价	115	厌烦、腻烦、令人心烦	103
压碎	94	厌烦的、腻烦的	169
鸦片	53		

咽	150	摇摆、摇晃	148
咽进去	150	摇摆不定	148
宴请	149	摇车、摇篮	51
燕麦	64	摇摇晃晃、摇摆不定	148
燕子	20	咬	149
扬名、驰名	135	药	50
羊	22	要	104
羊低声咩咩叫	131	要面子	113
羊羔皮	24	要求	129
羊拐骨	43	耀武扬威	145
羊倌	55	爷爷	25
羊咩咩叫	130	也、再、还	175
羊年	11	也许	175
羊群	25	野葱、山葱	65
羊肉	62	野火	4
阳光照	81	野鸡	19
阳坡	8	野韭菜	65
杨梅	65	野玫瑰花	16
杨树	15	野玫瑰树	15
仰、仰起头	141	野兽	18
仰面朝天	141	野外、荒野	1
养、养活、抱养、抚养	114	野外、野地	9
养活、饲养	81	野猪	19
养身、休养	107	叶子烟	53
养子	27	夜	14
痒痒	116	夜间	14
样子	37	夜猫子、夜游者	31
腰带	59	夜晚	14

腋、腋下 …………………… 34	一样 …………………… 181
一 ……………………………… 77	一样、好似 …………… 179
一把 ………………… 80，180	一样的 ………………… 158
一般的 ………………… 164	一月 ……………………… 12
一帮 ……………………… 80	一阵 …………………… 180
一点点 ………………… 174	一直 …………………… 180
一点也 ………………… 174	一直站着 ……………… 136
一点也、简直是 ……… 180	衣边 ……………………… 59
一定 …………………… 181	衣兜、袋子、口袋 …… 59
一朵 ……………………… 80	衣服 ……………………… 59
一份 ……………………… 80	衣襟 ……………………… 59
一会儿 ………………… 174	医院 ……………………… 41
一口咽进去 …………… 150	依据、凭据 ……………… 44
一门心思、我行我素 … 181	依靠 ……………………… 91
一起 …………………… 174	姨表姐 …………………… 29
一起、共同 …………… 179	姨表兄 …………………… 29
一起动、全体动员 …… 92	胰 ………………………… 33
一千 ……………………… 78	胰腺 ……………………… 33
一闪 …………………… 180	已、早已、已经 ……… 178
一岁的牛犊 ……………… 24	已经 …………………… 178
一岁的小马 ……………… 23	以后、将来 …………… 174
一岁山羊 ………………… 22	亿年 ……………………… 11
一趟 ……………………… 80	议论 ……………………… 46
一天一夜、一昼夜、24小时 … 14	意见 ……………………… 46
一万 ……………………… 78	意识、意念、说教、宣传 …… 45
一下子 ………………… 180	溢出来、冒出来 ……… 125
一小截 …………………… 80	毅然、决然 …………… 178
一小块 …………………… 80	因此、所以、因而 …… 175

357

阴谋的	157	用锛子削木料	126
阴坡	8	用餐、茶里放米	141
阴天	5	用斧子砍	126
阴险的、狡诈的	162	用工具挖	125
银杯	68	用棍子打	85
银币、银圆	52	用脚绊	114
银子	4	用脚踢	99
淫荡、淫乱	89	用尽力量、全力地	180
饮马木槽子	70	用劲	107
隐瞒、隐藏、藏起来	147	用劲、卖劲、努力、奉献	141
印章、图章	39	用具、材料	58
应对了事、应付、打马虎眼	119	用开水烫	123
应和、呼应	120	用刨子刨	143
英明的	171	用手掐	125
英勇的、勇敢的、英雄的	159	用手挖、挠、抠、刨	125
婴儿、小孩、儿童	27	用完、结束	106
迎接、接应	121	用笊篱捞饭	86
营养	66	用指甲掐/抠	111
赢、战胜	128	忧愁	98
影响、记忆、印记	44	悠然而行、悠然自得	108
影子	53	邮局	41
影子、相片	53	犹豫	98
硬撑、不服软、不接受	148	犹豫、徘徊、犹豫不决	98
硬的、坚实的	168	犹豫不决、左右为难	121
硬的、顽强的	168	油	66
永远	174	游戏	42
勇敢的、大胆的	159	游泳	113
用、使用	151	游泳、洗澡	123

友好、友谊	44	愚蠢的、傻的	166
有点可能	180	雨	3
有毒的、毒辣的	170	语调、音乐	46
有光的、光明的	159	玉米	64
有技巧的、有知识的	172	玉石	7
有可能	180	预感、预知、智慧	48
有名的	165	预料	48
有趣的、逗趣的	171	预兆	49
有头绪的	169	遇害、受毒害	132
有味、发出臭味	109	愈合、好转	93
有心思的	167	冤枉	132
有瘾的	157	元宵节	9
有营养的	170	园子、牲畜圈	51
有影响的、有印记的	159	原始社会	37
有用的、管用的	163	原样的、没有变化的	173
有智慧的、聪明的	167	原样地	179
又	175	原野、野外	9
右	79	原因	42
鱼	21	原原本本	176
鱼刺	21	圆的	173
鱼饵	72	圆圆的	173
鱼钩	72	缘故	42
鱼鳞	21	缘由、借口	42
鱼栅栏	72	远的	173
鱼子	21	远亲	30
渔民	72	院子	73
渔网	72	约束、束缚、被抓	95
榆树	14	月、月份、月经	12

月初	13	赞成、同意	118
月底	13	脏的	159
月光照	81	遭遇	134
月亮	1	遭遇干旱	124
月中	13	遭遇洪涝灾害	126
岳父	26	糟蹋	134
岳家	26	凿	125
岳母	26	凿子	71
钥匙	51	早晨	14
云	2	早猎（早晨打猎）	96
运动	47	早期社会	37
运动、活动	148	早先	11
运气、命运、福气	50	早已	178
熨斗、烙铁	60	枣	16
杂乱无章、混乱、乱战、混战	92	枣红马	23
		枣树	15

Z

		皂	76
砸	85	灶火、灶坑	68
灾难的	166	灶口、灶门	74
栽	126	灶门	68
再	174	灶王爷	41
再、又	175	造反	108
再次	175	责备	103
在	152	责怪	103
在、有	152	贼眉鼠眼	86
簪子	76	怎么	153
咱家	153	怎么办	154
咱们	153	怎么样也	153

360

附录二　汉语词汇索引

词条	页码	词条	页码
怎么也	153	樟松	14
怎么也、不论怎样	154	蟑螂	21
怎么也吧	153	长辈	30
怎么也是	153	长大	116
怎样、如何	154	长肉	117
怎样了的	154	长岁数、变得年老	116
曾经、过去、初次	177	长心眼、明白过来、领会	120
增加、加	139	丈夫	29
扎、刺、捅	85	仗势欺人	85
扎猛子	113	胀肚子	92
扎枪	61	胀肚子、鼓肚子	113
摘水果	126	障碍、阻碍	49
窄的	164	着慌、慌忙	114
债务	55	着急、忙碌、慌张	114
债务、债	53	找、找寻	133
毡子、毡垫子	58	找到、赶上、追上	152
粘贴	111	找麻烦、惹事	108
展览	132	找麻烦、添麻烦	89
展示	133	沼泽地、湿地	9
占领、占有、霸占	85	笊篱	67
占位、占有他人地方	91	照顾	108
战败、败北	85	照亮	81
战胜	85	照射、射入	81
战胜、胜过	140	照相	146
站、站立	135	照样	179
站起来、立起来	129	照耀、普照	81
绽放	126	遮挡、挡住、阻挡、捂住	84
獐子	19	遮住、遮盖	84

361

折叠	117	整倒、打倒	94
折叠整齐、收拾整齐	117	整个、完整、完全	177
折磨	85	整理	96
折起来、弄弯曲	117	整理、化妆	89
褶子	59	整理、弄齐、摆正	89
褶子、皱纹	54	整理头发	123
这边	156	整年	12
这里	155	整齐的	160
这些	154	整夜、彻夜	14
这些、这些人	154	正、准确	179
这样	154	正好	179
这样的	154	正确的、真实的	163
阵雨	3	正视、认真看	132
针	61	正中	80
针锋相对的、对立的	159	证据、依据	44
枕套	58	证明、证据	44
枕头	58	证明、证实	128
枕枕头	124	之后	174
珍爱	90	支流	5
真诚的、实在的、诚实的	163	知道、明白	147
真的、真实的、忠实的	164	知识、认知、意念	45
榛子	16	蜘蛛	21
榛子树	15	直驰而去、直奔而去	111
震动、振动	92	直的	163
正月	12	直的、直率的	158
争夺	98	直率的	163
争气	98	直率的、心眼儿直的	163
挣扎	87	直心眼儿的	162

直性子、耿直的、直白的 …… 163	中指 …………………………… 35
直直的、十分直率的 ………… 163	终究 ………………………… 178
直直地 ………………………… 176	终于、好不容易 …………… 178
侄儿 …………………………… 28	肿起来 ……………………… 137
侄女 …………………………… 28	肿胀、膨胀 ………………… 150
值得做、可做 ………………… 152	种、播种、种田 …………… 126
植物薄皮 ……………………… 17	种马 …………………………… 22
植物外皮 ……………………… 17	种子 …………………………… 64
纸 ……………………………… 43	重的 ………………………… 165
指导、教育 …………………… 104	重的、沉重的 ……………… 165
指甲 …………………………… 35	重的、重合的、重叠的 …… 157
指明、教诲 …………………… 148	重叠的、一层又一层的 …… 160
指头 …………………………… 35	重合、重叠 ………………… 119
指纹 …………………………… 35	重孙女 ……………………… 28
制作、加工 …………………… 142	重孙子 ……………………… 28
制作车轱辘 …………………… 126	重新再来、重复做 ………… 119
秩序 …………………………… 47	重要的 ……………………… 165
智商、智慧、意念、意识 …… 45	周岁 ………………………… 25
智商、智谋、智力 …………… 45	妯娌 ………………………… 28
痣 ……………………………… 34	皱纹 ………………………… 32
中、中间、一半 ……………… 79	猪 …………………………… 19
中等 …………………………… 46	猪年 ………………………… 12
中毒、受害 …………………… 85	猪肉 ………………………… 62
中风 …………………………… 92	猪油 ………………………… 66
中国 …………………………… 57	猪崽 ………………………… 19
中间 …………………………… 80	猪鬃 ………………………… 19
中午 …………………………… 13	竹子 ………………………… 16
中学 …………………………… 40	主动接受 …………………… 140

主动脉	34	追问、审讯	132
主人	55	追踪、跟踪	112
主人、商铺老板、公司老板	30	锥子	62
主义、主张	48	准备	114
煮饭、做饭、熬茶	140	捉迷藏	42
属性、属年、黄历	25	啄	111
注视、注目	132	啄木鸟	20
柱子	40	琢磨	115
柱子、顶梁柱	52	琢磨、耍滑头、算计	103
抓	95	琢磨、思索、考虑、思考	83
抓马缰绳	122	琢磨、推敲、考虑	87
抓住机遇	151	仔细的、细心的	164
拽	121	资本主义	37
专门	178	资产	52
砖	73	资金	52
砖房	40	子弹	61
砖墙	73	自从	175
转动、转圈、遛弯、头晕	137	自己、独自	152
赚钱、获得暴利	133	自己、亲自	152
桩子	76	自然而然地	174
装	87	自然溶解、自然融化	88
装病	147	自私的	160
装满、包容、容纳	87	自我方	152
装卸	87	自我为中心、自私自利	86
追	122	字、文字	43
追赶	122	总归	180
追回、索回、索要	133	走	110
追上	122	走、回去	110

走、去、赴、回去 …… 110	最初的 …… 158
走出去 …… 120	最低、最坏 …… 176
走到、达到、够得着 …… 97	最坏、最末 …… 182
走到尽头 …… 127	罪、罪恶 …… 47
走动、往来、走走 …… 110	罪人 …… 56
走过头 …… 111	醉酒者 …… 56
走进去、走进 …… 110	尊敬、重视 …… 81
走近道 …… 111	尊重 …… 81
走路甩手、频频甩动 …… 96	昨天 …… 13
走马 …… 23	左 …… 79
揍 …… 99	作弊、做手脚 …… 131
租用 …… 105	坐 …… 107
租子 …… 52	坐车颠簸 …… 108
阻碍、障碍、阻挠 …… 128	坐月子 …… 93
阻挠、干扰 …… 147	柞树 …… 15
阻挠、阻碍、耽误 …… 103	做、办、干 …… 141
阻止、禁止 …… 135	做夹层、弄双层 …… 145
祖宗 …… 25	做梦、梦想 …… 83
钻 …… 85	
钻、钻进去 …… 87	
钻进、往里钻 …… 87	
钻孔、钻眼 …… 85	
钻子 …… 71	
嘴、口 …… 33	
嘴唇 …… 33	
嘴里嘟囔 …… 101	
嘴欠的 …… 158	
最初 …… 156	

参考文献

朝克：《得力其尔鄂温克语语音调查资料》（1—2 册），1983—1985。
朝克：《得力其尔鄂温克语词汇调查资料》（1—3 册），1983—2006。
朝克：《得力其尔鄂温克语语法调查资料》（1—3 册），1983—1988。
朝克：《得力其尔鄂温克语口语调查资料》（1—4 册），1983—2006。
朝克：《鄂温克语音及基本词》日文版，日本东京外国语大学，1991。
朝克：《鄂温克语三方言基础语比较》日文版，日本小樽商科大学，1995。
朝克：《鄂温克语研究》，民族出版社，1995。
朝克：《中国满通古斯诸语基础语比较》日文版，日本小樽商科大学，1997。
朝克：《鄂温克语形态语音论与名词形态论》日文版，东京外国语大学，2003。
朝克：《鄂温克语参考语法》，中国社会科学出版社，2009。
朝克：《北方民族语言变迁研究》，中国社会科学出版社，2012。
朝克：《满通古斯语族语言词汇比较》，中国社会科学出版社，2014。
朝克：《鄂温克语366句会话句》，社会科学文献出版社，2014。
朝克：《索伦鄂温克语词汇》，社会科学文献出版社，2015。
朝克：《索伦鄂温克语会话》，社会科学文献出版社，2015。
朝克：《通古斯鄂温克语研究》，社会科学文献出版社，2015。
朝克：《通古斯鄂温克语会话》，社会科学文献出版社，2015。
朝克：《敖鲁古雅鄂温克语研究》，社会科学文献出版社，2015。

朝克：《敖鲁古雅鄂温克语会话》，社会科学文献出版社，2015。

朝克：《鄂温克语教程》，社会科学文献出版社，2015。

朝克：《鄂温克语谚语》，社会科学文献出版社，2015。

朝克：《鄂温克语名词形态论》，中国社会科学出版社，2016。

朝克：《鄂温克语动词形态论》，中国社会科学出版社，2016。

朝克：《鄂温克语方言词汇》，社会科学文献出版社，2017。

朝克：《鄂温克黑龙江方言词汇》，社会科学文献出版社，2017。

朝克：《阿荣鄂温克语词汇集会话》，社会科学文献出版社，2017。

朝克：《鄂温克语民间故事》，社会科学文献出版社，2017。

池上二郎：《通古斯满洲诸语资料译注》，北海道大学图书刊行会刊印，2002。

池田哲郎：《通古斯诸语和东亚诸语言》，京都产业大学出版，1998。

杜道尔吉：《鄂温克语汉语词典》，内蒙古文化出版社，1998。

贺兴格等：《鄂温克语词汇》（蒙），民族出版社，1983。

胡增益：《新满汉大词典》，新疆人民出版社，1994。

涂吉昌等：《鄂温克语汉语对照词汇》，黑龙江省鄂温克研究会刊印，1999。

涂秀兰、张晓明：《得力其尔鄂温克语词汇及会话调查资料》，2018。

乌热尔图：《鄂温克族历史词语》，内蒙古文化出版社，2003。

中岛干起：《清代中国语满语词典》，东京外国语大学亚非所刊印，1999。

后　语

　　得力其尔鄂温克语词汇及会话资料搜集整理的工程从 20 世纪 80 年代初启动至今，已经走过了 30 余年的岁月。这期间，由于出国留学、出国讲学或从事合作研究工作，以及自己所承担的其他名目繁多的科研任务及行政管理工作，工程被搁置多次。正如前言中所说，由于得力其尔鄂温克语进入严重濒危，词汇及会话资料的搜集整理工作遇到诸多意想不到的困难和问题。但是，想到该项研究工作的重要性，想到再过一些年该地域的鄂温克语可能会完全消失，想到自己是从事鄂温克语研究的一名专家，如果不坚持做下去，如果不完成这一历史使命，将愧对本民族语言研究事业。基于这样一种朴实的理念，以及学者应有的敬业态度和甘于坐冷板凳、乐于奉献的学术精神，这么多年来我一直默默地支撑和推动着这一基础性科研工程。在实施该项课题计划时，我经历了许多困难和考验，也走过风雨和艰辛。令我感到欣慰的是，一路上得到前辈们、老师们、同事们、老乡们的关心和鼓舞。正是他们的关怀和支持，我才有勇气、有能力完成这一严重濒危语言词汇及会话资料的搜集整理工作。

　　中国社会科学院科研局及时拨付了项目经费，并将这项研究成果纳入 2019 年第四批"中国社会科学院国情调研丛书"，使这项严重濒危语言抢救性研究项目获得强有力的支持，得以顺利推动。这里，我非常感谢中国社会科学院科研局的领导和工作人员，感谢中国社会科学院国情调研重大项目评审专家。我要感谢在深山老林中忍着蚊虫叮咬给予发音合作的同胞们，尤其是感谢那些鄂温克族老人们提供的十分珍贵的第一手语言资料。我还要感谢一线实地调研时风雨无阻地协助调研的乡村工作人员，感谢给我们

后　语

田野调研提供诸多便利条件的乡村干部们。说实话，没有他们的发音合作，没有他们的协助调研，没有他们的帮助和支持，我们根本没有能力完成这项艰巨的科研任务。最后还要感谢得力其尔鄂温克民族乡鄂温克族老人涂秀兰和她的侄孙张晓明提供的鄂温克语词汇资料及会话资料。在此，向他们表示深深的谢意。

因时间和能力有限，我们的这项科研成果肯定有不少问题和不足。得力其尔鄂温克语是一种严重濒危的语言，其原有的结构系统已变得很不完整、不系统、不全面，一些语法现象甚至变得面目全非。在这种情况下，对得力其尔鄂温克语词汇和会话资料进行搜集整理、分析研究，肯定会有不少不尽如人意之处。真诚地希望专家学者提出宝贵意见，给予科学有效的批评指正。

朝　克

2020 年 1 月

图书在版编目（CIP）数据

人口较少民族严重濒危语言抢救性研究：全二卷．严重濒危得力其尔鄂温克语研究／朝克等著．--北京：社会科学文献出版社，2021.3（2022.11 重印）
（中国社会科学院国情调研丛书）
ISBN 978-7-5201-7804-4

Ⅰ．①人⋯ Ⅱ．①朝⋯ Ⅲ．①民族语-研究-中国②鄂温克语（中国少数民族语）-研究 Ⅳ．①H2②H223

中国版本图书馆 CIP 数据核字（2021）第 004736 号

·中国社会科学院国情调研丛书·
人口较少民族严重濒危语言抢救性研究（全二卷）
——严重濒危得力其尔鄂温克语研究

著　　者／朝　克　涂秀兰　张晓明　索努尔

出 版 人／王利民
组稿编辑／刘　荣
责任编辑／单远举　朱　勤　岳　璘
责任印制／王京美

出　　版／社会科学文献出版社（010）59367011
　　　　　　地址：北京市北三环中路甲29号院华龙大厦　邮编：100029
　　　　　　网址：www.ssap.com.cn
发　　行／社会科学文献出版社（010）59367028
印　　装／北京虎彩文化传播有限公司

规　　格／开　本：787mm×1092mm　1/16
　　　　　　本卷印张：24.25　本卷字数：357千字
版　　次／2021年3月第1版　2022年11月第2次印刷
书　　号／ISBN 978-7-5201-7804-4
定　　价／298.00元（全二卷）

读者服务电话：4008918866

▲ 版权所有 翻印必究